Bangkok

Cofondateurs : Philippe GLOAGUEN et Michel DUVAL

Directeur de collection et auteur
Philippe GLOAGUEN

Rédacteurs en chef adjoints
Amanda KERAVEL
et Benoît LUCCHINI

Directrice de la coordination
Florence CHARMETANT

Directrice administrative
Bénédicte GLOAGUEN

Directeur du développement
Gavin's CLEMENTE-RUIZ

Conseiller à la rédaction
Pierre JOSSE

Direction éditoriale
Hélène FIRQUET

Rédaction
Isabelle AL SUBAIHI
Emmanuelle BAUQUIS
Mathilde de BOISGROLLIER
Thierry BROUARD
Marie BURIN des ROZIERS
Véronique de CHARDON
Fiona DEBRABANDER
Anne-Caroline DUMAS
Éléonore FRIESS
Géraldine LEMAUF-BEAUVOIS
Olivier PAGE
Alain PALLIER
Anne POINSOT
André PONCELET
Alizée TROTIN

Responsable voyages
Carole BORDES

2018/19

hachette

TABLE DES MATIÈRES

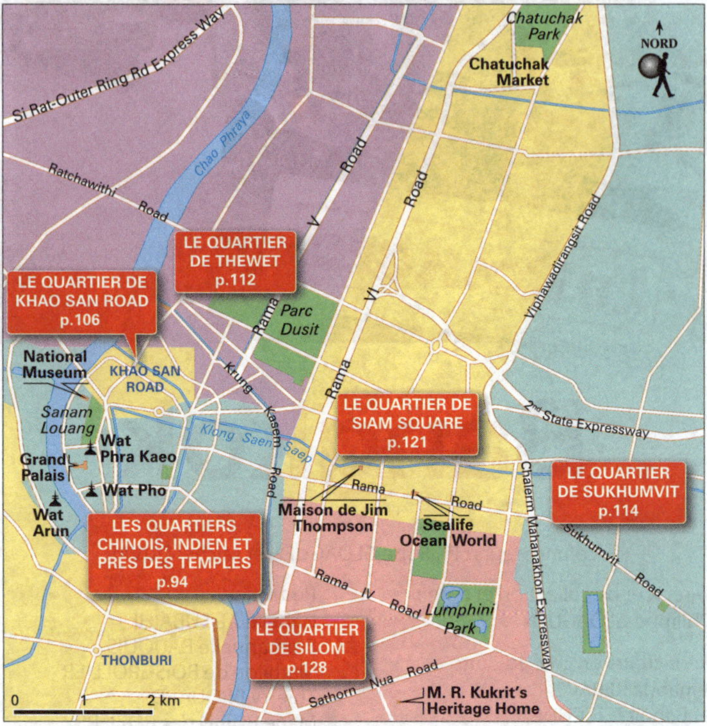

PRÉAMBULE

ARRIVER – QUITTER 36

BANGKOK UTILE 49

INFOS PRATIQUES SUR PLACE 83

BANGKOK QUARTIER PAR QUARTIER 94

AU SUD-EST DE BANGKOK 138

Important : dernière minute

Sauf rares exceptions, *Le Routard* bénéficie d'une parution annuelle à date fixe. Entre deux dates, des événements fortuits (formalités, taux de change, catastrophes naturelles, conditions d'accès aux sites, fermetures inopinées, etc.) peuvent modifier vos projets de voyage. Pour éviter les déconvenues, nous vous recommandons de consulter la rubrique « Guide » par pays de notre site • *routard.com* • et plus particulièrement les dernières ***Actus voyageurs.***

Brochettes thaïes

© Peter Adams Photography Ltd/Alamy/Hemis

La skyline de Bangkok

LA RÉDACTION DU ROUTARD

(sans oublier nos 50 enquêteurs, aussi sur le terrain)

© R. Delalande et E. Dessons

Thierry, Anne-Caroline, Éléonore, Olivier, Pierre, Benoît, Alain, Fiona, Gavin's, André, Véronique, Bénédicte, Jean-Sébastien, Mathilde, Amanda, Isabelle, Géraldine, Marie, Carole, Philippe, Florence, Anne.

La saga du *Routard* : en 1971, deux étudiants, Philippe et Michel, avaient une furieuse envie de découvrir le monde. De retour du Népal germe l'idée d'un guide différent qui regrouperait tuyaux malins et itinéraires sympas, destiné aux jeunes fauchés en quête de liberté. 1973. Après 19 refus d'éditeurs et la faillite de leur première maison d'édition, l'aventure commence vraiment avec Hachette. Aujourd'hui, Le *Routard*, c'est plus d'une cinquantaine d'enquêteurs impliqués et sincères. Ils parcourent le monde toute l'année dans l'anonymat et s'acharnent à restituer leurs coups de cœur avec passion.

Merci à tous les Routards qui partagent nos convictions : liberté et indépendance d'esprit ; découverte et partage ; sincérité, tolérance et respect des autres.

NOS SPÉCIALISTES BANGKOK

Gavin's Clemente Ruiz : né en 1978, belgo-hispano-normand, il vadrouille pour le *Routard* depuis 1999. Logique avec un tel pedigree ! Son plaisir : l'adresse introuvable dénichée en fin de journée. Et garder le contact avec les personnes croisées. Son défaut : ne quitte jamais son téléphone portable (« Bon, c'est pour le Facebook et l'Instagram du *Routard* » !).

Éric Milet : né à Saint-Nazaire, il a passé son enfance à regarder s'éloigner les bateaux. Premier voyage à 15 ans. Seul. Depuis, il n'a pas cessé. Voyager, c'est comme une petite vie dans la vie : on naît, on vit, on meurt… et on renaît (ouf !). Juste l'envie de voir, de toucher, de sentir. Envie de raconter, aussi, qu'on arrive du bout du monde ou du fond de son jardin.

UN GRAND MERCI À NOS AMI(E)S SUR PLACE ET EN FRANCE

Pour cette nouvelle édition, nous remercions particulièrement :

- **Arnaud,** encore et toujours ! Et **François.**

Pictogrammes du Routard

Établissements

- Hôtel, auberge, chambre d'hôtes
- Camping
- Restaurant
- Boulangerie, sandwicherie
- Glacier
- Café, salon de thé
- Café, bar
- Bar musical
- Club, boîte de nuit
- Salle de spectacle
- Office de tourisme
- Poste
- Boutique, magasin, marché
- Accès Internet
- Hôpital, urgences

Sites

- Plage
- Site de plongée
- Piste cyclable, parcours à vélo

Transports

- Aéroport
- Gare ferroviaire
- Gare routière, arrêt de bus
- Station de métro
- Station de tramway
- Parking
- Taxi
- Taxi collectif
- Bateau
- Bateau fluvial

Attraits et équipements

- Présente un intérêt touristique
- Temple thaï
- Recommandé pour les enfants
- Adapté aux personnes handicapées
- Ordinateur à disposition
- Connexion wifi
- Inscrit au Patrimoine mondial de l'Unesco

Tout au long de ce guide, découvrez toutes les photos de la destination sur • *routard.com* • Attention au coût de connexion à l'étranger, assurez-vous d'être en wifi !

Le *Routard* est imprimé sur un papier issu de forêts gérées.

I.S.B.N. 978-2-01-280030-4

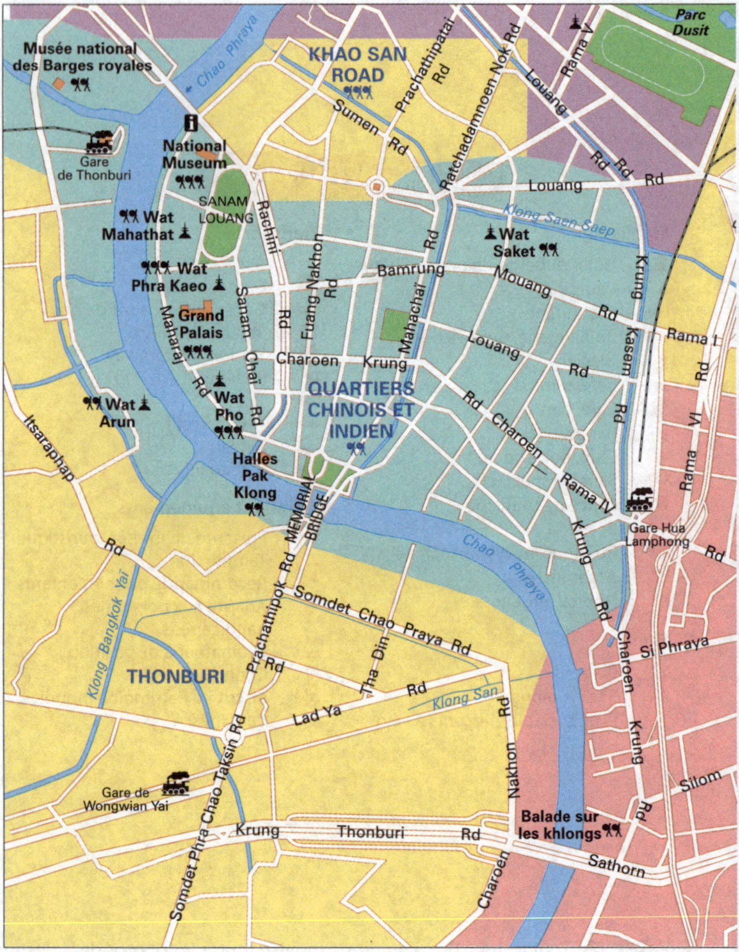
Parc Dusit
Musée national des Barges royales
Chao Phraya
KHAO SAN ROAD
Prachathipatai Rd
Ratchadamnoen Nok Rd
Rama V
Louang Rd
Sumen Rd
Gare de Thonburi
National Museum
SANAM LOUANG
Rachini
Louang Rd
Klong Saen Saep
Wat Mahathat
Wat Saket
Wat Phra Kaeo
Fuang Nakhon Rd
Bamrung Mouang Rd
Rd
Krung Kasem Rd
Grand Palais
Maharaj Rd
Sanam Chaï Rd
Rd
Mahachaï
Louang Rd
Rama I
Charoen Krung Rd
Wat Arun
Wat Pho
QUARTIERS CHINOIS ET INDIEN
Rama VI Rd
Itsaraphap Rd
Halles Pak Klong
MEMORIAL BRIDGE
Charoen Rama IV
Gare Hua Lamphong
Chao Phraya
Rd
Klong Bangkok Yai
Prachathipok Rd
Somdet Chao Praya Rd
Krung Rd
Si Phraya
THONBURI
Tha Din
Rd
Klong San
Lad Ya Rd
Charoen Krung Rd
Silom
Gare de Wongwian Yai
Somdet Phra Chao Taksin Rd
Nakhon Rd
Krung Thonburi Rd
Balade sur les khlongs
Sathorn
Charoen

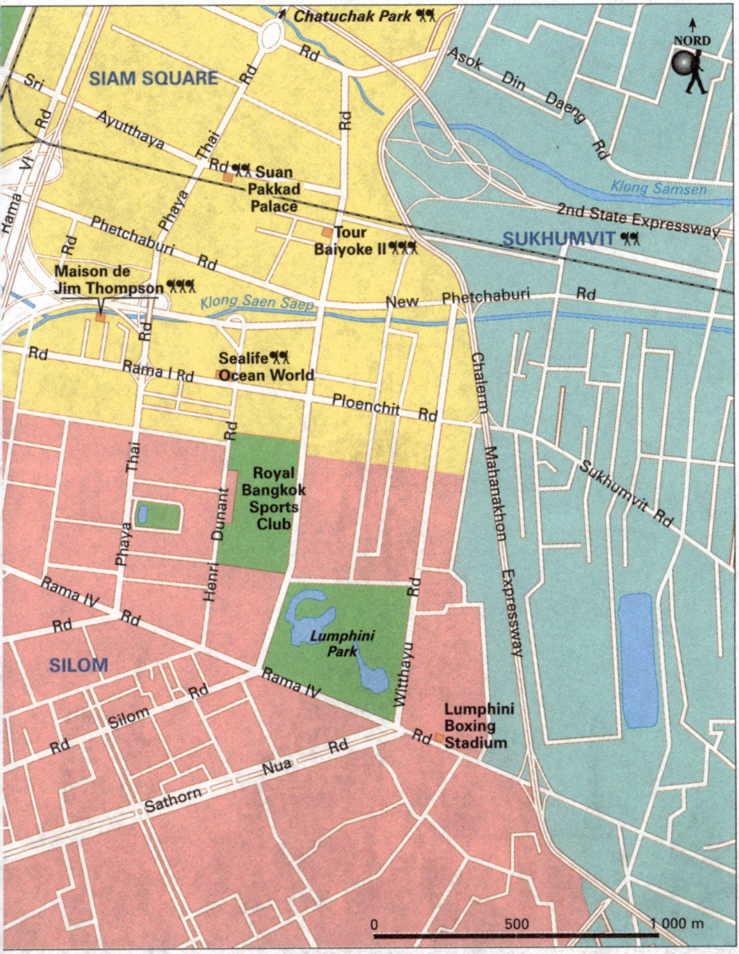
Chatuchak Park
NORD
SIAM SQUARE
Sri
Ayutthaya
Rd
Rama VI
Rd
Phaya
Thai
Rd
Suan
Pakkad
Palace
Asok
Din
Daeng
Rd
Klong Samsen
2nd State Expressway
SUKHUMVIT
Tour
Baiyoke II
Phetchaburi
Rd
Maison de
Jim Thompson
Klong Saen Saep
New
Phetchaburi
Rd
Sealife
Ocean World
Rama I Rd
Ploenchit
Rd
Chalerm
Mahanakhon
Expressway
Sukhumvit Rd
Royal
Bangkok
Sports
Club
Henri
Dunant
Rd
Phaya
Thai
Rama IV
Rd
Witthayu
Rd
Lumphini
Park
SILOM
Rama IV
Rd
Silom
Rd
Sathorn
Nua
Rd
Lumphini
Boxing
Stadium
0
500
1 000 m

BANGKOK

Le temple Wat Arun et le fleuve Chao Praya

Krung Thep Maha Nakhorn Amon Rattanakosin Mhindraytthaya Mahadilokrop Noparatana Rajdhani Buriram Udon Rajnivet Mahasatan Amorn Pimarn Avatarn Satit...

Nom officiel de Bangkok ! Mais Krung Thep (Cité des Anges) et même Bangkok suffira…

Les Birmans ont toujours donné du fil à retordre au royaume de Siam. En 1767, consécutivement à la destruction d'Ayutthaya, la capitale du royaume de Siam est transférée à Thonburi. Elle n'y restera qu'une quinzaine d'années, jusqu'en 1782, date à laquelle le fondateur de la dynastie des Chakri, Rāma Ier, la transfère définitivement à Bangkok. En fait, Bangkok, située sur les rives du fleuve Chao Phraya, servait déjà d'escale aux navigateurs-commerçants qui se rendaient à Ayutthaya, l'ancienne capitale.

Le désir de Rāma Ier était de voir le fleuve couler au milieu de sa ville, de manière à pouvoir disposer d'un moyen de fuite rapide en cas de nouvelle attaque birmane. Le site choisi est donc une île, appelée *Rattanakosin* (« demeure du Bouddha d'émeraude »), entourée des méandres du fleuve et fermée par une série de canaux. À cette époque, comme dans l'antique cité d'Ayutthaya, les déplacements se font par voie d'eau (les fameux *khlong*). Aujourd'hui encore, c'est en parcourant Bangkok en bateau que l'on ressent vraiment la ville. Les premières rues n'y seront tracées que dans la seconde moitié du XIXe s, quant au tramway il y circule dès 1883. Au début du XXe s, Bangkok compte 100 000 habitants. En un siècle, ce nombre a été multiplié par 100 !

Avec 90 % des immatriculations enregistrées pour seulement 10 % de la population du royaume de Thaïlande, Bangkok, est la deuxième ville la plus embouteillée du monde. Perçue de prime abord comme une ville-champignon exténuante, malade de sa circulation chaotique et de son important niveau de pollution atmosphérique, elle n'en demeure pas moins une ville attachante.

Avec des gratte-ciel rutilants toisant un imbroglio de bicoques sur pilotis, ses autoroutes urbaines suspendues au-dessus des immeubles et ses gigantesques centres commerciaux climatisés qui voisinent avec les roulottes des cuisines de rues où l'on découpe la viande en plein air, Bangkok s'affiche d'emblée comme une ville plurielle. Formidable kaléidoscope de couleurs et d'odeurs, la cité des anges vibrionne d'une marée humaine qui sème sa gaité sur fond de temples clinquants et de petites échoppes aux néons criards. Ici, des bateaux-bus crachotent leur gasoil, là des barges rouillées alourdies de marchandises glissent lentement sur le fleuve, et de loin en loin des ponts, des échangeurs, les rames d'un métro aérien high-tech à l'ombre desquelles des petites mains tressent des fleurs fraichement coupées… ça klaxonne, ça pétarade, ça traverse en dehors des clous… Bangkok n'a donc point de limite… Si l'aube marque l'heure du recueillement et des visites à Bouddha, la nuit, elle, offre au voyageur des *rooftops* pour dîner plus près des étoiles et des quartiers pas toujours très sages. Le jour, ce sont des canaux, des marchés, du shopping, des visites de temple, un peu de clim dans un musée… Et certainement l'une des meilleures cuisines du monde à prix plancher !

NOS COUPS DE CŒUR

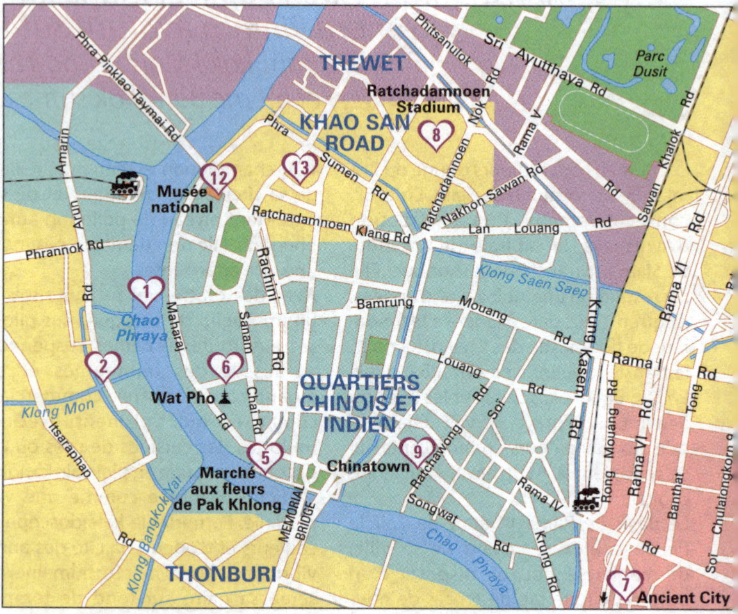

Remonter le fleuve Chao Phraya en bateau pour découvrir un autre visage de Bangkok.

Parcouru à longueur de journée par une kyrielle de bateaux, le Chao Phraya, « seigneur des eaux » en thaï, est l'une des voies de communication les plus importantes de Thaïlande pour le commerce. *p. 106*

***Bon à savoir :** les bateaux arborant un pavillon orange sont moins chers et leur fréquence est plus grande.*

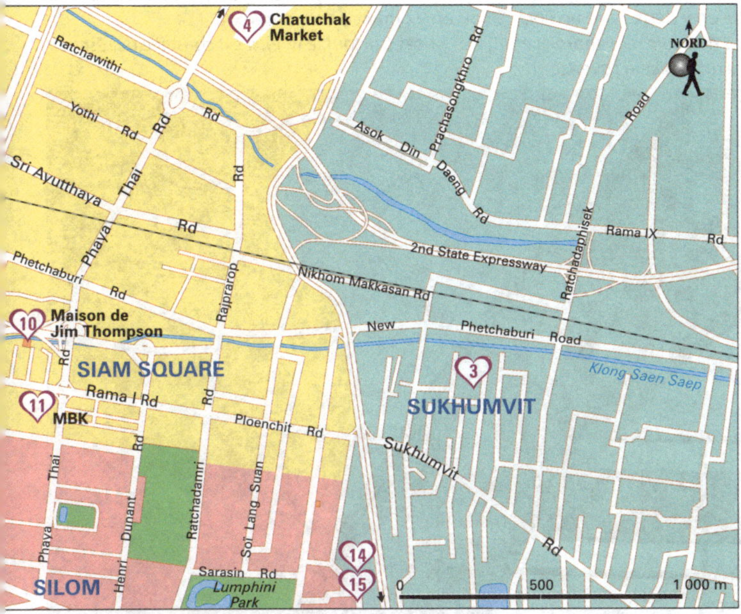

2 **Affréter un long-tail boat et partir explorer les *khlong*, ces canaux qui permettent aux habitants de Bangkok de se déplacer.**

Autrefois cité lacustre, une bonne partie des *khlong* de l'ouest de Bangkok ont été comblés. Mais à l'est (sur la rive droite), ils constituent encore un réseau très intéressant à découvrir. Sur fond de maisons à pilotis, dans une ambiance bucolique, c'est un visage pittoresque de Bangkok qui se dessine. *p. 105*

Bon à savoir : *essayer d'y aller de bonne heure le matin, avant les tours organisés.*

3 **S'offrir un verre à la terrasse d'un *rooftop-bar,* dans le quartier de Sukhumvit au coucher du soleil.**

Bangkok est en train de se dessiner une *skyline* à l'image des plus grandes villes du monde. C'est autant d'occasions pour prendre un peu de hauteur pour admirer la ville en y dégustant un cocktail ou en y dînant en amoureux. *p. 114*

***Bon à savoir :** ces endroits étant très prisés (surtout le w-e), il est conseillé de réserver une table bien à l'avance.*

© Gonzalo Azumendi/Age fotostock

© artography1976/Shutterstock

4 **Passer tout son dimanche à arpenter les travées du Chatuchak Market.** Avec environ 10 000 stands, c'est l'un des marchés les plus importants du monde. On y trouve absolument de tout et surtout ce qu'on n'y cherche pas : de la brocante, des fripes, des produits de bouche, de l'électronique et des antiquités, des œuvres de créateurs. Il faudrait être Prévert pour dresser l'inventaire de ce marché haut en couleurs ! *p. 127*

***Bon à savoir :** pour les chineurs qui ne seraient pas rassasiés, le JJ Green Market, tout proche, ferme à 2h du mat !*

5 Assister sur le coup de minuit aux transactions entre grossistes et détaillants au marché aux fleurs de Pak Khlong.

Actif 24h/24, c'est le plus grand marché aux fleurs fraîches de Thaïlande. Un vrai feu d'artifice olfactif. La Thaïlande recense plus de 15 000 espèces végétales, dont 1 100 variétés d'orchidées ; ce qui en fait le 1er exportateur au monde de ce type de fleur. *p. 98*

***Bon à savoir :** c'est la nuit que l'activité bat son plein. En journée, c'est nettement plus calme.*

6 Se faire photographier devant les pieds du bouddha couché du Wat Pho.

Avec 45 m de long, 15 m de haut, le bouddha couché de Wat Pho est l'un des temps forts d'un voyage en Thaïlande. Très visité, il demeure cependant nettement moins saturé de touristes que le Wat Phra Kaeo, le temple du bouddha d'émeraude, qui, lui, est plébiscité par les touristes chinois. *p. 100*

Bon à savoir : *si vous voulez vous faire masser par les apprentis masseurs de ce centre de massage, mieux vaut réserver à l'avance. Mais attention, c'est un peu l'usine !*

7 Retrouver l'ambiance des palais royaux en musardant dans la silencieuse Ancient City.

À une trentaine de kilomètres au sud du centre-ville, ce musée à ciel ouvert créé à l'initiative d'un magnat de l'automobile propose plus d'une centaine de répliques de monuments à échelle 1, ou légèrement réduite. C'est un peu comme si l'on visitait la Thaïlande (le Siam en fait) en un seul lieu ! *p. 138, 139*

***Bon à savoir :** à partir de 16h, le prix d'entrée est diminué de moitié. Il vous reste quand même 3h de visite !*

© Blaine Harrington/Age fotostock

8 **Prendre un coup de sang lors d'un combat de *muay thai* (la boxe thaïlandaise) au Ratchadamnoen Stadium.**

La boxe thaïe est un sport de combat hérité de pratiques ancestrales telles que le *muay boran* (boxe traditionnelle) et le *krabi krabong* (self défense avec armes). Adopté dès le XVe s par les militaires, elle connaît son apogée au XVIIIe s. Elle est aujourd'hui pratiquée dans le monde entier. *p. 136*

***Bon à savoir :** mieux vaut réserver en ligne pour éviter d'être systématiquement placé avec les touristes en class 1. La class 2 est nettement plus animée et aussi moins chère.*

9 Dans Chinatown, s'attabler en pleine rue sous les néons pour déguster poissons et crustacés.

En soirée, les stands de rue qui se déploient sur Yaowarat Rd, l'épine dorsale de Chinatown, s'engorgent d'amateurs de bonne chère. C'est l'occasion de faire des rencontres dans une ambiance d'enseignes lumineuses et de klaxons à nulle autre pareille. *p. 94*

Bon à savoir : *ne pas y aller trop tard en soirée (les Thaïlandais dînent tôt). Ça laisse ainsi le temps de musarder dans les ruelles animées de Chinatown, véritables Babel de couleurs et… d'odeurs !*

© Pistolesi Andrea/hemis.fr

10 **S'émerveiller devant le raffinement des dernières maisons thaïes en teck en visitant la maison de Jim Thompson.**

Jim Thompson, ancien espion reconverti dans le commerce de la soie, a déplacé d'antiques villas en teck achetées à Ayutthaya pour les implanter au cœur de la capitale thaïlandaise. Grand amateur d'art, il y a entreposé une intéressante collection de meubles et de céramiques benjarong produites en Chine pour le royaume de Siam aux XVIIIe et XIXe s. *p. 125*

***Bon à savoir :** pour y aller en évitant les embouteillages, prendre un* express-boat *qui navigue sur le* khlong *Saen Saep. Arrêt Baan Krua Nuaa.*

(11) Prendre le pouls de la conso « made in Asia » lors d'une session de shopping dans le célèbre MBK.

Avec ses 90 000 m² de surface de vente et ses 2 500 magasins, c'est le plus grand centre commercial d'Asie. Le 4ᵉ niveau (sur 8) est occupé exclusivement par l'électronique et la téléphonie. Plus de 100 000 acheteurs potentiels s'y pressent quotidiennement. *p. 125*

Bon à savoir : *zone A, 5ᵉ étage, il y a une aire de repos avec toilettes, wifi, de quoi recharger son téléphone et même une douche !*

© Paul Brown/Age fotostock

© Thor Jorgen Udvang/YAY Micro/Age fotostock

12 **Flâner dans les salles nouvellement aménagées du Musée national et comprendre l'évolution du Siam à travers les âges.**

Riche de pièces archéologiques, le musée permet de voir comment le pays s'est structuré au fur et à mesure que le bouddhisme devenait une religion d'État. De Sukhothaï à Bangkok en passant par Ayutthaya et Thonburi, les capitales siamoises ont produit d'incroyables richesses. Une visite indispensable avant de partir à la découverte de la Thaïlande. *p. 102*

***Bon à savoir :** le musée fermant de bonne heure, et compte tenu du nombre de choses à voir, il faut s'y rendre le plus tôt possible dans la journée.*

13 Gagner un pari en dégustant de vilaines bébêtes du genre scorpions, mygales et autres insectes.

Des dytiques au sale goût de moule avariée aux croquants criquets en passant par les délicieuses grenouilles déshydratées ou les vers de bambou, la recherche de protéines n'a pas de limite en Thaïlande. Avec déjà plus de 20 000 fermes d'insectes, le pays compte bien s'imposer sur ce marché mondial dans les années à venir. *p. 109*

***Bon à savoir :** bien salés, la grenouille déshydratée et le criquet sont très prisés à l'heure de l'apéro. Avec une bonne bière locale, ça passe comme une lettre à la poste !*

14 **À Ko Kood, savourer la beauté d'une nature encore préservée et la tranquillité d'une île où les voitures se font aussi rares que les boutiques pour touristes.**

Plages de rêve et cocotiers, paysages côtiers piqués d'îlots par endroits, rivières gracieuses, villages de pêcheurs sur pilotis, superbes cascades rafraîchissantes dans une jungle touffue peuplée de singes... Voilà une bien jolie palette qui assure quelques occasions de s'émerveiller, loin de l'agitation du monde ! *p. 167*

Bon à savoir : *les taxis* pick-up *étant peu nombreux et onéreux, préparez-vous à faire du scooter !*

15 **Si vous n'avez pas le temps d'explorer les îles du sud, Ko Samet est une bonne alternative en 4h depuis Bangkok (bateau compris).**
C'est ici qu'on vient se poser sur un transat le week-end pour sortir de la capitale. Autre possibilité : Ko Chang, 2e plus grosse île après Phuket, encore couverte de forêts, avec des bords de mer pour la plongée… ou buller en paix. Profitez-en pour vous échapper dans les îlots voisins de Ko Wai ou Ko Mak. *p. 139*
Bon à savoir : *préférer si possible les séjours hors week-ends, tous les habitants de Bangkok s'y ruent en fin de semaine.*

Figure Khon, temple de Wat Phra Kaeo

ITINÉRAIRES CONSEILLÉS

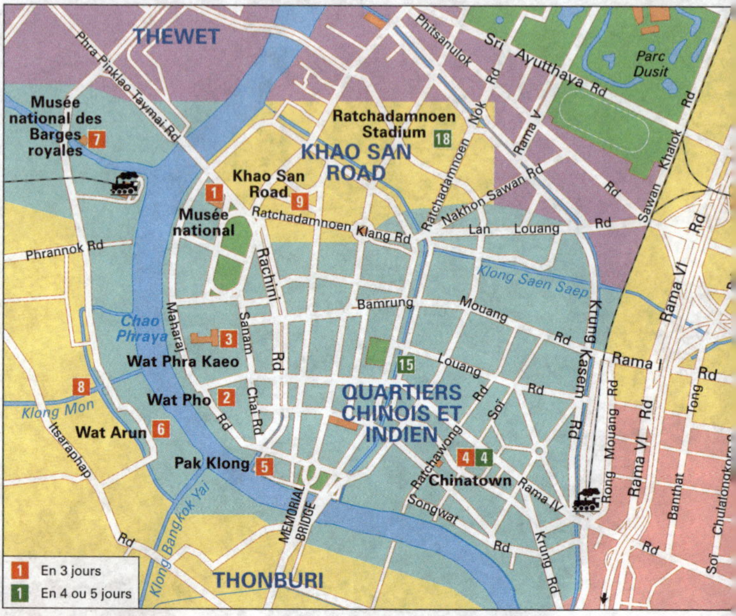

En trois jours

Commencer par une journée découverte du bouddhisme avec la visite du **Musée national (1)** puis enchaîner sur le **Wat Pho (2),** poursuivre par le **Wat Phra Kaeo (3),** puis se diriger lentement mais sûrement vers **Chinatown (4)** afin de profiter d'une soirée animée. La nuit, si le cœur vous en dit, la découverte du marché aux fleurs de **Pak Khlong (5)** est un souvenir inoubliable...

Le lendemain, embarquer pour une navigation sur le fleuve Chao Phraya. Nombreux stops et visites possibles : **Wat Arun (6),** le musée des **Barges royales (7)...** Et pourquoi ne pas opter pour une balade privée à bord d'un long-tail boat dans les ***khlong* de Thonburi (8)** ? Finir sa soirée dans la trépidante **Khao San Road (9).**

Enfin, le 3e jour pourra être consacré au Bangkok urbain et branché : Sukhumvit avec un apéro ou un dîner sur un ***rooftop bar* (10),** après avoir fait quelques emplettes dans un des malls de **Siam Square (11).** Autre option possible avant de terminer sa soirée, une visite à la tour **Baiyoke II (12),** pour toiser la ville du haut du 84e étage.

En quatre ou cinq jours

Même programme pour les trois premiers jours.

Poursuivre avec une journée dans le nord de Siam Square, en combinant une visite au **MOCA (13)** avec une petite session de farfouille au **Chatuchak Market (14)** si

vous y êtes en fin de semaine. Dans le cas contraire, partez à la découverte des marchés traditionnels du **quartier indien (15)** et enchaînez sur **Chinatown (4).**

Le 5e jour, laissez-vous emporter par la marée humaine qui arpente les trottoirs de **Sukhumvit (16)** avant de prendre un express boat du ***khlong* Saen Saep (17)** en fin de journée jusqu'à Panfa Leelard, puis un taxi pour vous rendre au **Ratchadamnoen Stadium (18),** antre du *muay thai*, la boxe thaïlandaise.

Vue sur le fleuve et Bangrak

NORD
Chai Badan
Nakhon Ratchasima (Korat)
Lopburi
Pak Chong
Saraburi
Parc national de Khao Yaï
Nakhon Nayok
Sae Keo
BANGKOK
Chachoengsao
Aranyaprathet
Musée Erawan
Ancient City
Chonburi
Si Yai
CAMBODGE
Si Racha
Tanot
Pattaya
Ban Chang
Rayong
Klaeng
Sattahip
Ban Phe
Chanthaburi
Ko Samet 1
Trat
Laem Ngop
Golfe de Thaïlande
Ko Chang 2
Laem Sok
Ko Wai 3
Klong Yai 6
Ko Mak 4
Ko Kood 5
0 25 50 km
site inscrit au Patrimoine mondial de l'Unesco

En sept ou huit jours (ou plus !)

Avec les îles proches de Bangkok

Même programme pour les trois premiers jours.

Pour se mettre un peu à l'horizontale, profiter de la mer et des cocotiers, passer quelques jours sur les îles les plus proches de la capitale, comme **Ko Samet (1)** avec ses 14 plages de sable blanc, **Ko Chang (2),** la 2e plus grande île après Phuket, avec ses forêts, sa faune, sa flore et ses plages (encore !). Extensions possibles pour **Ko Wai (3)** et **Ko Mak (4).** Snorkelling, plongée et farniente au programme ! **Ko Kood (5),** plus éloignée, mais préservée, vous offre ses plages et ses adresses accessibles par une route unique. Sur le continent, dans la province de Trat, vers **Klong Yai (6),** sensations de bout du monde ! Et surtout au bout de la Thaïlande…

Sur l'île de Ko Wai

SI VOUS ÊTES…

Plutôt culture : le Wat Phra Kaeo, le Wat Pho et le Musée national, le MOCA et la maison de Jim Thompson.

En famille : une balade sur le Chao Phraya et une visite de la tour Baiyoke II.

Plutôt routard en transit : le quartier Khao San Road, avec sa foultitude d'auberges et de *guesthouses* où l'on croise tous ceux qui font la route.

Plutôt épicurien : le quartier Sukhumvit avec ses bonnes tables, ses bars branchés et ses salons de massage traditionnels.

En amoureux : une balade privée à bord d'un long-tail boat dans les khlong de Thonburi et un dîner aux chandelles sur un rooftop de Sukhumvit afin de finir la soirée dans une boîte de nuit.

Plutôt plage : écourtez votre visite de Bangkok pour partir plus vite vers les plages paradisiaques de Ko Chang ou Ko Samet.

Bangkokiens en costumes traditionnels

© Tibor Bognár/Age fotostock

LU SUR routard.com

En bateau sur le Chao Phraya et dans les *khlong*
(tiré du carnet de voyage de Jean-Philippe Damiani)

Bangkok est surnommée la Venise de l'Orient. Sillonnée en partie de canaux et traversée par le plus grand fleuve du royaume, la capitale thaïlandaise a un destin lié avec l'eau, depuis sa fondation. Aujourd'hui encore, une partie du transport urbain emprunte la voie fluviale. Pour le plus grand bonheur des touristes...
L'artère principale de Bangkok est un fleuve : le **Chao Phraya,** « seigneur des eaux » en thaï, qui fut longtemps l'axe majeur du commerce du royaume de Siam. Chaque jour, le fleuve est parcouru par une nuée d'embarcations, – navettes, ferries, *long-tail boats* traditionnels, péniches transportant des marchandises – formant un incessant ballet nautique. À Bangkok comme à Venise, on peut se déplacer en bateau, en empruntant, par exemple, les navettes du **Chao Phraya Express,** reliant les principaux points d'intérêts touristiques, comme Chinatown, le Wat Arun, le Grand Palais et le quartier de Khao San Road. Au fil de la balade, toute la diversité de Bangkok défile sous vos yeux, des tours rutilantes et des hôtels luxueux des environs de Silom aux demeures anciennes de Rattanakosin, en passant par les maisons en bois sur pilotis du côté de Chinatown. Spectacle assuré !
Partant du Chao Phraya, des canaux, les *khlong* sillonnent la ville, notamment dans le quartier de **Thonburi.** C'est sur leurs rives que l'on découvre un Bangkok populaire, qui semble n'avoir pas bougé depuis des décennies. On peut louer un *long tail boat* à plusieurs ou faire un tour organisé pour découvrir cet autre visage de Bangkok, à mille lieues des gratte-ciel et des embouteillages. La balade vous entraîne dans un labyrinthe aquatique où l'on découvre des maisons en bois sur pilotis, des bicoques bringuebalantes au toit de tôle, mais aussi de belles demeures en teck, des temples de poche, des petits marchés flottants... Un univers fascinant, vivant au fil et au rythme de l'eau.

LES QUESTIONS QU'ON SE POSE AVANT LE DÉPART

Infos détaillées dans le chapitre « Bangkok utile ».

➢ Un visa est-il nécessaire ?

Non si vous restez moins de 30 jours sur place. Au-delà, il faudra impérativement ressortir du pays. Sinon, possibilité d'extension de 30 jours supplémentaires à faire sur place auprès du bureau d'immigration, mais on ne peut le renouveler qu'une seule fois.

➢ Quelle est la meilleure période pour y aller ?

De novembre à mars, quand les températures sont agréables et que l'air est sec. D'avril à mai, il fait très chaud. Commence ensuite la saison des pluies qui dure jusqu'en octobre.

➢ Bangkok est-elle une ville chère ?

Non. Certes, bien que plus chère que le reste du pays, elle n'en demeure pas moins une ville où le rapport qualité-prix des prestations est remarquable, tant pour l'hébergement, la nourriture ou les excursions.

➢ Quel est le meilleur moyen de transport ?

Vous avez l'embarras du choix. Les bateaux et les métros sont à privilégier. Sinon, si vous vous sentez le courage de déchiffrer le fonctionnement des bus, ceux-ci offrent pas mal de liberté. Le taxi est aussi très bon marché.

➢ Y a-t-il des problèmes de sécurité ?

Ni plus ni moins que dans tout autre pays hautement touristique.

➢ Quel est le décalage horaire ?

Compter 5h d'avance sur Paris en été ; 6h en hiver. Quand il est 12h à Paris, il est 17h (été) ou 18h (hiver) à Bangkok.

➢ Quel est le temps de vol entre Paris et Bangkok ?

12-13h.

➢ Côté santé, quelles précautions prendre ?

Aucune vaccination n'est obligatoire pour les voyageurs en provenance d'Europe. Être à jour pour les vaccinations « universelles » (voir « Vaccinations » dans le chapitre « Bangkok utile » plus loin). Pas de paludisme, mais la dengue peut survenir, comme partout en Asie du Sud-Est, ou l'encéphalite japonaise (voir « Santé » dans le chapitre « Bangkok utile »). Bangkok dispose d'un excellent hôpital.

➢ De quel côté de la route les Thaïlandais conduisent-ils ?

À gauche, comme les Anglais. Une habitude à prendre, pas insurmontable.

➢ Peut on circuler en deux-roues ?

Oui, mais EXIGEZ un casque. Et surtout, prenez bien une assurance avant de partir : en cas de problème grave, le touriste a toujours tort (confiscation du passeport, procédures judiciaires...). Renseignez-vous bien auprès de votre assureur.

➢ Peut-on emmener les enfants à Bangkok ?

Oui, sans souci. Pas de problème

sanitaire particulier. Découvrir Bangkok en famille vous ouvre de nombreuses portes car les enfants sont toujours les bienvenus en Thaïlande. En cas de problème médical, Bangkok dispose d'un bon hôpital.

➢ Quels sont les secteurs à visiter en priorité ?

Les abords du fleuve Chao Phraya, où se concentrent les principaux musées et temples.

➢ Est-il nécessaire de parler l'anglais ?

Il est préférable de connaître quelques mots d'anglais, mais on se fait facilement comprendre, quelle que soit la langue utilisée (mimes, dessins... !).

➢ Est-il vrai que la prostitution est partout ?

Non. Les quartiers les plus chauds sont très localisés.

ARRIVER – QUITTER

LES COMPAGNIES RÉGULIÈRES

Vols sans escale

▲ AIR FRANCE

Rens et résas au ☎ 36-54 (0,35 €/mn – tlj 6h30-22h), sur • airfrance.fr • dans les agences Air France et dans toutes les agences de voyages. Fermées dim.

➢ Au départ de Paris-Roissy-Charles-de-Gaulle 2F, Air France propose 1 vol direct/j. pour Bangkok.

Air France propose à tous des tarifs attractifs toute l'année. Pour consulter les meilleurs tarifs du moment, allez directement sur la page « Nos meilleurs tarifs » sur *• airfrance.fr •*

Flying Blue, le programme de fidélité gratuit d'Air France-KLM, permet de gagner des miles en voyageant sur les vols Air France, KLM, Hop et les compagnies membres de *Skyteam,* mais aussi auprès des nombreux partenaires non aériens *Flying Blue...* Les *Miles* peuvent ensuite être échangés contre des billets d'avion ou des services (surclassement, bagage supplémentaire, accès salon...) ainsi qu'auprès des partenaires. Pour en savoir plus, rendez-vous sur *• flyingblue.com •*

▲ THAI AIRWAYS INTERNATIONAL

– Paris : tour Opus 12, 77, esplanade du Général-de-Gaulle, 92914 La Défense Cedex. ☎ 01-55-68-80-00 ou 70. • thaiairways.fr • Ⓜ La Défense.

➢ La compagnie assure 7 vols/sem sans escale entre Roissy-CDG 1 et Bangkok. Depuis Bangkok, THAI et sa filiale régionale THAI Smile desservent 10 villes en Thaïlande.

Un *pass* « Discover Thailand Fares » de 3 coupons est disponible sur tous les secteurs opérés par THAI, à l'exception du trajet Chiang Mai-Phuket. Réservation et achat possibles avant le départ et en dehors de la Thaïlande.

Vols avec escale

▲ CATHAY PACIFIC

☎ 0805-542-941 (prix d'un appel local). • cathaypacific.com/cx/fr_FR.html •

➢ Cathay Pacific propose 10 vols directs/sem Paris-Hong Kong et au-delà de 7-9 vols/j. en correspondance sur Bangkok. Sa filiale *Cathay Dragon* propose 2 vols/j. en correspondance sur Phuket et 1 vol/j. en correspondance sur Chiang Mai (enregistrement de bout en bout). Possibilité de combiner sans frais la ville d'arrivée et la ville de départ. Selon le billet, *stop-over* possible sans supplément à Hong Kong, à l'aller ou au retour.

▲ GULF AIR

– Paris : 9, rue de Téhéran, 75008. ☎ 01-49-52-41-41. • gulfair.com • Ⓜ Miromesnil.

➢ Gulf Air dessert régulièrement Bangkok au départ de Roissy-CDG avec escale à Bahreïn.

▲ KLM

Résas : ☎ 0892-702-608 (0,35 €/mn), sur • klm.fr • Également dans les agences Air France et dans ttes les agences de voyages.

KLM dessert Bangkok 1 fois/j. au départ d'Amsterdam-Schiphol et plusieurs fois/sem au départ de Bordeaux, Clermont-Ferrand, Lyon, Marseille, Montpellier, Nantes, Nice, Rennes, Strasbourg et Toulouse via Amsterdam.

▲ LUFTHANSA

– Boulogne-Billancourt : 122, av. du Général-Leclerc, 92514 Boulogne-Billancourt Cedex. Infos et résas : ☎ 0892-231-690 (0,35 €/mn) ; sur • lufthansa.com • ou au comptoir Roissy-CDG terminal 1.

➢ Lufthansa dessert Bangkok 35 fois/sem : 28 vols/sem Lufthansa via Francfort et 7 vols/sem via Munich et Francfort. Ces vols sont en correspondance au départ de Paris, Lyon, Marseille, Nice, Toulouse ; et Bâle-Mulhouse. Depuis Bangkok, correspondances vers Chiang Mai, Chiang Rai, Hat Yai, Ko Samui, Krabi, Phuket et Surat Thani en partenariat avec THAI.

▲ ROYAL JORDANIAN

– Paris : 38, av. des Champs-Élysées, 75008. ☎ 01-42-65-99-83 ou 84. • rj.com • Ⓜ Franklin-D.-Roosevelt. Lun-ven 9h-17h.

Vol quotidien de Paris pour Bangkok via Amman au départ CDG-2A avec une courte escale.

▲ QATAR AIRWAYS

– Paris : 19, rue de Ponthieu, 75008. ☎ 01-43-12-84-40 (lun-ven 9h-17h). • qatarairways.com •

Au départ de Roissy CDG, 3 vols quotidiens vers Bangkok, 14 vols hebdomadaires vers Phuket via Doha. Également 4 vols hebdomadaires vers Krabi via Doha. Correspondances quotidiennes depuis Bangkok vers Chiang Mai, Ko Samui, Trat avec *Bangkok Airways,* Ubon Ratchathani et Udon Thani avec *Thai Smile Airways.*

▲ SINGAPORE AIRLINES

– Paris : 43, rue Boissière, 75116. ☎ 0821-230-380 (0,12 €/mn). • singaporeair.com • Lun-jeu 9h-17h30, ven 17h.

Propose 1 vol/j. Paris-Singapour et, au-delà de Singapour, 6 correspondances/j. vers Bangkok, et 5 correspondances/j. vers Phuket, 2 correspondances/j. vers Koh Samui et 5 vols/sem. vers Chiang Mai (avec Silk Air, filiale de Singapore Airlines).

LES ORGANISMES DE VOYAGES

En France

▲ ALTIPLANO VOYAGE

– Annecy (Metz-Tessy) : Park Nord, Les Pléiades N° 35, 74370. ☎ 04-57-09-80-01. • thailande@altiplano-voyage.com • Agence ouverte lun-ven 9h-13h, 14h-18h.

Altiplano Voyage, spécialiste des circuits sur-mesure en Thaïlande, vous invite à l'inédit. Ce créateur de voyages compose un itinéraire à votre image (pour un minimum de 7 jours de prestations). Avec Altiplano, vous préparez votre projet dans une ambiance conviviale et vous bénéficiez des conseils d'une équipe de passionnés.

▲ ASIA

– Paris : Asia, 1, rue Dante, 75005. ☎ 01-44-41-50-10. • asia.fr • Ⓜ Maubert-Mutualité. Lun-ven 9h-18h30 ; sam 10h-13h, 14h-17h.

– Lyon : 46, rue du Président-Herriot (entrée 10, rue Saint-Nizier), 69002. ☎ 04-78-38-30-40. Lun-ven 9h30-12h30, 13h30-18h30 ; sam 10h-13h, 14h-17h.

– Marseille : 424, rue Paradis, 13008. ☎ 04-91-16-72-32. Lun-ven 9h30-12h30, 14h-18h30 ; sam 9h30-12h30.

– Nice : 23, rue de la Buffa, 06000. ☎ 04-93-82-41-41. Lun-ven 9h-12h30, 14h-18h30 ; sam 9h30-12h30.

– Toulouse : 5, rue Croix-Baragnon, 31000. ☎ 05-61-14-51-50. Lun-ven 9h30-18h15 ; sam 10h30-13h, 14h-17h.

Asia est leader des voyages en Asie et propose des voyages personnalisés en individuel ou en petits groupes de l'Asie Mineure au Pacifique, de la Jordanie à la Nouvelle-Zélande en passant par l'Asie centrale, l'Inde, la Mongolie, la Chine, l'Asie du Sud-Est et l'Australie. Dans chaque pays, Asia met son expertise au service de ses clients pour réaliser le voyage de ses envies. Connaissance du terrain et du patrimoine culturel, respect de l'environnement et authenticité, c'est au plus près des populations et toujours dans l'esprit des lieux qu'Asia fait partager ses créations « maison » : en Thaïlande, le *Lisu Lodge,* habitations traditionnelles typiques de l'ethnie Lisu, ou *Kum Lann,* de charmantes demeures de style Lanna. Sur les rivages paradisiaques de l'océan Indien à la mer de Chine, Asia a sélectionné des adresses idylliques et des spas raffinés pour des séjours bien-être. Mais aussi *Air Asia* : le plus vaste choix de vols de l'Asie Mineure au Pacifique aux meilleures conditions.

▲ ASIE INFINY

– Paris : 5 bis, rue de l'Asile-Popincourt, 75011. ☎ 01-53-70-23-45. • asieinfiny.com •

Créée en 2015, Asie Infiny promet une « Asie pour chacun », déclinant ses formules à l'infini pour combler toutes les envies des voyageurs. En circuits individuels ou accompagnés, découvrez les merveilles de l'Inde, du Sri Lanka et des Maldives, en passant par Bali, la belle indonésienne, et l'Asie du Sud-Est (Thaïlande, Birmanie, Laos, Cambodge et Vietnam). De nouvelles formules vous proposent de faire escale quelques jours dans les métropoles vivantes et dynamiques de Singapour, Hong Kong, Dubaï, ou Abu Dhabi.

▲ CERCLE DES VACANCES

– Paris : 4, rue Gomboust (angle 31, av. de l'Opéra), 75001. ☎ 01-40-15-15-01. • cercledesvacances.com • Ⓜ Pyramides ou Opéra. Lun-ven 9h-20h ; sam 10h-18h30.

Le vrai voyage sur mesure, à destination de l'Asie dont la Thaïlande.

Cercle des Vacances propose un large choix de voyages adaptés à chaque client : circuits avec guide et chauffeurs, voyage en groupe, croisière, combiné de plusieurs pays, voyages de noces... Les experts Cercle des Vacances partagent leurs conseils et leurs petits secrets pour faire de chaque voyage une expérience inoubliable. Cercle des Vacances offre également un service liste de mariage gratuit. Les petits plus qui font la différence : cours de cuisine, rencontre avec les éléphants, balade en train local, tour en pirogue...

▲ COMPTOIR DES VOYAGES

• comptoir.fr •

– Paris : 2-18, rue Saint-Victor, 75005. ☎ 01-53-10-30-15. Ⓜ Maubert-Mutualité. Lun-ven 9h30-18h30 ; sam 10h-18h30.

– Bordeaux : 26, cours du Chapeau-Rouge, 33800. ☎ 05-35-54-31-40. Lun-sam 9h30-18h30.

– Lille : 76, rue Nationale, 59160. ☎ 03-28-34-68-20.

– Lyon : 10, quai Tilsitt, 69002. ☎ 04-72-44-13-40. Ⓜ Bellecour. Lun-sam 9h30-18h30.

– Marseille : 12, rue Breteuil, 13001. ☎ 04-84-25-21-80. Ⓜ Estrangin. Lun-sam 9h30-18h30.

– Toulouse : 43, rue Peyrolières, 31000. ☎ 05-62-30-15-00. Ⓜ Esquirol. Lun-sam 9h30-18h30.

Comptoir des Voyages s'impose comme une référence incontournable dans le voyage sur mesure, avec 80 destinations couvrant les 5 continents. Ses voyages s'adressent à tous ceux qui souhaitent vivre un pays de façon simple en s'y sentant accueilli. Les conseillers privilégient des hébergements typiques, des moyens de transport locaux et des expériences authentiques pour favoriser l'immersion dans la vie locale. Comptoir vous offre aussi la possibilité de rencontrer des francophones habitant dans le monde entier, des *greeters,* qui vous donneront, le temps d'un café, les clés de leur ville ou de leur pays. Comptoir des Voyages propose aussi une large gamme de services : échanges par visioconférence, devis web et carnet de voyage personnalisés, assistance téléphonique tlj 24h/24 pendant votre voyage...

▲ LES COMPTOIRS DU MONDE

Rens et résas : ☎ 09-80-08-02-00. • comptoirsdumonde.fr •
– Paris : 19, av. d'Italie, 75013. Lun-ven 9h-18h.
– Lyon : parc Technoland, 3, allée du Lazio, 69800 Saint-Priest. Lun-ven 9h-18h.
Que vous souhaitiez voyager seul, en couple, en famille ou entre amis, les Comptoirs du monde sont à votre écoute pour vous offrir des voyages personnalisés de qualité et vous proposer des prestations qui répondent véritablement à vos attentes. Globe-trotters, passionnés d'histoire, amoureux de la nature, ayant une connaissance approfondie des pays, leur équipe de spécialistes peut satisfaire vos demandes les plus diverses en respectant votre budget.

▲ MONDE AUTHENTIQUE

– Paris : 5, rue Thorel, 75002. ☎ 01 53 34 92 71. Ⓜ Bonne-Nouvelle. Lun-ven 9h30-19h, sf mer 14h-19h, sam sur rdv, ou à domicile sur Paris et sa région (moyennant participation). • monde-authentique.com •
Envie de sortir des sentiers battus, de découvrir ce qu'un pays peut proposer de meilleur ? Depuis 2003, Monde Authentique propose des itinéraires individuels à l'écart des sentiers battus sur des destinations originales. En parfaits artisans et connaisseurs du monde, les 14 créateurs de voyages maîtrisent à la perfection les destinations sur lesquelles ils travaillent. Monde Authentique s'adresse à des clients exigeants désireux de faire de beaux voyages.

▲ NOMADE AVENTURE

Rens et résas : ☎ 0825-701-702 (0,15 €/mn + prix d'appel). • nomade-aventure.com •
– Paris : 40, rue de la Montagne-Sainte-Geneviève, 75005. ☎ 01-46-33-71-71. Ⓜ Maubert-Mutualité. Lun-sam 9h30-18h30.
– Lyon : 10, quai Tilsitt, 69002. Lun-sam 9h30-18h30.
– Marseille : 12, rue Breteuil, 13001. Lun-ven 9h30-18h30.
– Toulouse : 43, rue Peyrolières, 31000. Lun-sam 9h30-18h30.
Nomade Aventure propose des circuits inédits partout dans le monde, à réaliser en famille, entre amis, avec ou sans guide. Également la possibilité d'organiser, hors de groupes constitués, un séjour libre en toute autonomie et sur mesure. Spécialiste de l'aventure avec plus de 600 itinéraires (de niveau tranquille, dynamique, sportif ou sportif +) faits d'échanges et de rencontres avec les habitants, Nomade Aventure donne la priorité aux expériences authentiques à pied, à VTT, à cheval, à dos de chameau, en bateau ou en 4x4.

▲ NOSTALASIE

– Paris : 19, rue Damesme, 75013. ☎ 01-43-13-29-29. • ann.fr • Ⓜ Tolbiac. Lun-sam 10h-13h, 15h-18h.
Parce qu'il n'est pas toujours aisé de partir seul, NostalAsie, un tour-opérateur indépendant propose de véritables voyages sur mesure en Asie, notamment en Thaïlande, des lieux les plus connus jusqu'aux contrées les plus reculées, en individuel ou en groupe déjà constitué. Deux formules au choix : Les *Estampes* avec billets d'avion, logements, transferts entre les étapes, ou *Les Aquarelles* avec en plus un guide et une voiture privée à chaque étape. Vous trouverez sur le site internet des idées d'itinéraires que vous pourrez ensuite personnaliser et adapter selon vos envies avec Ylinh, la chaleureuse directrice grande connaisseuse de l'Asie, et son équipe de jeunes passionnés qui vous donneront des conseils avisés pour réussir votre voyage.

▲ LA ROUTE DES VOYAGES

– Paris : 10, rue Choron, 75009. ☎ 01-55-31-98-80. Ⓜ Notre-Dame de Lorette.

– Annecy : 4 bis, av. d'Aléry, 74000. ☎ 04-50-45-60-20.

– Angers : 6, rue Corneille, 49000. ☎ 02-41-43-26-65.

– Bordeaux : 19, rue des Frères-Bonie, 33000. ☎ 05-56-90-11-20.

– Lyon : 59, rue Franklin, 69002. ☎ 04-78-42-53-58.

– Toulouse : 9, rue Saint-Antoine-du-T, 31000. ☎ 05-62-27-00-68.

Agences ouvertes lun-jeu 9h-19h, ven 9h-18h ; rdv conseillé. • route-voyages.com •

30 ans d'expérience de voyage sur mesure sur les 5 continents ! 14 pays en Europe complètent à présent leur offre de voyage sur mesure. Cette équipe de voyageurs passionnée a développé un vrai savoir-faire du voyage personnalisé : écoute, conseils, voyages de repérage réguliers et des correspondants sur place, soigneusement sélectionnés, avec qui ils travaillent en direct. Son engagement à promouvoir un tourisme responsable se traduit par des possibilités de séjours solidaires à insérer dans les itinéraires de découverte individuelle. Elle a aussi créé un programme de compensation solidaire qui permet de financer des projets de développement locaux.

▲ ROUTES DE THAÏLANDE

• routes-de-thailande.com •

Contactez Routes de Thaïlande, une agence locale de confiance, pour organiser votre voyage sur mesure en Thaïlande. Ses conseillers, fins connaisseurs du terrain et de la réalité du pays, vous accompagnent dans la préparation de votre voyage, en couple, en famille ou en groupe d'amis. Vous avez ainsi accès à un service personnalisé en bénéficiant d'un prix accessible. Membre de la communauté *bynativ,* Routes de Thaïlande propose un maximum de garanties et de services : règlement en ligne et de façon sécurisée, possibilité de souscrire à une assurance de voyage et de bénéficier de garanties solides en cas d'imprévu. De quoi voyager de façon authentique et en toute tranquillité.

▲ TERRES D'AVENTURE

N° Indigo : ☎ 0825-700-825 (0,15 €/mn + prix d'appel). • terdav.com •

– Paris : 30, rue Saint-Augustin, 75002. ☎ 01-70-82 90-00. Ⓜ Opéra ou 4-Septembre. Lun- sam 9h30-19h.

– Agences également à Bordeaux, Grenoble, Lille, Lyon, Marseille, Nantes, Rennes, Rouen, Strasbourg et Toulouse.

Depuis 1976, Terres d'Aventure, spécialiste du voyage à pied, propose aux voyageurs passionnés de marche et de rencontres des randonnées hors des sentiers battus à la découverte des grands espaces de notre planète. Voyages à pied, à cheval, en bateau, en raquettes... Sur tous les continents, des aventures en petits groupes ou en individuel encadrés par des professionnels expérimentés sont proposées. Les hébergements dépendent des sites explorés : camps d'altitude, bivouac, refuge ou petits hôtels. Les voyages sont conçus par niveaux de difficulté : de la simple balade en plaine à l'expédition sportive en passant par la course en haute montagne. En province, certaines de leurs agences sont de véritables *Cités des Voyageurs* dédiées au voyage. Consultez le programme des manifestations sur leur site internet.

▲ TERRES LOINTAINES

• terres-lointaines.com •

– Issy-les-Moulineaux : 2, rue Maurice-Hartmann, 92130. Sur rdv uniquement ou au ☎ 01-75-60-63-50. Lun-ven 9h-19h, sam 10h-18h.

– Bordeaux : 4, rue Esprit-des-Lois, 33000. ☎ 05-33-09-09-10.

Terres Lointaines est le dernier-né des acteurs du Net qui compte dans le monde du tourisme, avec pour conviction : « un voyage réussi est un voyage qui dépasse les attentes du client ». Son ambition est clairement affichée : démocratiser le voyage sur mesure au prix le plus juste. En individuel ou en petit groupe, entre raffinement et excellence, Terres Lointaines met le monde à votre portée. Europe, Amériques, Afrique, Asie, Océanie, la palette de destinations programmées est vaste, toutes proposées par des conseillers-spécialistes à l'écoute des envies du client. Grâce à une sélection rigoureuse de prestataires locaux, Terres Lointaines créé des voyages de qualité, qui laissent de merveilleux souvenirs.

▲ TUI

Rens et résas : ☎ 0825-000-825 (0,20 €/mn + prix d'appel). • tui.fr • Également dans les agences de voyages TUI présentes dans toute la France.

TUI, numéro 1 mondial du voyage, tous les circuits Nouvelles Frontières, ainsi que les clubs Marmara et un choix infini de vacances pour une expérience unique. TUI propose des offres et services personnalisés tout au long de vos vacances, avant, pendant et après le voyage.

Un circuit accompagné dans une destination de rêve, un séjour détente au soleil sur l'une des plus belles plages du monde, un voyage sur mesure façonné pour vous, ou encore des vacances dans un hôtel ou dans un club, les conseillers TUI peuvent créer avec vous le voyage idéal adapté à vos envies. Ambiance découverte, familiale, romantique, dynamique, zen, chic... TUI propose des voyages à deux, en famille, seul ou entre amis, parmi plus de 180 destinations à quelques heures de chez vous ou à l'autre bout du monde.

▲ VOYAGEURS DU MONDE

• voyageursdumonde.fr •

– Voyageurs en Asie du Sud-Est (Cambodge, Laos, Malaisie, Birmanie, Philippines, Singapour, Thaïlande, Vietnam) : ☎ 01-42-86-16-88.

– Paris : La Cité des Voyageurs, 55, rue Sainte-Anne, 75002. ☎ 01-42-86-16-00. Ⓜ Opéra ou Pyramides. Lun-sam 9h30-19h. Avec une librairie spécialisée sur les voyages.

– Également des agences à Bordeaux, Grenoble, Lille, Lyon, Marseille, Montpellier, Nantes, Nice, Rennes, Rouen, Strasbourg et Toulouse. Également Bruxelles et Genève.

Parce que chaque voyageur est différent, que chacun a ses rêves et ses idées pour les réaliser, Voyageurs du Monde conçoit, depuis plus de 30 ans, des projets sur mesure. Les séjours proposés sur 120 destinations sont élaborés par leurs 180 conseillers voyageurs. Spécialistes par pays et même par région, ils vous aideront à personnaliser les voyages présentés à travers une trentaine de brochures d'un nouveau type et sur le site internet où vous pourrez également découvrir les hébergements exclusifs et consulter votre espace personnel. Au cours de votre séjour, vous bénéficiez des services personnalisés Voyageurs du Monde, dont la possibilité de modifier à tout moment votre voyage, l'assistance d'un concierge local, la mise en place de rencontres et de visites privées et l'accès à votre carnet de voyage via une application iPhone et Androïd. Voyageurs du Monde est membre de l'association ATR (Agir pour un Tourisme Responsable) et a obtenu sa certification Tourisme Responsable AFAQ AFNOR.

Voir aussi au sein du guide les agences locales que nous avons sélectionnées.

Comment aller à Roissy et à Orly ?

Toutes les infos sur notre site *• routard.com •* à l'adresse suivante : *• bit.ly/aeroports-routard •*

En Belgique

▲ CONNECTIONS

Rens et résas : ☎ 070-233-313. • connections.be • Lun-ven 9h-19h, sam 10h-17h.

Fort d'une expérience de plus de 20 ans dans le domaine du voyage, Connections dispose d'un réseau de 30 *travel shops* dont un à Brussels Airport, Connections propose des vols dans le monde entier à des tarifs avantageux et des voyages destinés à des voyageurs désireux de découvrir la planète de façon autonome. Connections propose une gamme complète de produits : vols, hébergements, locations de voitures, autotours, vacances sportives, excursions.

▲ CONTINENTS INSOLITES

– Bruxelles : rue César-Franck, 44 A, 1050. ☎ 02-218-24-84. • continents-insolites.com • Lun-ven 10h-18h, sam 10h-16h30 sur rdv.

Continents Insolites, organisateur de voyages lointains sans intermédiaire propose une gamme étendue de formules de voyages détaillées dans leur guide annuel gratuit sur demande.

– *Voyages découverte sur mesure :* à partir de 2 pers. Un grand choix d'hébergements soigneusement sélectionnés : du petit hôtel simple à l'établissement luxueux et de charme.

– *Circuits découverte en minigroupes :* de la grande expédition au circuit accessible à tous. Des circuits à dates fixes dans plus de 60 pays en petits groupes francophones de 7 à 12 pers. Avant chaque départ, une réunion est organisée. Voyages encadrés par des guides francophones, spécialistes des régions visitées.

▲ GLOBE-TROTTERS

– Bruxelles : rue Franklin, 15, 1000. ☎ 02-732-90-70. • globe-trotters.be • Lun-ven 9h30-13h30, 15h-18h ; sam 10h-13h.

En travaillant avec des prestataires exclusifs, cette agence permet de composer chaque voyage selon ses critères : de l'auberge de jeunesse à l'hôtel de charme, de l'autotour au circuit accompagné, d'une descente de fleuve en pirogue à un circuit à vélo... Spécialiste du Québec, du Canada, des États-Unis, Globe-Trotters propose aussi des formules dans le Sud-Est asiatique et en Afrique. Assurances voyages. Cartes d'auberges de jeunesse (IYHF). Location de voitures, motorhomes, et motos.

▲ TERRES D'AVENTURE

– Bruxelles : chaussée de Charleroi, 23, 1060. ☎ 02-543-95-60. • terdav.com • Lun-sam 10h-19h.

Voir texte dans la partie « En France ».

▲ TUI

• tui.be •

– Nombreuses agences dans le pays dont Bruxelles, Charleroi, Liège, Mons, Namur, Waterloo, Wavre et au Luxembourg.

▲ VOYAGEURS DU MONDE

– Bruxelles : chaussée de Charleroi, 23, 1060. ☎ 02-543-95-50. • voyageursdumonde.com •

Le spécialiste du voyage en individuel sur mesure. Voir texte dans la partie « En France ».

En Suisse

▲ ALTIPLANO VOYAGE

– Genève : pl. du Temple 3, 1227 Carouge. ☎ 022-342-49-49. • altiplano-voyage.ch • Agence ouverte lun, mar, jeu, ven (sur rdv).

Voir texte dans la partie « en France ».

▲ ASIA

– Genève : c/o Fert et Cie voyages, rue Barton, 7 Case postale 2364, CH-I211 – 2. ☎ 022-839-43-39.

Voir texte dans la partie « En France ».

▲ ÈRE DU VOYAGE (L')

– Nyon : Grand-Rue, 21, CH-1260. ☎ 022-365-15-65. • ereduvoyage.ch • Mar-ven 8h30-12h30, 13h30-18h ; sur rdv en dehors de ces heures.

Agence fondée par quatre professionnelles qui ont la passion du voyage. Elles pourront vous conseiller et vous faire part de leur expérience en Asie, Afrique australe et Moyen-Orient. Des itinéraires originaux, testés par l'équipe de l'agence : voyages sur mesure pour découvrir un pays en toute liberté en voiture privée avec ou sans chauffeur, guide local et logements de charme ; petites escapades pour un week-end prolongé et voyages en famille.

▲ HORIZONS NOUVEAUX

– Verbier : rue de Medran, 6, CP 196, 1936. ☎ 027-761-71-71. • horizonsnouveaux.com • Lun-ven 9h-12h, 14h-18h ; sam sur rdv.

Horizons Nouveaux est le tour-opérateur suisse spécialisé dans les régions qui vont de l'Asie centrale à l'Asie du Sud en passant par les pays himalayens, tels que l'Inde, le Sri Lanka, le Népal, le Tibet, la Birmanie, le Cambodge, le Laos, Java ou encore Bali. Nicolas Jaques et Paul Kennes qui voyagent dans ces régions depuis plus de 20 ans organisent principalement des voyages à la carte, des voyages culturels à thème, des trekkings souvent inédits et des expéditions.

▲ JERRYCAN

– Genève : rue Sautter, 11, 1205. ☎ 022-346-92-82. • jerrycan-voyages.ch • Lun-ven 9h-12h30 et 13h30-18h.

Tour-opérateur de la Suisse francophone spécialisé sur l'Afrique, l'Asie et l'Amérique latine. Trois belles brochures proposent des circuits individuels et sur mesure. L'équipe connaît bien son sujet et peut construire un voyage à la carte.

▲ STA TRAVEL

• statravel.ch • ☎ 058-450-49-49.
– Fribourg : rue de Lausanne, 24, 1701. ☎ 058-450-49-80.
– Genève : rue Pierre-Fatio, 19, 1205. ☎ 058-450-48-00.
– Genève : rue Vignier, 3, 1205. ☎ 058-450-48-30.
– Lausanne : bd de Grancy, 20, 1006. ☎ 058-450-48-50.
– Lausanne : à l'université, Anthropole, 1015. ☎ 058-450-49-20.

Agences spécialisées notamment dans les voyages pour jeunes et étudiants. 150 bureaux STA et plus de 700 agents du même groupe répartis dans le monde entier sont là pour donner un coup de main *(Travel Help).*
STA propose des tarifs avantageux : vols secs *(Blue Ticket),* hôtels, écoles de langues, *work & travel,* circuits d'aventure, voitures de location, etc. Délivre la carte internationale d'étudiant et la carte Jeune.

▲ TUI – NOUVELLES FRONTIÈRES

– Genève : rue Chantepoulet, 25, 1201. ☎ 022-716-15-70.
– Lausanne : bd de Grancy, 19, 1006. ☎ 021-616-88-91.

Voir texte dans la partie « En France ».

Au Québec

▲ EXOTIK TOURS

Rens sur • exotiktours.com • ou auprès de votre agence de voyages.

Exotik Tours offre une importante programmation en été comme en hiver sur la Méditerranée et l'Europe. L'hiver, des séjours sont proposés dans le Bassin méditerranéen et en Asie (Thaïlande et Bali). Durant cette saison, on peut également opter pour des combinés plage + circuit. Dans la rubrique « Grands voyages », le voyagiste suggère des périples en petits groupes ou en individuel. Au choix : l'Amérique du Sud, le Pacifique Sud, l'Afrique (Afrique du Sud, Kenya, Tanzanie), l'Inde et le Népal.

▲ TOURS CHANTECLERC

• tourschanteclerc.com •

Tours Chanteclerc est un tour-opérateur qui publie différentes brochures de voyages : Europe, Amérique du Nord, Amérique du Sud, Asie et Pacifique Sud, Afrique et le Bassin méditerranéen en circuits ou en séjours. Il s'adresse aux voyageurs indépendants qui réservent un billet d'avion, un hébergement (dans toute l'Europe), des excursions ou une location de voiture. Également spécialiste de Paris, le tour-opérateur offre une vaste sélection d'hôtels et d'appartements dans la Ville lumière.

QUITTER BANGKOK

En avion

✈ Pour les infos concernant les ***aéroports,*** voir la rubrique « Arrivée à l'aéroport » dans le chapitre « Infos pratiques sur place » plus haut.

– ***Attention :*** les vols low cost (compagnies *Air Asia* et *Nok Air*) partent de l'aéroport de Don Muang. Pour les vols intérieurs, seules les compagnies *Thai Airways* et *Bangkok Airways* décollent de l'aéroport Suvarnabhumi. **Vérifiez bien sur votre réservation le nom de votre aéroport de départ.**

Les taxes d'aéroport sont, en principe, incluses dans le prix du billet.

➢ Nombreux vols intérieurs chaque jour pour ***Chiang Mai, Chiang Rai, Phuket, Ko Samui, Krabi, Surat Thani, Trang, Hat Yai, Trat.***

➢ Quasiment aucun problème pour visiter le reste de l'Asie en avion au départ de Bangkok.

Bien se renseigner sur les visas avant votre départ, si vous ne l'avez pas demandé dans votre pays d'origine. Sachez aussi que la majorité des pays d'Asie du Sud-Est exigent que votre passeport soit valable plus de 6 mois après l'expiration de votre visa d'entrée dans le pays ou la date de retour. Et ne comptez pas sur les consulats de Bangkok pour vous en refaire un !

Pour les billets internationaux achetés dans les agences de Khao San Road, faire attention. Là encore, prudence. Il arrive parfois quelques déconvenues du type : surbooking, vols inexistants, stand-by... Sachez aussi que les billets les moins chers ne sont pas forcément les meilleurs. De plus, aucun recours n'est possible vu que les agences changent de nom et de personnel en un clin d'œil.

Pour aller à l'aéroport

Mêmes solutions, en sens inverse, que pour en venir. Lire plus haut la rubrique « Arrivée à l'aéroport ».

En train

On peut désormais réserver son billet de train en ligne sur • *thairailways.com/booking-ticket.html* • ou par téléphone en composant le ☎ 16-90 (depuis la Thaïlande) ou téléphonant à la gare de Hua Lamphong au ☎ 223-37-62 ou 224-77-88.

Gare de Hua Lamphong – สถานีรถไฟหัวลำโพง *(plan détachable, C4)* **:** *rens au ☎ 16-90. Horaires et résa sur* • *thairailways.com* • Ticket Office for Foreigners *(à gauche des guichets normaux) Tlj 8h-20h. Pour ttes les destinations.* C'est de cette gare que partent les trains pour le Nord, le Nord-Est et certains trains pour le Sud. D'une manière générale, réservez le plus tôt possible votre trajet. Les billets peuvent être achetés jusqu'à 2 mois à l'avance en gare. Horaires, fluctuants, à vérifier au bureau d'infos situé dans le grand hall des départs. Consigne à bagages à gauche de l'entrée *(tlj 4h-23h, 20-80 Bts selon le poids).* Plusieurs bureaux de change *(tlj 9h-18h).* Distributeur automatique d'argent. *Food court (tlj 6h-21h ; bon marché).* Attention, pas mal de rabatteurs qui vont faire acheter les billets dans des agences voisines qui n'ont rien à voir avec les guichetiers de la gare !

La ligne pour le Nord se sépare en 2 à Ban Pachi Junction, juste après Ayutthaya. Une voie *(Northern Line)* continue vers Chiang Mai, son terminus. L'autre *(Northeastern Line)* part vers le nord-est jusqu'à Ubon Ratchathani.

➢ ***Pour Chiang Mai :*** 3 trains de jour (2 le mat, 1 en début d'ap-m) et 3 de nuit. Le plus prisé est le *Special Express n° 9* qui part à 18h10 (arrivée Chiang Mai le lendemain à 7h15). En train-couchettes 2ᵉ classe, comptez 800-1 200 Bts (selon que vous optez pour le ventilo ou pour la clim, et pour la couchette du haut ou pour celle du bas) et 13h de trajet. Pensez à réserver vos couchettes bien à l'avance, car c'est souvent complet – en vous assurant que le train en propose (ce n'est pas toujours le cas). Les couchettes du haut sont moins chères que celles du bas, car les rideaux n'obstruent pas totalement la lumière des néons qui restent allumés toute la nuit... Prévoir un masque de voyage. De plus, elles sont moins larges et n'ont pas de fenêtre. Un service de restauration à la place est assuré dans les 1re et 2e classes (bon, copieux et pas trop cher). Également un wagon-bar pour les couche-tard. Si vous voyagez de nuit, préférez les couchettes avec ventilo parce que les couchettes climatisées sont des glacières (surtout celles du haut). Possibilité de voitures réservées uniquement aux filles, se renseigner.

➢ ***Pour Ayutthaya et Lopburi :*** tous les trains qui partent pour le Nord s'y arrêtent, soit une petite vingtaine/j. Une dizaine d'entre eux passent par ***Bang Pa In,*** une petite douzaine continuent jusqu'à ***Phitsanulok,*** et une dizaine poussent jusqu'à ***Uttaradit.***

➢ ***Pour le Nord-Est :*** 3 départs/j. pour *Khon Kaen, Udon Thani* et *Nong Khai (pour le Laos),* 4 pour *Surin et Ubon Ratchathani.*

➢ ***Pour le Sud :*** quelques rares départs/j. pour *Hua Hin, Prachuab Khiri Khan, Chumphon* et 7 départs/j. pour *Surat Thani* ; 4 départs/j. pour *Hat Yai,* 2 pour *Sungai Kolok* (à la frontière de la Malaisie), très long (presque 24h). Attention, chaque veille de pleine lune, les trains (de nuit) sont pris d'assaut pour les *Full Moon Parties* sur les plages du Sud ; pensez à réserver, surtout si vous souhaitez une couchette.

➢ ***Pour le Laos :*** train de nuit pour *Vientiane* (compter env 12h de trajet avec changement de train à Nong Khai le lendemain matin).

➢ ***Pour la Malaisie (et en poussant un peu, jusqu'à Singapour) :*** pas très pratique. Un train part de Bangkok à 15h10 pour Padang Besar, ville qui marque la frontière entre la Thaïlande et la Malaisie. Mais la correspondance pour Kuala Lumpur est trop « short ». Prévoir de l'attente dans cette ville. Une fois en Malaisie. On peut descendre jusqu'à Singapour. Entre Kuala Lumpur et Singapour, il y a 3 trains/j., dont 1 train de nuit.

Gare de Thonburi – สถานีรถไฟธนบุรี *(zoom détachable, A2) : pour y aller, prendre le bateau et descendre à Tha Bangkok Noï. De là, env 15 mn de marche.* De cette gare partent 2 trains/j. (de bonne heure le mat et en tout début d'ap-m) ***pour Nam Tok*** (petites chutes d'eau ; 4h30) en passant par ***Nakhon Pathom*** (1h10 de trajet) et ***Kanchanaburi*** (2h30 de trajet).

En bus

En bus gouvernemental

– ***Attention :*** n'acceptez pas de boisson ni de nourriture d'un autre passager à bord durant le trajet. Chaque année, des lecteurs nous informent de sacs et objets volés pendant les longs trajets nocturnes en bus lors desquels le sommeil est lourd, lourd...

– Pour réserver vos billets à l'avance : • *thaiticketmajor.com* •

– Tous les bus ont l'air conditionné, et certains des toilettes. Ils sont moins chers que les compagnies privées mais pas énormément.

Il existe 3 terminaux de bus gouvernementaux selon votre destination.

Northern Bus Terminal (appelé aussi Mochit 2) – สถานีขนส่งสายเหนือ *(hors plan détachable par E1) : à 1 km de la station de Skytrain Mo Chit. ☎ 936-28-42. Desservi par de nombreux bus urbains, et principalement par les bus nos 509 et 3 à partir de Democracy Monument ; sinon, Skytrain Mo Chit (à 1 km), puis bus no 134 ou tuk-tuk, ou MRT station Chatuchak Park. Bureau information ouv tlj 5h-22h. ☎ 936-28-52 ou 66.*

➢ ***Départs des bus pour le Nord*** *(niveau 1)*
Repérez les guichets orange, ce sont ceux de la compagnie nationale, liaison pour :
– ***Sukhothai :*** 3 bus/j. 17h-22h ; trajet 6-7h. Celui de 22h va jusqu'à Old Sukhothai.
– ***Chiang Mai :*** une dizaine de bus/j. 5h40-23h ; trajet de 9h30 à 11h.
– ***Kamphaeng Phet :*** 1 bus de nuit ; trajet 5h.
– ***Phitsanulok :*** 2 bus le soir ; trajet 4h30.
– ***Uttaradit :*** 5 bus/j. 6h10-23h30 ; trajet 7 à 8h.
– ***Chiang Rai :*** 1 bus le mat, un le soir ; trajet 11h.
➢ ***Départs des bus pour le Laos ou le Cambodge*** *(niveau 1, y compris guichets 30 et 31 situés à l'extérieur).*
– ***Luang Prabang (Laos) :*** prendre 1 bus de nuit pour Chiang Mai, puis celui de 9h pour Luang Prabang.
– ***Pakse (Mekong) :*** 1 bus de nuit ; trajet 11h30.
– ***Vientiane :*** 1 bus de nuit ; trajet 10h.
– ***Phnom Penh (Cambodge) :*** 1 bus le mat ; trajet 11h30.
– ***Siem Reap (Angkor) :*** 1 bus le mat ; durée 7h.
➢ ***Départs des bus pour le Nord-Est*** *(niveau 3)*
– ***Nong Khai :*** 2 bus/j. en soirée ; trajet 10h30.
– ***Surin :*** une petite dizaine de bus/j. 6h30-23h ; trajet 7h30.
– ***Ubon Ratchathani :*** 2 bus/j. 1 le mat, 1 le soir ; trajet 10h30.
NB : pour ***Kanchanaburi,*** service de minivans ttes les 15-20 mn 4h-18h ; trajet 3h. De nombreuses agences privées assurent aussi des départs en minivan pour *Rayong, Pattaya, Trat,* etc.

Southern Bus Terminal – สถานีขนส่งรถปรับอากาศสายใต้ *(hors plan détachable par A1) :* *Boromratchonnani Rd, à Thonburi (dans le prolongement de Phra Pin Klao Sai Taymai Rd, à 4 km).* ☎ *435-11-99 ou 435-12-00 (infos). Desservi par le bus n° 19 de Khao San Rd et le n° 515 depuis le Monument de la Victoire.*
➢ ***Départs des bus pour le Sud***
– ***Phuket :*** une dizaine de bus/j. 6h40-20h30 ; trajet 13h-14h.
– ***Hua Hin :*** ttes les 30 mn en minivan 5h-19h ; trajet 3h.
– ***Prachuap Khiri Khan :*** une douzaine de bus/j. 7h30-minuit ; trajet 3h.
– ***Surat Thani :*** 7 bus/j. 7h-20h ; trajet 10-12h.
– ***Krabi :*** 7 bus/j. 7h-20h40 ; trajet 11h.
– ***Phang Nga :*** 1 bus de nuit ; trajet 11h30.
– ***Hat Yai :*** 2 bus de nuit ; trajet 13h30-14h.
– ***Damnoen Saduak (marché flottant) :*** bus n°s 996 ou 78 ttes les 40 mn. Compter bien 2h de trajet.
– ***Pour Kanchanaburi :*** on peut partir de Mo Chit (Northern Terminal).

Eastern Bus Terminal (Ekkamai) – สถานีขนส่งสายตะวันออก *(Ekkamai ; hors plan détachable par G5) :* *Sukhumvit Rd, près du Soi 42.* ☎ *391-25-04 ou 391-80-97 (infos). Skytrain : Ekkamai.*
➢ ***Départs des bus (AC et non AC) pour l'Est :*** *Pattaya* (2-3h de trajet), *Rayong* (3h30), *Chanthaburi* (3h30), *Ban Phe* (Ko Samet ; ttes les heures 5h-19h ; 3h30), *Trat* (pour aller à Ko Chang ou Ko Kood) env 5h. De nombreux départs pour ces destinations sont également assurés en minivan depuis le *Northern Terminal* (Mochit 2).

En bus privé

Plusieurs agences se trouvent sur Khao San Road, sur Sukhumvit Road et dans le quartier des grands hôtels. Bien sûr, les prix sont plus élevés que ceux des bus gouvernementaux, mais le service est impeccable : oreiller, boisson, nourriture... et que de temps gagné ! Ces agences proposent notamment de vous déposer à ***Siem Reap,*** au Cambodge, tout près du site d'Angkor.

Les bus sont généralement assez luxueux, voire très luxueux. Pour les longues distances, prendre les bus de nuit. Avant d'acheter un billet, consulter plusieurs agences. Pensez à réserver très à l'avance, notamment le week-end et les jours qui précèdent les *full moon.*

– ***Attention :*** refusez toute nourriture ou boisson offerte par un autre passager au cours du voyage. Pas mal de routards se sont retrouvés en slip-chaussettes sur le bord de la route le lendemain matin !

Bon à savoir : pour Chiang Mai, certaines agences proposent, en plus du ticket de bus à prix écrasé, 1 nuit gratuite à l'arrivée dans l'hôtel avec lequel ils sont de connivence. C'est très gentil : sachez simplement que c'est dans l'unique intention de vous pousser à vous inscrire à un trek organisé par l'agence de l'hôtel. En cas de refus, on a hâte que vous quittiez l'hôtel. Parfois même, si vous ne signez pas tout de suite, on vous jette dehors !

Encore une autre arnaque : nombre de bus privés partant de Khao San Road s'arrêtent à une dizaine de kilomètres de Chiang Mai, généralement sur un parking quelconque où siègent des hordes de rabatteurs prêts à vous sauter sur le poil. Et comme de toute façon, vous n'aurez pas d'autre possibilité pour arriver dans le centre de Chiang Mai que de prendre un pick-up de rabattage, méfiance...

On signale aussi des accidents. Les chauffeurs roulent vite et sont astreints à des horaires serrés. Pour Chiang Mai ou d'autres longs trajets, nous, on préfère le train, même si c'est bien plus cher comparé aux prix d'appel que pratiquent les compagnies de bus. À vous de voir.

BANGKOK UTILE

ABC de Bangkok

- ***Statut :*** capitale, centre administratif, commercial et des communications du pays.
- ***Population :*** environ 8,3 millions d'habitants (14 millions dans le « grand Bangkok »).
- ***Superficie :*** 1 568 km² (7 762 km² avec la périphérie).
- ***Nombre de districts*** (khets) ***:*** 50.
- ***Langues :*** le thaï (langue officielle), le chinois et l'anglais.
- ***Religion :*** bouddhisme (94 %), islam (5 %), christianisme (environ 1 %), animisme et hindouisme.
- ***Monnaie :*** le baht (Bts). 1 € = env 35 Bts.
- ***Nature du régime :*** monarchie constitutionnelle à tendance autoritaire. Le roi est Maha Vajiralongkorn, surnommé Rāma X ; chef de la junte militaire : Prayuth Chan-ocha.
- ***Gouverneur de Bangkok :*** Aswin Kuanmuang, nommé pour remplacer l'ancien gouverneur démis de ses fonctions (en poste jusqu'aux prochaines élections).

AVANT LE DÉPART

Adresses utiles

En France

Office national de tourisme de Thaïlande : *90, av. des Champs-Élysées, 75008 Paris, au 6e étage. ☎ 01-53-53-47-00. • tourismethaifr.com • Ⓜ Franklin-D.-Roosevelt. Lun-ven 9h30-12h30, 13h30-17h30.* Distribue ou envoie gratuitement de la documentation via le site internet. Accueil aimable.

Ambassade royale de Thaïlande : *8, rue Greuze, 75116 Paris. ☎ 01-56-26-50-50. • thaiembassy.fr • Ⓜ Trocadéro. Lun-ven 9h30-12h30 (dépôt du visa jusqu'à 12h, sur rdv à prendre en ligne sur le site, et retrait de 14h à 15h30), 14h30-17h30.* On obtient le visa en 48h ouvrables, sauf en période de fête thaïlandaise où c'est un peu plus long. Pas de visa par correspondance.

Consulat royal de Thaïlande : *40, rue du Plat, 69002 Lyon. ☎ 04-78-37-16-58. • thailande.consulatlyon@wanadoo.fr • Ⓜ Bellecour. Lun-mar et ven 9h-11h.* Pour obtenir un visa, envoyez un e-mail en précisant la nationalité du passeport, les dates d'arrivée et de départ envisagées, et le motif (si autre que touristique) : un formulaire vous sera alors adressé dans les 48h. Ensuite, émission immédiate du visa sur place uniquement.

Consulat honoraire de Thaïlande à Monaco : *2, av. de la Madone, MC 98000 Monaco. ☎ (00-377) 93-30-94-94. • thaiconsulat@monaco.mc • Lun, mer et ven 10h-12h.*

■ ***Musée Guimet :*** *6, pl. d'Iéna, 75116 Paris. ☎ 01-56-52-53-00. • guimet.fr • Ⓜ Iéna ou Trocadéro. Tlj sf mar 10h-18h. Entrée payante.* Au rez-de-chaussée, quelques pièces thaïlandaises bien mises en valeur. Pour vous initier à l'art du Sud-Est asiatique et aux styles propres au royaume de Siam.

■ ***Musée du quai Branly-Jacques Chirac :*** *37, quai Branly, 75007 Paris. ☎ 01-56-61-70-00. • quaibranly.fr • Ⓜ Alma-Marceau ou Bir-Hakeim ; RER C : Pont-de-l'Alma. Mar-mer et dim 11h-19h ; jeu-sam 11h-21h. Fermé lun, 1er mai et 25 déc. Entrée payante ; plusieurs formules tarifaires.* Voilà l'occasion d'un aller-retour possible dans le Sud-Est asiatique, à la rencontre de certains savoir-faire thaïlandais, comme tout ce qui a trait au théâtre d'ombres ou aux ikats.

En Belgique

■ ***Ambassade de Thaïlande :*** *chaussée de Waterloo, 876, Bruxelles 1000. ☎ 02-640-68-10. • thaiembassy.be • Permanence téléphonique lun-ven 9h30-12h, 15h-17h. Ouv au public lun-ven 9h30-12h (pour la demande de visa), 14h-15h (pour la récupération du visa : le lendemain, j. ouvrable). Coût : 30 € (tourisme, 1 entrée).* Le passeport doit être valable au moins 6 mois à partir du jour d'entrée en Thaïlande.

■ ***Consulat royal de Thaïlande :***

– À Anvers (Berchem) : Onze-lieve-vrouwstraat, 6, 2600. 📱 04-95-22-99-00. • thaiconsulate.be • Lun-ven 8h45-12h30, lun et ven 13h30-16h (15h ven).

– À Liège : rue Côte-d'Or, 274, 4000. ☎ 04-254-48-60. Lun-ven 10h-12h.

En Suisse

■ ***Ambassade de Thaïlande :*** *Kirchstrasse, 56, 3097 Liebefereld (Berne). ☎ 031-970-30-30 à 34. • thaiswiss@thaiembassy.ch • Lun-ven 8h30-12h, 14h-17h30.* Obtention des visas uniquement le matin. Prévoir 40 Fs par entrée.

■ ***Consulat royal de Thaïlande :***

– À Genève : rue de la Servette, 91, 1202 Genève. ☎ 022-311-07-23. • info@thaiconsulate.ch • thaiconsulate.ch • Permanence téléphonique lun et jeu 9h15-11h45, mar et ven 13h30-14h30. Ouv au public lun et jeu 9h15-11h45, mar-mer et ven sur rdv. Délai d'obtention des visas : 2 jours (ou 1 à 2 semaines par correspondance). Il faut un formulaire de demande de visa, 2 photos, une copie du billet d'avion payé (aller-retour), un passeport valable 6 mois à partir de la date de sortie, et 40 Fs en espèces par entrée demandée pour un visa tourisme.

– À Zurich : Löwenstrasse, 42, (4. Stock) 8001. ☎ 043-344-70-00. • info@thai-consulate.ch • thai-consulate.ch • Lun-ven 9h30-11h30.

– À Bâle : Aeschenvorstadt, 71, Postfach, 4051 Basel. ☎ 061-206-45-65. • info@thaikonsulat.ch • thaikonsulat.ch • Lun-ven 9h-11h30.

Au Canada

■ ***Ambassade du royaume de Thaïlande :*** *180 Island Park Dr, Ottawa (Ontario) K1Y-0A2. ☎ (613) 722-4444. • consular@thaiembassy.ca • thaiembassy.ca • (possibilité de télécharger le formulaire de demande de visa). Lun-ven 9h-12h, 13h-17h (15h pour les demandes de visas).*

■ ***Consulat général royal de Thaïlande :*** *1155 bd René-Lévesque Ouest, bureau 2500, Montréal (Québec) H3B-2K4. ☎ (514) 878-4466 (message très détaillé). • info@thaiconmtl.com • Mar et jeu 10h-12h.* Prix du visa pour les séjours de plus de 30 j. (tourisme) : 35 $Ca simple entrée, en espèces ou par mandat postal. Délai minimal d'obtention : 1 sem.

Formalités

> Pensez à scanner passeport, visa, carte de paiement, billet d'avion et vouchers d'hôtel. Ensuite, adressez-les-vous par e-mail, en pièces jointes. En cas de perte ou de vol, rien de plus facile pour les récupérer dans un cybercafé. Les démarches administratives seront bien plus rapides. Merci tonton *Routard !*

– **Il est impératif de vous renseigner auprès de l'ambassade à Paris et des consulats de Lyon et Monaco, avant votre départ, pour connaître les modalités d'entrée dans le pays selon vos dates de séjour et votre nationalité, la situation pouvant régulièrement changer.**
– Quelle que soit la durée du séjour, le visiteur doit être muni d'un **passeport impérativement valable au moins 6 mois à partir de la date d'entrée en Thaïlande.** De plus en plus de pays d'Asie du Sud-Est l'exigent, ainsi que la plupart des compagnies aériennes.
D'une manière générale, mêmes formalités pour nos amis canadiens, suisses et belges quel que soit le type de visa demandé. Mais, encore une fois, vérifiez auprès de votre ambassade avant le départ.
Les ***mineurs*** doivent être munis de leur propre pièce d'identité (carte d'identité ou passeport). Pour l'autorisation de sortie de territoire lorsque les enfants ne sont pas accompagnés par un de leurs parents, chaque pays a mis en place sa propre régulation. Ainsi, pour ***les mineurs français,*** une loi entrée en vigueur en janvier 2017 a ***rétabli l'autorisation de sortie du territoire.*** Pour voyager à l'étranger, ils doivent être munis d'une pièce d'identité (carte d'identité ou passeport), d'un formulaire signé par l'un des parents titulaire de l'autorité parentale et de la photocopie de la pièce d'identité du parent signataire. Renseignements auprès des services de votre commune et sur • *service-public.fr* •
– Par voie terrestre : il est tout à fait possible d'entrer en Thaïlande depuis la Malaisie, le Laos et le Cambodge et de faire les visas d'entrée de 15 jours ou 30 jours suivant la nationalité (à vérifier sur le site web de l'ambassade de Thaïlande de votre pays de nationalité ou de résidence). En revanche, les postes-frontières avec la Birmanie peuvent ouvrir et fermer sans préavis. Le mieux est d'opter pour la voie aérienne depuis la Birmanie : 30 jours sans frais sont accordés aux Français qui possèdent leur billet de sortie dans les 30 jours.

Si vous restez moins de 30 jours : le visa n'est pas nécessaire

– Selon la loi d'immigration en vigueur (datée du 25 novembre 2008), les ressortissants du G7 (donc France et Canada), mais également de Belgique et de Suisse, entrant en Thaïlande pour un motif touristique, sont dispensés de visa pour tout séjour inférieur à 30 jours par voie terrestre ou par voie aérienne. Ils devront alors disposer d'un billet aller-retour obligatoire égal ou inférieur à 30 jours ou billet d'avion entrée + billet d'avion sortie dans les 30 jours maximum après le jour d'arrivée, tous les billets devant être achetés avant de se présenter à l'aéroport de départ (sinon, l'accès à bord peut être refusé). Attention, les ressortissants de certains pays européens ont besoin d'un visa, que le séjour soit inférieur ou supérieur à 15 ou 30 jours (bien se renseigner à l'ambassade ou au consulat avant le départ).

– Si vous possédez un billet A/R à 30 jours et que vous souhaitez étendre votre séjour, vous pouvez faire une seule demande d'extension de séjour de 30 jours, auprès des bureaux d'immigration (Bangkok, Samui, Phuket, Chiang Mai, etc. ; liste des bureaux d'immigration sur • *immigration.go.th* •). Coût : 1 900 Bts. Il faudra aussi changer la date du billet retour sur place. Cette demande doit se faire à la suite du visa 60 jours, sans être sorti du royaume entre-temps.
– Pensez à vérifier la date limite de séjour qui a été inscrite sur votre passeport, car il ne s'agit pas toujours de 15 jours (si entrée par voie terrestre) ou de 30 jours pile (parfois moins), et ne vous amusez pas à la dépasser lors d'un séjour en Thaïlande ! Amende de 500 Bts par jour supplémentaire dépassant la date de limite de séjour, à payer en sortant du pays.

Si vous restez plus de 30 jours : le visa touristique est nécessaire

Si vous prévoyez, avant votre départ uniquement, de rester plus de 30 jours, il est plus judicieux (et plus économique !) de demander un visa touristique valable 60 jours, utilisable pendant 3 mois après son émission, coût 30 €, avec possibilité d'une seule extension de séjour de 30 jours, dans les bureaux d'immigration (liste des bureaux d'immigration sur • *immigration.go.th* • Coût : 1 900 Bts, soit 90 jours max). Pour obtenir ce visa touristique, la validité du passeport doit être supérieure de 6 mois après le jour d'entrée en Thaïlande. Quant aux conditions d'obtention, elles ont été sacrément révisées.
Pour une obtention à l'ambassade de Thaïlande à Paris, il faudra fournir *(pour les détenteurs d'un passeport français ou titulaires du titre de voyage pour réfugié ou les étrangers ayant la résidence en France)* – après rendez-vous en ligne obligatoire sur le site • *thaiembassy.fr* • – les documents suivants :
1 Le passeport (original et une photocopie du passeport). Valable au minimum 6 mois à partir de la date de départ.
2 Un formulaire dûment rempli (signé et daté uniquement par demandeur).
3 Une photo d'identité en couleur.
4 Une photocopie de titre de séjour (uniquement pour les titulaires de titre de voyage et les étrangers qui ont la résidence en France) ou le justificatif de domicile pour les passeports européens (facture d'électricité ou télécom).
5 Une photocopie de la réservation de billet d'avion avec les détails (billet entrée et sortie du territoire thaïlandais dans un délai inférieur à 90 jours).
6 Une photocopie du justificatif financier : le relevé de compte bancaire récent avec un montant de 1 000 € minimum. (l'exemplaire de relevé bancaire imprimé sur Internet n'est pas recevable, à défaut, cet exemplaire doit être signé et tamponné par la banque) ou une attestation bancaire.
7 La réservation de l'hôtel (au moins de la moitié de séjour en Thaïlande). Dans le cas où vous êtes hébergé par des personnes ayant la résidence en Thaïlande : la lettre d'invitation avec une photocopie de la pièce d'identité de votre hôte signée et le registre de domicile ou le contrat de location.
8 La somme de 30 € (uniquement en espèces).
Pour l'obtention du visa au consulat de Lyon *(• thailande.consulatlyon@wanadoo.fr •)* ou Monaco *(• thaiconsulat@monaco.mc •)*, les consulter en leur envoyant directement un **mail** pour se procurer dossier de visa et conditions d'obtention (sans rendez-vous).
– *Nouveau !* **Un visa Thaïlande-Cambodge** doit voir le jour en 2017 ou 2018. Le visa ACMECS sera délivré aux touristes titulaires de tous types de passeports,

d'une validité minimale de 6 mois, pour les voyageurs français, belges, canadiens et suisses, sera valable 90 jours à compter de sa date de délivrance et permettra de séjourner 60 jours en Thaïlande et 30 jours au Cambodge. Les ambassades, selon le lieu d'application, percevront leurs propres frais consulaires lors du dépôt de la demande et l'autre pays recevra ses frais de visa au poste-frontière international. Les autorités cambodgiennes ne réclameront pas de frais pour les voyageurs mineurs âgés de moins de 12 ans lors de l'arrivée dans le pays.

Agences de visas

■ ***Action-Visas.com :*** *10-12, rue du Moulin-des-Prés, 75013 Paris. ☎ 01-45-88-56-70. Fax : 01-45-88-59-84. • action-visas.com • Ⓜ Place d'Italie (sortie « Bobillot » bd Auguste-Blanqui). Ouv lun-ven 9h30-12h, 13h30-18h30 et sam 9h30-13h. Prix du service entre 33 et 50 € selon destinations + les frais consulaires. Réduction de 8 €/pers pour nos lecteurs pour chaque destination : prendre alors l'option paiement par chèque et déduire directement sur le total indiqué cet avantage en indiquant « routard » sur votre bon de commande.* Cette agence sérieuse s'occupe d'obtenir votre visa pour toutes destinations. Délais rapides, traitement immédiat du dossier dès réception (aucune attente) et service fiable. Pour la province, demandez le visa par correspondance quelle que soit la destination. Les commandes de visas peuvent s'effectuer sur le site internet qui est actualisé quotidiennement et vous recevrez directement les formulaires et la liste des pièces à fournir. Réception d'un courriel sur votre messagerie à chaque étape du processus d'obtention du visa. Par ailleurs, *Action-Visas* prélève 1 € de sa marge commerciale pour financer un projet humanitaire qui peut être suivi en direct sur son site internet.

■ ***CIBT Visas Express :*** *37/39, rue Boissière, 75116 Paris. ☎ 0825-08-10-20 (0,15 €/mn + prix d'appel). Lun-ven 9h-18h. • visas-express.fr •*

Permis de conduire

N'oubliez pas votre permis de conduire international, même si vous ne pensez conduire qu'une moto. Contrôles très fréquents, amende de 300 Bts. Disponible en préfecture ou sous-préfecture gratuitement sur présentation de votre permis national, d'une pièce d'identité, de 2 photos récentes et d'un justificatif de domicile. Valable 3 ans. Emportez aussi le permis national. On peut vous le demander également.

Assurances voyages

■ ***Routard Assurance :*** *c/o AVI International, 40-44, rue Washington, 75008 Paris. ☎ 01-44-63-51-00. • avi-international.com • Ⓜ George-V.* Depuis 20 ans, *Routard Assurance,* en collaboration avec *AVI International,* spécialiste de l'assurance voyage, propose aux voyageurs un contrat d'assurance complet à la semaine, qui inclut le rapatriement, l'hospitalisation, les frais médicaux, le retour anticipé et les bagages. Ce contrat se décline en différentes formules : individuel, senior, famille, light et annulation. Pour les séjours longs (2 mois à 1 an), consultez le site. L'inscription se fait en ligne et vous recevrez dès la souscription, tous vos documents d'assurance par e-mail.

■ ***AVA :*** *25, rue de Maubeuge, 75009 Paris. ☎ 01-53-20-44-20. • ava.fr •*

Ⓜ *Cadet.* Un autre courtier fiable pour ceux qui souhaitent s'assurer en cas de décès-invalidité-accident lors d'un voyage à l'étranger, mais surtout pour bénéficier d'une assistance rapatriement, perte de bagages et annulation. Attention : franchises pour leurs contrats d'assurance voyage.

■ ***Pixel Assur :*** *18, rue des Plantes, BP 35, 78601 Maisons-Laffitte.* ☎ *01-39-62-28-63.* • *pixel-assur.com* • *RER A : Maisons-Laffitte.* Assurance de matériel photo et vidéo tous risques (casse, vol, immersion) dans le monde entier. Devis en ligne basé sur le prix d'achat de votre matériel. Avantage : garantie à l'année.

Avoir un passeport européen, ça peut être utile !

L'Union européenne a organisé une assistance consulaire mutuelle pour les ressortissants de l'UE en cas de problème en voyage.
Vous pouvez y faire appel lorsque la France (c'est rare) ou la Belgique (c'est plus fréquent) ne disposent pas d'une représentation dans le pays où vous vous trouvez. Concrètement, cette assistance vous permet de demander de l'aide à l'ambassade ou au consulat (pas à un consulat honoraire) de n'importe quel état membre de l'UE. Leurs services vous indiqueront s'ils peuvent directement vous aider ou vous préciseront ce qu'il faut faire.
Leur assistance est, bien entendu, limitée aux situations d'urgence : décès, accidents ayant entraîné des blessures ou des lésions, maladie grave, rapatriement pour raison médicale, arrestation ou détention. En cas de **perte ou de vol de votre passeport**, ils pourront également vous procurer un **document provisoire de voyage.**
Cette entraide consulaire entre les états membres de l'UE ne peut vous garantir un accueil dans votre langue. En général, une langue européenne courante sera pratiquée.

Ariane, le fil à suivre

Ariane est un service gratuit mis à disposition par le Centre de crise du ministère des Affaires étrangères. Il permet aux voyageurs français qui le souhaitent de s'enregistrer à l'occasion de leurs séjours à l'étranger. Les informations déposées sur Ariane sont utilisées en cas de crise, par exemple pour contacter des voyageurs dans l'hypothèse où des opérations de secours sont organisées, ou encore pour joindre rapidement les familles ou les proches en France si une situation le nécessite. Pour en savoir plus • *pastel.diplomatie.gouv.fr/fildariane* •

Vaccinations

Aucune vaccination n'est obligatoire pour les voyageurs en provenance d'Europe.
Quelques conseils :
– être à jour pour les vaccinations « universelles », encore plus utiles là-bas : diphtérie, tétanos, polio, coqueluche (Repevax®), hépatite B (probable immunité à vie si les 3 injections sur 1 an ont été correctement reçues) ;
– vaccin contre l'hépatite A (Havrix 1440® ou Vaqta ®) absolument indispensable ; après la première injection (protectrice 15 jours plus tard, à quasiment 100 %), une seconde faite 6 à 18 mois plus tard entraîne probablement une immunité à vie ;

– vaccin contre la typhoïde (Typhim Vi®) indispensable, sauf peut-être pour un très court séjour dans la capitale ; immunité 3 ans non absolue. N.B. : vaccin combiné hépatite A + typhoïde : Tyavax® ;
– pour les séjours longs ou ruraux, vaccin rabique Pasteur® ou Rabipur® préventif contre la rage conseillé. Attention : 3 injections nécessaires (J0, J7, J28). N.B. : peut être fait par tout médecin ; en cas d'exposition, il faudra néanmoins rajouter 2 injections, à 24h d'intervalle, du même vaccin (disponible à l'ambassade de France) ;
– pour les séjours ruraux, même courts, et particulièrement en zone de rizières, le ministère de la Santé recommande la vaccination contre l'encéphalite japonaise (Ixiaro®) : 2 injections (J0, J28), en centre de vaccinations internationales ou en pharmacie, sur prescription ; seul problème : le coût élevé.

Pour les centres de vaccination partout en France, dans les DOM-TOM, en Belgique et en Suisse, consulter le site internet : • *astrium.com/centres-de-vaccinations-internationales.html* •

Carte internationale d'étudiant (carte ISIC)

Elle prouve le statut d'étudiant dans le monde entier et permet de bénéficier de tous les avantages, services et réductions dans les domaines du transport, de l'hébergement, de la culture, des loisirs, du shopping...

La carte ISIC permet aussi d'accéder à des avantages exclusifs (billets d'avion spécial étudiants, hôtels et auberges de jeunesse, assurances, cartes SIM internationales, location de voiture...).

Renseignements et inscriptions

– *En France :* • *isic.fr* • *13 € pour 1 année scolaire.*
– *En Belgique :* • *isic.be* •
– *En Suisse :* • *isic.ch* •
– *Au Canada :* • *isiccanada.com* •

Carte d'adhésion internationale aux auberges de jeunesse (carte FUAJ)

Cette carte vous ouvre les portes des 4 000 auberges de jeunesse du réseau *HI-Hostelling International* en France et dans le monde (90 pays). Vous pouvez ainsi parcourir 90 pays à des prix avantageux et bénéficier de tarifs préférentiels avec les partenaires des auberges de jeunesse *HI.* Enfin, vous intégrez une communauté mondiale de voyageurs partageant les mêmes valeurs : plaisir de la rencontre, respect des différences et échange dans un esprit convivial. Il n'y a pas de limite d'âge pour séjourner en auberge de jeunesse. Il faut simplement être adhérent.

Renseignements et inscriptions

– *En France :* • *hifrance.org* •
– *En Belgique :* • *lesaubergesdejeunesse.be* •
– *En Suisse :* • *youthhostel.ch* •
– *Au Canada :* • *hihostels.ca* •

Si vous prévoyez un séjour itinérant, vous pouvez réserver plusieurs auberges en une seule fois en France et dans le monde : • *hihostels.com* •

ARGENT, BANQUES, CHANGE

Monnaie, distributeurs de billets (ATM) et change

– L'unité monétaire de la Thaïlande est le ***baht*** (Bts dans ce guide) – บาท.
– ***Taux de change en 2017 :*** 1 € = environ 35 Bts. Et grosso modo 100 Bts font 2,85 €, 3,50 Fs et 3,60 $Ca.
– Il n'y a pas de marché noir, et le ***change*** des euros s'effectue partout sans problème ni commission, que ce soit dans les bureaux de change ou dans les banques. Dans les endroits touristiques, ces dernières ont souvent un comptoir de change donnant sur la rue, qui reste ouvert plus tard que la banque elle-même (jusqu'à 20h, parfois 22h), tous les jours y compris le week-end. Ailleurs, les bureaux de change des banques adoptent les horaires classiques des banques : du lundi au vendredi de 8h30 à 15h30, fermés le week-end.
– Pas de souci pour ***retirer de l'argent*** aux distributeurs automatiques dans les grandes villes du royaume. Vous paierez en revanche une commission de 150 Bts à chaque retrait, en plus de la commission de votre banque, généralement encore plus élevée. Faites gaffe, ça peut vite faire monter la note ! Il vaut mieux retirer peu de fois de grosses sommes que de multiplier les petits retraits.
– Faites en sorte de toujours avoir un peu de petite monnaie sur vous (petite course en *tuk-tuk* ou taxis, pourboires...) ; votre interlocuteur n'en aura pas toujours.

Cartes de paiement

Quand vous partez à l'étranger, pensez à téléphoner à votre banque pour relever le plafond de retrait aux distributeurs et pour les paiements par carte, quitte à le faire rebaisser à votre retour.
Avant de partir, notez donc bien le numéro d'opposition propre à votre banque (il figure souvent au dos des tickets de retrait, sur votre contrat, ou à côté des distributeurs de billets), ainsi que le numéro à seize chiffres de votre carte. Bien entendu, conservez ces informations en lieu sûr et séparément de votre carte.
Par ailleurs, l'assistance médicale se limite aux 90 premiers jours du voyage et l'assistance véhicule aux cartes haut de gamme (renseignez-vous auprès de votre banque). Et surtout, n'oubliez pas aussi de VÉRIFIER LA DATE D'EXPIRATION DE VOTRE CARTE DE PAIEMENT avant votre départ !
En cas de perte, de vol, ou de fraude, quelle que soit la carte que vous possédez, chaque banque gère elle-même le processus d'opposition et le numéro de téléphone correspondant.

– ***Carte Visa :*** *numéro d'urgence (Europ Assistance) ☎ (00-33) 1-41-85-85-85 (24h/24).* • *visa.fr* •
– ***Carte MasterCard :*** *numéro d'urgence ☎ (00-33) 1-45-16-65-65.* • *mastercardfrance.com* •
– ***American Express :*** *numéro d'urgence ☎ (00-33) 1-47-77-72-00.* • *americanexpress.com* •

Petite mesure de précaution : si vous retirez de l'argent dans un distributeur, utilisez de préférence les distributeurs attenants à une agence bancaire. En cas de pépin avec votre carte (carte avalée, erreurs de code secret...), vous aurez un interlocuteur dans l'agence, pendant les heures ouvrables.

Besoin urgent d'argent liquide

Vous pouvez être dépanné en quelques minutes grâce au système ***Western Union Money Transfer.*** L'argent vous est transféré en moins d'1h. La commission, assez élevée, est payée par l'expéditeur. Possibilité d'effectuer un transfert auprès d'un des bureaux *Western Union* ou, plus rapide, en ligne, 24h/24 par carte de paiement *(Visa* ou *MasterCard).*
Même principe avec d'autres organismes de transfert d'argent liquide comme ***MoneyGram, PayTop*** ou ***Azimo.*** Transfert en ligne sécurisé, en moins d'1h.
Dans tous les cas, se munir d'une pièce d'identité. Toutefois, en cas de perte/vol de papiers, certains organismes permettent de convenir d'une question/réponse type pour pouvoir récupérer votre argent. Chacun de ces organismes possède aussi des applications disponibles sur téléphone portable. Consulter les sites internet pour connaître les pays concernés, les conditions tarifaires (frais, commission) et trouver le correspondant local le plus proche :
• *westernunion.com* • *moneygram.fr* • *paytop.com* • *azymo.com/fr* •
– Autre solution, envoyer de l'argent par ***la Poste :*** le bénéficiaire, muni de sa pièce d'identité, peut retirer les fonds dans n'importe quel bureau du réseau local. Le transfert s'effectue avec un mandat ordinaire international (jusqu'à 3 500 €) et la transaction prend 4-5 jours en Europe (8-10 vers l'international). Plus cher, mais plus rapide, le mandat express international permet d'envoyer de l'argent (montant variable selon la destination – 34 au total) sous 2 jours maximum, 24h lorsque la démarche est faite en ligne. *Infos :* • *labanquepostale.fr* •

ACHATS

Bangkok possède des dizaines de *shopping centers,* tous plus attractifs les uns que les autres. Par ailleurs, dans certains secteurs, plusieurs rues voient leurs trottoirs se couvrir de stands le soir. On y trouve de tout, et surtout beaucoup de contrefaçons : polos, montres, sacs, cassettes, CD, DVD, chemises, lunettes, bijoux... Heureusement, les soies sont bien authentiques.

L'artisanat

– ***Conseils :*** attention aux imitations. L'importation de contrefaçons de marques françaises, italiennes ou américaines très renommées, de qualité souvent médiocre, exposerait leur détenteur à des poursuites judiciaires et à des amendes douanières sévères à son retour en France, quel que soit le nombre d'articles rapportés. Et attention, les douanes ne rigolent pas avec ça. Se faire piquer au retour coûte bonbon.
Si vous réglez le montant de vos achats avec une carte de paiement, ne la perdez pas des yeux et n'oubliez pas de récupérer le double du carbone de paiement. De manière générale, évitez de régler par carte pour les petits achats. Le liquide donne des marges de marchandage bien plus grandes et ça limite les risques.
– ***Les cotonnades :*** tissées ou imprimées, dans des motifs contemporains ou traditionnels, elles sont à des prix très intéressants. À prix avantageux, les routardes iront se faire tailler une robe dans l'un des nombreux petits ateliers de quartier. Et, en règle générale, les vêtements ne sont pas chers et se vendent partout. Ne vous encombrez pas à l'aller ! Les amateurs de T-shirts « clin d'œil », jouant sur les mots ou le détournement de sigles et slogans, trouveront leur bonheur dans le quartier de Khao San ainsi qu'au 4e étage de la tour Baiyoke II.

– ***Les pierres précieuses :*** Bangkok est devenue un grand centre de la taille des pierres précieuses, surtout pour les saphirs et les rubis. Évidemment, beaucoup de synthétique en circulation. Quelques conseils : évitez les bijouteries qui vendent à la fois pierres précieuses, bibelots, souvenirs et gadgets divers. Les belles pierres ne s'achètent que chez les spécialistes et il est complètement impossible de reconnaître le vrai du faux quand on n'est pas spécialiste. Généralement, les bijouteries des grands hôtels sont dignes de confiance (ces hôtels ont une réputation à préserver). Le jour de l'anniversaire du roi, une réduction est accordée, profitez-en ! Ne pénétrez **jamais** dans une boutique avec un guide d'agence de voyages. Il sera automatiquement commissionné.

– ***L'argent :*** il est travaillé suivant des dessins traditionnels et décoré en « repoussé », une technique qui permet de présenter en relief les motifs symboliques ou mythologiques. Le niellage, lui, est obtenu en appliquant un sulfure, le *niello*, qui comporte généralement du cuivre. Tout cet artisanat remonte au temps du roi Narai, d'Ayutthaya (1656-1688), et on peut voir de beaux exemples d'argenterie au Musée national. Attention, beaucoup d'objets en argent ressemblent à de l'alu. Ça ne vaut rien. Il faut demander du « sterling » ou du « ninety-two point five », de l'argent 92.5, c'est la même chose.

– ***Les bijoux en or :*** ils sont moins chers que chez nous, mais vous n'aimerez pas forcément leur style vieillot. De plus, à moins d'être fin connaisseur, vous risquez de vous faire avoir (même s'il y a un poinçon, cela peut être du cuivre ou de l'or à 14 carats ou du plaqué). Vous pouvez apporter votre flacon d'acide pour faire un test mais bon...

– Les ***bracelets de jade et d'onyx*** sont souvent bon marché.

– ***Le bronze :*** matériau utilisé depuis des siècles dans l'artisanat thaï. Possibilité d'acheter, dans toutes les tailles et toutes les tonalités, les cloches et clochettes de temple en cuivre et bronze, et en forme de feuilles d'arbre de la Bodhi *(Ficus religiosa).*

– ***La poterie :*** on assiste au renouveau d'un art ancien, le céladon. Fabriqué selon un procédé compliqué avec une terre qu'on ne trouve que dans certaines régions et cuite à haute température, il se distingue par un délicat craquelé d'un exquis vert jade.

– Citons encore les ***frottis de temple*** : avec un papier de riz et à l'aide de charbon de bois, de poudre d'or ou de peinture à l'huile, ces « frottis » ont été effectués sur les bas-reliefs des principaux temples de Bangkok.

– ***Les poupées thaïes :*** elles sont surtout faites en soie, très colorées, et figurent les personnages de la danse classique thaïe et les membres des tribus montagnardes.

– ***Les masques du Khon :*** ils servent au théâtre populaire dramatique et peuvent s'acheter. Représentant les héros du *Râmakien,* version thaïe du *Rāmāyana :* démons, singes et autres, ils peuvent servir d'éléments décoratifs magnifiques.

– ***La vannerie de rotin et le mobilier en bambou :*** ils sont très beaux, raffinés et pas chers, mais très souvent encombrants. Les touristes se rabattent sur les ***chapeaux chinois pointus*** (en paille).

– Le truc vraiment marrant est de ***se faire tirer le portrait*** en photo, puis de confier celle-ci à un atelier qui vous la reproduira en peinture. Tous les jours, vous pouvez venir voir l'avancement de votre toile. Amusant et pas si cher.

– ***Les reproductions de tableaux célèbres :*** passés maîtres dans l'art de reproduire, les Thaïlandais se sont dit que, puisqu'ils pouvaient copier des vêtements et des voitures, pourquoi pas des chefs-d'œuvre de la peinture. C'est devenu ici un marché comme un autre.

– ***Conseils :*** si vous voulez envoyer des objets en France par voie maritime, comptez 3 mois de voyage. Pour les expéditions, préférez la poste officielle (en recommandé) aux marchands qui vous proposent de s'en occuper. Voir la rubrique « Poste ».

Le marchandage

C'est la tradition. Le prix de certains articles est carrément à diviser par deux. Pour d'autres, et c'est le cas le plus général, vous n'obtiendrez que 5 ou 10 %, 20 % au mieux. En tout cas, il faut toujours essayer. Gardez cependant à l'esprit que certains petits artisans ont une marge très faible, donc tenez-en compte et restez raisonnable. Même dans les boutiques chic où les objets sont étiquetés, n'hésitez pas à marchander. En général, on vous accordera un rabais. Et la concurrence marche à fond. Visitez toujours plusieurs boutiques pour comparer les rabais proposés. Enfin, n'oubliez pas ce principe de vente : vendre beaucoup, même avec de petites marges. L'affluence de touristes américains dans les îles du Sud sabote un peu la sympathique cérémonie du marchandage. Même si le marchand reste ferme sur les prix, il sourira ou rira toujours. Un truc : riez encore plus que lui. Un Européen hilare, ça déconcerte.

La TVA

Il est possible de demander, en partant, le remboursement de la TVA (*VAT* en anglais) sur les achats – d'une valeur minimale de 5 000 Bts – que vous aurez effectués les 60 derniers jours dans les grands magasins ou les boutiques ayant pignon sur rue. Pour cela, faites remplir le formulaire de remboursement (PP10) le jour de l'achat, chaque formulaire devant représenter une valeur de plus de 2 000 Bts. N'hésitez pas à insister auprès des employés des boutiques, qui ont l'habitude de ce type de formalité. Ainsi, le jour du départ, à l'aéroport, avant l'enregistrement, vous présenterez formulaires et articles en question au guichet spécial des douaniers, qui se feront un plaisir de vous rendre votre argent.

Plus d'infos sur le site • *rd.go.th/vrt* •

BUDGET

Bonne nouvelle pour le routard sans le sou, Bangkok reste une ville très bon marché, où l'on peut encore manger, se loger (dans les petits hôtels) et se déplacer (en bus) à partir de 600 Bts par jour environ ! Bien sûr, il y a aussi de quoi dépenser son argent, par exemple en dormant dans un palace 5 étoiles ou en mangeant dans un restaurant chic de la ville... Voici, pour vous aider à préparer votre budget, différentes catégories de prix pour les principaux postes de dépense.

Hébergement

Attention, les prix sont sujets aux variations saisonnières. Il n'est pas rare qu'une même prestation soit facturée 50 % en plus pendant la haute saison et carrément le double quand les établissements appliquent le tarif *peak season* (« pleine saison ») du 15 décembre au 15 janvier. En tenant compte de ces éléments, nous avons établi des fourchettes de prix, qui peuvent parfois être détaillées dans le texte quand deux adresses ont de gros écarts de tarifs dans une même fourchette. Ces tarifs sont indiqués pour ***deux personnes en haute saison*** en chambre double et sont exprimés en bahts. Le petit déjeuner est rarement compris dans le prix de la chambre, sauf dans les établissements de la catégorie « Chic ». Lorsque celui-ci n'est pas inclus, on trouve souvent une cafetière à disposition pour se préparer gratuitement un café ou un thé le matin, ainsi que quelques biscuits et des bananes. À noter que certains hôtels disposent de chambres simples, quelquefois

moins chères que les doubles mais pas toujours, ou proposent une réduction aux voyageurs en solo, sauf pendant les périodes de fêtes.
- ***Bon marché :*** moins de 500 Bts (14,30 €).
- ***Prix moyens :*** de 500 à 1 000 Bts (14,30 à 28,60 €).
- ***Un peu plus chic :*** de 1 000 à 1 500 Bts (28,60 à 43 €).
- ***Plus chic :*** de 1 500 à 3 000 Bts (43 à 86 €).
- ***Très chic :*** plus de 3 000 Bts (86 €).

Restauration

Même remarque que pour l'hébergement. Les prix indiqués sont ceux d'un repas complet, avec la boisson.
- ***Très bon marché :*** moins de 80 Bts (2,30 €).
- ***Bon marché :*** de 80 à 150 Bts (2,30 à 4,30 €).
- ***Prix moyens :*** de 150 à 300 Bts (4,30 à 8,60 €).
- ***Chic :*** de 300 à 600 Bts (8,60 à 17,20 €).
- ***Très chic :*** plus de 600 Bts (17,20 €).

Musées, temples et sites

Les prix d'entrée des musées, sites et autres temples sont en général assez, voire très raisonnables. Sauf pour certains parcs nationaux, qui ont vu récemment leur droit d'accès doubler... pour les *farang* (étrangers), passant ainsi de 200 à 400 Bts ! À ce tarif, il y a fort à parier que nombre de petits routards iront voir ailleurs... Certains musées pratiquent aussi un droit d'entrée élevé, pouvant atteindre 400 Bts, voire 700 Bts.
Mais en général, on le redit, le coût est modique (de 40 à 100 Bts en moyenne) et ne devrait pas trop grever votre budget.

CLIMAT

Il fait chaud en toute saison. Le climat est tropical, c'est-à-dire à deux saisons. La saison des pluies – appelée *green season* – s'étend de juin à octobre : rien à voir avec la mousson indienne. Le temps reste ensoleillé avec parfois de gros orages imprévisibles et brefs. Il pleut entre 1 et 3h par jour, la végétation déborde, les couleurs éclatent. La saison sèche devient torride de mars à mai (de façon presque insupportable), mais il peut faire froid la nuit.

DANGERS ET ENQUIQUINEMENTS

Voici la liste des pépins qui ne vous arriveront jamais une fois que vous aurez lu ces lignes ! De plus, un petit tour par les « Conseils aux voyageurs » du ministère des Affaires étrangères peut lever quelques inquiétudes : • *diplomatie.gouv.fr* •

Vol et brigandage

Le vol et le brigandage ne sont pas des problèmes particuliers à la Thaïlande ni à Bangkok, en tout cas pas plus – mais pas moins – que dans tout autre pays où le tourisme est important.
Cela dit, les pickpockets et les agresseurs potentiels existent. Aussi convient-il de rester vigilant. Un truc assez répandu : le vol « à la tire ». Si vous louez un vélo, ne mettez pas vos affaires dans le panier devant le guidon sans les attacher. Il est

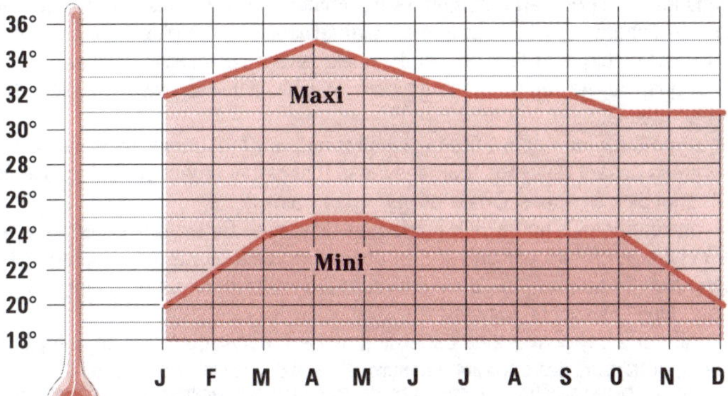

Moyenne des températures atmosphériques

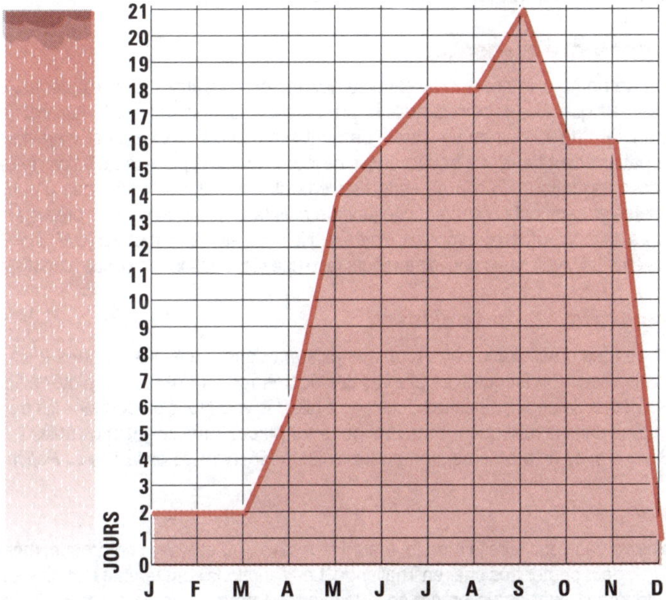

Nombre de jours de pluie

BANGKOK

judicieux de ne prendre sur soi que ce dont on a besoin. Certains hôtels possèdent des coffres, on peut y déposer ses affaires en échange d'un reçu. Évidemment, ne laissez rien de valeur dans un bungalow, fermé par un simple cadenas. Conservez toujours votre passeport sur vous, tout en laissant des photocopies dans un sac à votre *guesthouse* ou à votre hôtel, ou en l'ayant au préalable scanné et envoyé sur votre adresse e-mail, de manière à pouvoir récupérer ces copies où que vous soyez.

– Dans les transports en commun, et notamment dans les bus, il arrive que des bagages disparaissent lors des arrêts intermédiaires. Rien de plus facile en effet, au milieu de la nuit, que de faire descendre quelques sacs en plus. Ne laissez en soute que ce que vous ne pouvez prendre à bord, et veillez à ne rien placer de valeur dans ces bagages-là.
– Deux mots sur les « bars à filles » : les plus naïfs s'y font plumer sans s'en rendre compte en payant de larges tournées, et se font piquer argent et papiers une fois qu'ils sont bien éméchés. On ne les plaint pas vraiment.
– On ne compte plus non plus les arnaques du genre « Ce temple est fermé, venez voir celui-ci », proféré par un type en costard-cravate ou par un gentil monsieur – parfois un Occidental – qui souhaite vous faire visiter la ville uniquement pour son plaisir... Une fois encore, refusez !
– Quand vous payez avec une carte de paiement, évitez de régler de petites factures, surtout dans des endroits peu sûrs, et ne la perdez jamais de vue.
– CONSEIL PRIMORDIAL : CONSERVEZ TOUJOURS VOTRE CARTE DE PAIEMENT AVEC VOUS. Ne la laissez pas dans le coffre à l'hôtel. Trop de lecteurs se retrouvent en France avec d'énormes découverts bancaires...

Pierres précieuses

Face au nombre toujours croissant de nos lecteurs victimes d'escroqueries, on ne saurait que trop recommander la prudence... Le scénario est le suivant : un conducteur de *tuk-tuk* ou un simple passant sympathise avec vous et vous mène très patiemment dans une boutique qui, ce jour-là (comme par hasard !), fait de très grosses réductions. Facile de se laisser embobiner : faux témoignages d'autres touristes et certificats d'authenticité (encore plus faux !) leur servent de preuves. Là encore, le marchand ne compte ni les thés ni les heures... et le tour est joué. Si vous vous êtes fait avoir, vous pouvez toujours faire une réclamation à la police touristique.

Assistance aux touristes

Des centres d'assistance aux touristes existent dans toutes les grandes villes et dans les lieux touristiques. La plupart des postes *Tourist Police* sont plutôt efficaces. En cas de pépin, n'hésitez donc pas à aller les voir. Nous en donnons les coordonnées dans la rubrique « Infos pratiques sur place. Adresses et infos utiles ».
– Si vous avez un problème, composez le ☎ 11-55, numéro de la *Tourist Police.*

Drogue

On ne va pas vous faire la morale, mais il faut savoir qu'essayer une drogue, même douce, peut coûter très cher en Thaïlande. Les sanctions sont terribles, et plusieurs Occidentaux sont actuellement sous les verrous pour ne pas avoir tenu compte des lois thaïes en vigueur, et ce, souvent pour de longues peines (20 à 30 ans).

Serpents

Si vous vous éloignez de Bangkok, attention aux morsures de serpents. Sans tomber dans la parano, quelques cas surviennent chaque année.

Tuk-tuk

Au niveau des transports individuels, méfiez-vous des chauffeurs de taxis, *tuk-tuk* ou *samlor* qui prétendent que l'hébergement dans lequel vous voulez vous rendre a fermé ou n'a plus de chambre dispo ce soir-là ; tout ça histoire de vous emmener chez l'hôtelier voisin (peut-être dans *Le Routard* d'ailleurs...), qui lui offrira évidemment une commission pour ses bons services...

Tabac

Lire la rubrique « Tabac », plus loin.

DÉCALAGE HORAIRE

Compter 5h d'avance sur Paris en été, 6h en hiver. Quand il est 12h à Paris, il est 17h (été) ou 18h (hiver) à Bangkok.
Et n'oubliez pas que le temps, en Thaïlande, est régi par le ***calendrier bouddhique.*** Ajoutez donc 543 années à votre bon vieux calendrier grégorien. Ce n'est qu'une question d'habitude, mais sachez qu'en 2018 les Thaïlandais passent à l'an 2561 ! Quand on réserve une place de train, on a alors l'impression de voyager dans le futur...

HEURES SUP'

Dans le langage courant, plutôt que de diviser le jour en deux périodes de 12h, les Thaïs découpent une journée en quatre phases de 6h : matin, après-midi, soir et nuit (et, comme l'a dit la maîtresse, 4 fois 6, ça fait toujours 24). Du coup, tout se décale, leur première heure (celle du matin) correspondant à notre 7h du mat. Ainsi, si un Thaï vous donne rendez-vous à 5h, il faut comprendre 11h... de quoi filer des migraines et poser un paquet de lapins ! Pas de panique cependant, bien au fait de votre ignorance, votre interlocuteur s'adaptera la plupart du temps à votre système horaire.

ÉLECTRICITÉ

Du 220 V avec des prises dites « américaines ». Se procurer un adaptateur (on en trouve sur place ; vous pouvez aussi en acheter avant le départ chez votre quincaillier). Toutefois, dans les hôtels de standing, les prises sont adaptées aux appareils européens.

HÉBERGEMENT

Aucun problème pour trouver à se loger. Il y a de tout, à tous les prix et partout : à Bangkok, des *guesthouses* en dur ; dans les îles, des bungalows en bambou (quoique de plus en plus rares), en bois ou en dur face à la plage... Il existe toujours plusieurs niveaux de confort : avec ventilo ou air conditionné ; et avec ou sans douche (chaude ou froide) et toilettes. En règle générale, pas trop de problèmes de propreté, mais ça peut arriver, surtout dans les adresses les moins chères. Par précaution, les voyageurs au budget serré prévoiront un sac à viande. Les draps sont en principe toujours propres, mais au cas où... on est bien content d'avoir les siens. Dans les chambres doubles, ceux qui voyagent en solo paieront parfois le même prix qu'un couple, autant le savoir.
Attention, pensez toujours à regarder si la période de votre voyage va coïncider avec une grande fête type Nouvel An chinois ou Loy Krathong, pendant la pleine lune de novembre (lire la rubrique « Fêtes et jours fériés » dans « Hommes, culture, environnement » en fin de guide). Les chambres sont alors réservées longtemps à l'avance, et les prix parfois plus élevés.

Les auberges de jeunesse

On trouve en Thaïlande quelques auberges de jeunesse adhérentes au réseau *Hostelling International.* Mais il n'est pas nécessaire d'avoir la carte de membre pour y séjourner. Et être titulaire de cette carte ne donne même pas nécessairement droit à un rabais... Il n'y a pas de limite d'âge pour séjourner en AJ. On peut réserver son séjour dans les auberges du réseau jusqu'à 12 mois à l'avance sur • *hihostels.com* •

LANGUE

La langue thaïe est, à l'origine, proche du chinois, puisque l'ethnie est originaire du sud de la Chine. Ensuite, elle s'est enrichie de mots et de tournures khmers, puis de sanskrit et de pali (langues de l'Inde). La langue nationale thaïe enseignée dans les écoles est une synthèse des dialectes du centre du pays. En effet, les quatre principales régions ont chacune leur dialecte, à peu près aussi différents entre eux que le portugais, l'espagnol, l'italien et le français. En plus, il y a le *rachasap,* vocabulaire spécial employé en présence des souverains, proche du langage encore pratiqué au Cambodge.
L'alphabet est composé de 44 consonnes et de 11 voyelles, plus 4 signes écrits d'intonation, et s'écrit de gauche à droite. Ça ressemble à des vermicelles assez harmonieux. La grammaire du thaï populaire est rudimentaire : pas de genre, pas d'article, pas de pluriel, pas de conjugaison. Un mot peut aussi bien servir de nom, de verbe, d'adjectif ou d'adverbe.
La langue des touristes est l'anglais, à l'exclusion de toute autre ; à peu près pratiquée à Bangkok et dans les hôtels de Phuket, de Pattaya ou de Chiang Mai. Ailleurs, vous retrouverez les joies du mime et des petits dessins.

Quelques règles de prononciation

Les cinq tons en thaï sont le ton neutre (a court), bas (à), tombant (â), haut (á) et montant (a). Les lettres *p, t* et *k* suivies d'un *h* sont aspirées, et *ph* se prononce comme « p » dans « premier ». La dernière syllabe de chaque mot se prononce plus fort que le reste. Le *u* se dit « ou », le *aï* se prononce « ail », le *j* se prononce « dj », et les *r* se roulent comme en Bourgogne !

LE BON TON

Les mots changent de sens en fonction du ton employé. Il y en a cinq et ils sont nécessaires pour parler le thaï. Un même mot pourra donc avoir cinq significations différentes pour une même écriture. On pourrait citer le célèbre « Mai, mai mai mai mai ? », *qui signifie « Le bois vert ne brûle pas, n'est-ce pas ? ». Ou le mot* khao *(colline), qui peut aussi bien vouloir dire « nouvelles », « riz », « entrée », voire « genoux » !*

Quelques expressions et mots courants

Le vocabulaire ci-après est donné avec une transcription phonétique qui est évidemment très imparfaite. Pour vous faciliter la vie, on a traduit en lettres thaïes une sélection de mots ou expressions utiles. Du coup, au lieu de vous escrimer à baragouiner dans la langue du pays, vous n'aurez qu'à brandir votre guide préféré. Allez, bon courage !

Salutations et politesse

Bonjour, bonsoir, au revoir (dit par une femme)	*sawat di kha* – สวัสดี
Bonjour, bonsoir, au revoir (dit par un homme)	*sawat di khrap* – สวัสดีรับ
S'il vous plaît	*karuna* – กรุณา
Merci (dit par un homme)	*kop khun khrap* – ขอบคุณครับ
Merci (dit par une femme)	*kop khun kha* – ขอบคุณค่ะ
Pardon	*kho thot* – ขอโทษ
Oui	*tchaï* – ใช่
Non	*may tchaï* – ไม่ใช
Monsieur, madame	*khun* – คุณ (aussi pronoms « tu » et « vous »)
Comment allez-vous ?	*(khun) sabai ïdi ru ?* – (คุณ)สบาย ดีหรือ
Très bien	*sabaïdi khrap* (ou *kha*) – สบายดี ครับ (ค่ะ)
Je ne vous comprends pas	*may khao ja ï* – ไม่เข้าใจ
Parlez lentement, s'il vous plaît	*phut cha cha* – กรุณาพูดช้าๆ
Je ne parle pas le thaï	*phut thaï mïa pen* – พูดไทยไม่เป็น

Questions, verbes et mots usuels

Combien ? (prix)	*rakha thao-raï ?* – ราคาเท่าไหร
Quoi ?	*araï ?* – อะไร
Comment ?	*yang raï ?* – อย่างไร
Pourquoi ?	*thammaï ?* – ทำไม
Quand ?	*mua ra-ï ?* – เมื่อไหร
Où ?	*thi naï ?* – ทิไหน
À quelle heure ?	*wèla naï ?* – เวลาไหน
Je veux	*tchan tong kan* – ฉันต้องการ
Je ne veux pas	*tchan maï tong kan* – ฉันไม่ต้องการ
Changer	*plian* – เปลี่ยน
Acheter	*su* – ซื้อ
Vendre	*khaï* – ขาย
Aller	*paï* – ไป
Venir	*ma* – มา
Donnez-moi	*kho* – ขอ
Dormir	*non lap* – นอนหลับ
Manger	*kin* – กิน
Ouvert	*peut* – เปิด
Fermé	*pit* – ปิด
Assez	*pho lêo* – พอแล้ว
Plus	*mak kwa* – มากกว่า
Moins	*noï kwa* – น้อยกว่า
C'est cher	*phèng mak* – แพงมาก
C'est joli	*suay di* – สวยด
Beaucoup	*maak* – มาก
Mauvais, mal	*maï di* – ไม่ด
Doucement	*cha-cha* – ช้าๆ
Amusant, rigolo	*sanuk* – สนุก
Bouddha	*phra* – พระ
Bonze	*phrasong* – พระสงฆ์
Tailleur	*ráan tát sûa* – ร้านตัดเสือ

Médecin	*phêêt* – แพทย์
Étranger de race blanche	*farang* – ฝรั่ง

Dans le temps

Aujourd'hui	*wan nii* – วันน
Demain	*phrûng nii* – พรุ่งน
Hier	*mûea wann nii* – เมื่อวานน
Matin	*tonn tchao* – ดอนเช้า
Après-midi	*tonn baï* – ดอนบ่าย
Soir	*tonn kam* – ดอนค่ำ
À midi	*thiang* – เทิยง
Avant	*konn nii* – ก่อนน
Après	*lang* – หลัง

Dans l'espace

Où allez-vous ?	*khun kamlang tjà païnaï ?* – คุณกำลังจะไปไหน
Droite	*kwa* – ขวา
Gauche	*saï* – ซ้าย
Tournez à droite	*lio kwa* – เลยววขา
Tournez à gauche	*lio saï* – เลยวซ้ าย
Conduisez tout droit	*khap rôt trong paï* – ขับรถดรงไป
Prenez un *tuk-tuk*	*nâng tùk tùk paï* – นง ตุ๊กๆ ไป
Combien dois-je payer ?	*khâa rot thâu raï ?* – ค่ารถเท่าไร
Plus lentement	*cháa cháa noï* – ช้าๆหน่อย
Où est l'arrêt d'autobus ?	*pâï rôt mé yùu thi naï ?* – ป้ายรถเมล์อยู่ทิไหน
Gare	*sathani rot faï* – สถานีรถไฟ
Gare des bus	*sathani rot mé* – สถานีรถเมล
Cyclo-pousse	*samlor* – สามล้อ
Plage	*thalé* – ทะเล
Poste de police	*sathani tamrouat* – สถานีดำรวจ
Hôpital	*rong phayaabaan* – โรงพยาบาล
Ambassade de France	*sàthaanthuut faràngsèt* – สถานทู ดฝรั่งเศส
Bureau de poste	*praïsanii* – ไปรษณีย

À l'hôtel

Hôtel	*rong raem* – โรงแรม
Chambre	*hong* – หอง
Douche	*hong abnam* – ห้องอาบน้ำ
Téléphone	*thorasap* – โทรศัพท
Eau chaude	*náam ron* – น้ำร้อน
Couvertures	*phâa hom* – ผ้าห่ม
Serviettes	*phâa chét tua* – ผ้าเช็ด ดัว
Combien pour la nuit ?	*khun là thao raï ?* – ห้องละเท่าไหร่

Au restaurant

Restaurant	*ran a han* – ร้านอาหาร
Eau (carafe)	*nam plao* – น้ำเปลา
Eau (bouteille)	*nam kwat* – น้ำขวด
Pain	*khanom pang* – ขนมปัง
Boire	*dum* – ดื่ม

Riz	*khao* – ข้าว (avec « r » suggéré entre le *k* et le *h*)
Riz sauté	*khao phat* – ข้าวผัด
Nouilles	*kuay tio* – ก๋วยเ ตี๋ยว
Nouilles sautées	*kuay tio phat* – กวย เ ตียวผัด
Œuf	*khaï* – ไข
Poisson	*pla* – ปลา
Viande	*neua* – เนื้อ
Soupe chinoise	*feu* (mais se dit plutôt *soup*) – ซุ๊ป
Avez-vous le menu anglais ?	*mi meynuu pèn phaasaa angkrit maï ?* – มีเมนูเป็นภาษาอังกฤษไหม
Qu'est-ce que vous avez de bon ?	*mi araïïaroïbâang ?* – มีอะไรอร่อยบ้าง
Pas épicé	*ao maï phèt* – เอาไม่เผ็ด
Pas trop épicé	*phèt nit noï* – เอาไม่เผ็ด
Faites le mien bien épicé	*ao phèt phèt* – เอาเผ็ดๆ
Thé	*nam chaa* – น้ำชา
Café	*kaafè* – กาแฟ
Thé chinois	*chaa yèn* – ชาจีน
Whisky thaï	*mè khong* – แม่โขง

Les chiffres

Un	*neung* – หนง
Deux	*song* – สอง
Trois	*sam* – สาม
Quatre	*si* – สิ
Cinq	*ha* – ห้า
Six	*hok* – หก
Sept	*tjet* – เจ็ด
Huit	*pèt* – แปด
Neuf	*kao* – เก้า
Dix	*sip* – สิบ
Vingt	*yi sipp* – ยิสิบ
Trente	*sam sipp* – สามสิบ
Quarante	*si sipp* – สิสิบ
Cent	*roï* – ร้อย
Deux cents	*song roï* – สองร้อย
Mille	*neung phan* – หนึ่งพัน
1 baht	*rian báat* – เหรียญบาท
5 Bts	*rian hâa báat* – เหรียญห้าบาท
10 Bts	*baï sip* – ใบสิบ
20 Bts	*baï yi sip* – ใบยิสิบ
50 Bts	*baï háa sip* – ใบห้าสิบ
100 Bts	*baï roï* – ใบร้อย
500 Bts	*baï hâa roï* – ใบห้าร้อย
1 000 Bts	*baï phan* – ใบพัน

Lieux

District	*amphoe* – ตำบล
Baie	*ao* – อ่าว
Village	*ban* – บ้าน
Ville	*chiang* – เชียง

Colline	*khao* – เขา
Canal	*khlong* – คลอง
Île	*ko* – เกาะ
Montagne	*phu* – ภู
Édifice religieux caractéristique du style khmer	*prasat* – ปราสาท
Ruelle	*soi* – ซอย
Port, embarcadère	*tha* – ท่า
Temple	*wat* – วัด

LIVRES DE ROUTE

– ***Louis XIV et le Siam,*** de Dirk Van der Cruysse (Fayard, 1991, 588 p.). Le récit haut en couleur de l'ambassade envoyée en 1660 par le Roi-Soleil à la cour de Phra Naraï dans l'espoir de convertir les Siamois au catholicisme. La mission fera politiquement naufrage lorsque les officiers français se mettront dans l'idée d'imposer une protection militaire au royaume. Du même auteur chez Fayard, la biographie *L'Abbé de Choisy, androgyne et mandarin* (1995, 494 p.).

– ***Les Cafards,*** de Jo Nesbo (Gallimard, coll. « Folio policier », n° 418, 2012). Au cœur de Bangkok, l'inspecteur norvégien Harry Hole est dépêché par ses supérieurs pour enquêter sur le meurtre mystérieux d'un ambassadeur. Entre cauchemar et réalité, la part sombre de la sulfureuse Cité des Anges se dévoile à mesure que son enquête l'amène à côtoyer les tréfonds de l'humanité.

– ***Bangkok 8,*** de John Burdett (10/18, coll. « Domaine étranger », n° 3789, 2009). Sonchaï Jettleeheep a la particularité d'être à la fois bonze et inspecteur de police. S'inspirant de la mystique bouddhiste, ses aventures nous plongent dans la vie quotidienne des quartiers les plus malfamés de la capitale thaïe.

– ***Paradis blues,*** de John Ralston Saul (Payot & Rivages, coll. « Rivages poche », n° 338, 2001, 384 p.). Bangkok de nos jours et le Triangle d'or. Transaction commerciale louche de l'autre côté du Mékong, au Laos.

– ***Le Faucon du Siam,*** d'Axel Aylwen (LGF, coll. « Le Livre de Poche », nos 14452, 14674 et 14895). En trois tomes, l'incroyable histoire du Grec Phaulkon, au XVIIe s, premier courtisan et ministre du roi Narai. Pour se plonger dans l'histoire du pays.

– ***Comme un collégien,*** de John Le Carré (Points, n° 922, 2001, 676 p.). L'Asie du Sud-Est est le dernier champ de bataille du Cirque, le service secret anglais dirigé par George Smiley, qui tente de reconstituer ses réseaux laminés par un espion soviétique.

– ***La Plage,*** d'Alex Garland (LGF, coll. « Le Livre de Poche », n° 14641, 1999, 480 p.). À la recherche de LA plage, éden mystérieux, où Richard et ses potes se déchirent et s'entretuent. Esprit baba mais pas cool.

– ***Venin,*** de Saneh Sangsuk (Points, n° 1319, 2005, 74 p.). Une Thaïlande mystérieuse, hantée par le divin. Nature, sorcellerie, on est loin des plages dorées du Sud thaïlandais. Du même auteur, ***Une histoire vieille comme la pluie*** (Le Seuil, coll. « Cadre vert », 2004, 228 p.), toujours habité par ces légendes et cette terre thaïlandaise énigmatique.

– ***Plateforme,*** de Michel Houellebecq (J'ai Lu, n° 6345, 2010, 350 p.). Une vision désespérée et triste à mourir de la Thaïlande, qu'on ne partage absolument pas. Avec des femmes thaïes offertes aux portefeuilles d'Occidentaux en mal d'amour. Des héros sans aucun état d'âme. En prime, un portrait du *Routard* pas piqué des vers... Mais nous acceptons toutes les opinions !

– ***Le Siam,*** de Michel Jacq-Hergoualc'h (Belles Lettres, coll. « Guide des Civilisations », 2004, 256 p.). Une collection très ludique mais très sérieuse pour découvrir les civilisations du Siam et ses anciennes capitales, Ayutthaya et Sukhothai.
– ***Café Lovely,*** de Rattawut Lapcharoensap (Points, nº P2193, 2009). À travers ces sept nouvelles, l'auteur américano-thaïlandais invite ses lecteurs à partager les aventures de jeunes gens du pays, à découvrir la face cachée des villages, des banlieues, de l'armée thaïlandaise ou des camps de réfugiés cambodgiens. Même le va-et-vient continuel des *farang* prend alors une tout autre dimension.
– ***L'année du Caméléon,*** de Sucharitkul Somtow (Éditions du Rocher, 2005). Années 1960. Petite grenouille, un garçon de 12 ans vit avec ses 3 tantes dans le milieu assez chic de la bourgeoisie thaïlandaise. L'auteur nous plonge alors dans la réalité de Bangkok, la saleté de ses rues et des lieux étranges habités par les magiciens de la nuit. Petite grenouille va découvrir sa ville et à travers elle, la réalité d'un pays en pleine mutation.
– ***Meurtre et Méditation,*** de Nick Wilgus (Philippe Picquier, nº 291, 2007). Un meurtre au monastère, voilà qui n'est pas commun. C'est le cadre choisi par l'auteur, un ancien moine franciscain, correspondant à Bangkok pour le *Washington Post.* Au fil des pages, tout en suivant les pas de l'enquêteur moine – et quant à lui ancien policier –, on en apprend un peu plus sur les règles qui régissent la vie monastique des moines bouddhistes.
– ***Les Oiseaux de Bangkok,*** de Manuel Vásquez Montalbán (Points, nº 2189, 1983). Après avoir traîné son ennui à Barcelone, fouinant autour d'une affaire de meurtre à coups de bouteille de champ' qui n'intéresse que lui, Pepe Carvalho s'envole à contrecœur pour Bangkok, à la recherche d'une vague connaissance traquée par des trafiquants de diamants. Entre circuit touristique et soubresauts d'une enquête dont il ne maîtrise pas grand-chose, le détective privé catalan, las, désabusé, un peu rêveur et volontiers gastronome, va se retrouver entraîné malgré lui aux quatre coins du pays, entre vices de Bangkok, délices de Koh Samui et dénuement du Sud séparatiste. Un antihéros, pour un antipolar.

MUSÉES ET SITES

Gardez en tête que les musées sont pour la plupart fermés le lundi et le mardi. Les monuments et les sites sont en revanche ouverts tous les jours, souvent de 8h à 16h, voire jusqu'à 18h.

PHOTOS

Vous trouverez tout le matériel désiré à Bangkok et dans les villes touristiques. On trouve des cartes mémoire partout. Mais ne cherchez pas à faire des affaires. Ce n'est pas moins cher qu'en Europe, sans les garanties. Si vous voyagez pendant la saison des pluies, on vous conseille de glisser dans votre sac photo des sachets de silicate, qui absorbent l'humidité.
Aucune difficulté pour prendre les Thaïlandais en photo (sauf les militaires et les gens en armes), il suffit de leur demander au préalable.

POSTE

Les bureaux de poste sont généralement ouverts du lundi au vendredi de 8h30 à 16h30 et le samedi de 9h à 12h. Certains le sont aussi le dimanche matin.

Comptez bien 1 semaine avant que votre carte n'arrive (durée soumise aux variations saisonnières !). Tous les bureaux de poste disposent d'un service d'envoi de paquets par surface ou par voie aérienne. Par mer, délai de 3 mois. Dans les grandes villes, on peut acheter la boîte. Vraiment bien et très sûr. Pour les cartes postales vers l'Europe, compter 15 Bts.
Notons aussi la multiplication de postes privées, dans les mégapoles surtout, proposant un service postal, téléphonique et un *E-mail Service*. Horaires sensiblement différents le plus souvent (ouverture plus tardive).

POURBOIRE

On ne laisse – normalement – pas de pourboire, bien que dans les grands hôtels et les lieux extrêmement touristiques, les Thaïs se soient aisément habitués à cette gratification importée. Au resto, dans les endroits touristiques, on arrondit la somme.

SANTÉ

Précautions

– Au moment des grosses chaleurs, ***se méfier des problèmes de déshydratation,*** responsables de bien des maux.
– Attention aux nombreux ***serpents venimeux*** dans les campagnes et aux multiples ***bestioles marines*** sympathiques : poissons-pierres, serpents pélagiques, oursins, méduses, physalies...
– ***Parasites intestinaux*** fréquents (amibes, giardia, anguillules, ankylostomes...) ***:*** éviter les contacts avec les eaux douces stagnantes, les boues, etc.
– Le ***virus de l'hépatite A*** (transmis par l'alimentation) est omniprésent ; la vaccination des voyageurs est heureusement de plus en plus pratiquée : efficacité 100 % et probable immunisation à vie après un seul rappel.
– ***Forte pollution atmosphérique*** à Bangkok ***:*** asthmatiques, insuffisants respiratoires ou cardiaques, attention !
– La ***leptospirose*** est en augmentation en Thaïlande : maladie souvent grave transmise par contact avec des eaux douces polluées par des déjections de rats. Attention pendant les treks ou les randonnées sauvages.

À emporter avec soi

Moustiquaire imprégnée d'insecticide (pour les séjours en forêt), répulsifs anti-moustiques, insecticides, crèmes de protection solaire.

■ ***Catalogue Santé Voyages :*** les produits et matériels utiles aux voyageurs, assez difficiles à trouver, peuvent être achetés par correspondance sur le site de Santé Voyages • *sante-voyages.com* • Infos complètes toutes destinations, boutique web, paiement sécurisé, expéditions Colissimo Expert ou Chronopost. ☎ *01-45-86-41-91 (lun-ven 14h-19h).*

Pour ce qui est des médicaments, les pharmacies en Thaïlande sont relativement bien approvisionnées, mais mieux vaut prévoir un petit stock pour les soins de base (contre les diarrhées et autres problèmes digestifs ; antibiotique à large spectre ; paracétamol ; désinfectant et pansements ; etc. – voir avec votre médecin). Si vous suivez un traitement, prévoir aussi un stock suffisant.

Le paludisme

Dans tous les livres et brochures, on trouve la mention « Paludisme +++ multirésistant ». Cela est vrai, mais :

- ce paludisme n'est présent que dans des zones très limitées, forestières et frontalières ; la très grande majorité du pays, composée de plaines et de rizières, en est totalement indemne ;
- dans les zones impaludées, il n'y a risque de transmission que la nuit ;
- **il n'y a pas de paludisme dans les grandes villes, y compris Bangkok.**

Prenons pour exemple un circuit touristique habituel : Bangkok, Phuket (par avion), Chiang Mai, Chiang Rai avec une visite diurne de la zone frontalière du Nord : il n'y a aucune possibilité de transmission du paludisme. Pourtant, nombre de touristes mal informés partent régulièrement bourrés d'antipaludiques dont les effets secondaires gâcheront le voyage d'une partie d'entre eux.

Ce n'est qu'au cas où un séjour comprendrait des nuitées dans les villages des zones frontalières qu'un traitement antipaludique s'imposerait : ce serait alors soit de la Malarone® (un comprimé par jour dès la veille de l'arrivée dans la zone et pendant 7 jours après la sortie de celle-ci), soit de la doxycycline (Doxypalu®, un comprimé par jour en commençant la veille de l'arrivée en zone impaludée, à poursuivre durant toute la durée du séjour et pendant les 4 semaines qui suivent le retour). Tous les autres antipaludiques sont insuffisants pour ces zones de multirésistance. Le seul inconvénient avec la doxycycline : il ne faut pas s'exposer au soleil, cela peut entraîner une photosensibilisation de la peau. Gare aux coups de soleil, aux douleurs, voire à une dépigmentation à vie ! Protégez-vous bien.

La dengue

Une épidémie de ***dengue*** peut survenir à tout moment en Thaïlande, comme dans tout pays de l'Asie du Sud-Est, en particulier lors de la mousson. Transmise par les piqûres de moustiques diurnes, la dengue est une forte fièvre d'origine virale, un peu comme une très grosse grippe, parfois très grave (1 à 2 % de décès). On ne dispose pas de traitement spécifique à l'heure actuelle. La seule prévention consiste à se protéger des moustiques, la nuit et surtout le jour.

La dengue est présente depuis de nombreuses années en Thaïlande. Si l'on en entend parler de plus en plus, c'est parce qu'elle s'est propagée largement dans la zone inter- et subtropicale et sur une bonne partie de la planète.

Transmis de manière identique : le ***chikungunya*** (on ne le dit pas assez : cette maladie est présente en Thaïlande, voire épidémique comme en 2009).

L'encéphalite japonaise

L'encéphalite japonaise sévit en permanence, mais surtout par épidémies en période de mousson. C'est une maladie grave (un tiers de décès, un tiers de séquelles neurologiques). Il existe depuis avril 2009 un vaccin (Ixiaro®) – enfin – bien toléré, recommandé aux expatriés, voyageurs fréquents et touristes se rendant en période de mousson dans les pays situés au-dessous d'une ligne reliant le Bangladesh et le Sud sibérien jusqu'au Queensland au sud (voir : • *astrium.com/encephalite-japonaise.html* •). Deux injections (J0-J28) ; disponible en centres de vaccinations internationales et en pharmacie (sur prescription). Prix public conseillé : autour de 88 € chaque dose.

Vaccinations

Voir plus haut « Avant le départ ».

Le sida et les MST

La Thaïlande est un pays très touché par le sida. Sans oublier l'hépatite B, dont souffre 5 % de la population thaïe. La vie sexuelle plutôt libre et active des Thaïlandais a favorisé l'avancée massive et foudroyante du sida. L'usage systématique des préservatifs est donc vital.
Le temps de comprendre et de réagir, et ce sont 1 million de personnes qui ont été contaminées. Quant aux prostituées, avancer un chiffre serait vain, car ça évolue vite et l'état des lieux ne peut pas être fait, mais on ne doit pas se tromper de beaucoup en disant qu'une sur deux (une sur trois si l'on est optimiste) est contaminée. La large (mais tardive) prise de conscience du gouvernement a été « récompensée », mais la contamination continue, même si aujourd'hui seules de très rares prostituées n'exigent pas le préservatif.

Assurance santé

Les soins médicaux sont de qualité acceptable, de loin les meilleurs de la péninsule. Pour autant, il peut s'avérer judicieux de prévoir une assurance santé avant le départ.

■ ***AVI International (Routard Assurance) :*** *106, rue La Boétie, 75008 Paris.* ☎ *01-44-63-51-00.* • *avi-international.com* • Ⓜ *Saint-Philippe-du-Roule ou Franklin-D.-Roosevelt.* Vous assure (entre autres) une prise en charge totale en cas d'hospitalisation ou de rapatriement sanitaire.

SITES INTERNET

Infos pratiques

• ***routard.com*** • Le site de voyage n° 1 avec 750 000 membres et des millions d'internautes chaque mois. Partagez vos expériences avec la communauté de voyageurs : forums de discussions, avis, bons plans et photos. Pour s'inspirer et s'organiser, plus de 250 fiches pays actualisées avec les infos pratiques, les incontournables et les dernières actualités, ainsi que des reportages terrain et des carnets de voyage. Enfin, vous trouverez tout pour vos vols, hébergements, activités et voitures pour réserver votre voyage au meilleur prix. Routard.com, votre voyage de A à Z !
• ***bangkokaccueil.com*** • Un site bien conçu pour vous donner des bons plans, des idées, des astuces, et qui aide à mettre les Français expatriés ou de passage en relation.
• ***transitbangkok.com/fr/*** • Pour se repérer à Bangkok quand on se sert des transports en commun.
• ***aqicn.org/city/bangkok/fr/*** • Pour avoir la météo ainsi que la qualité de l'air qu'on respire en temps réel et en français. Appli téléchargeable aussi.
• ***12go.asia/fr/*** • Réservation en ligne de titres de transports à partir de Bangkok mais aussi bien plus loin.
• ***sawadee.com*** • Site généraliste très complet, en anglais : toutes les infos pratiques (bus, trains, avions, cartes, etc.), mais aussi calendrier des fêtes et festivals, sites et parcs nationaux à visiter. Dans le même genre, en un peu plus succinct : • ***guidetothailand.com*** •

• *tourismethaifr.com* • Le site officiel de l'office national de tourisme de Thaïlande à Paris. En français, donc. Intéressant.
• *gavroche-thailande.com* • Magazine français sur le Siam. Actualités du pays, savoir-vivre, bonnes adresses et infos pratiques.

Culture

• *eurasianet.org* • Le webzine de la culture asiatique (en anglais). Un important portail offrant des infos tous azimuts. Une vraie mine d'or.
• *franco-thai.com* • Site (en français) de l'Association franco-thaïe de Paris. Très complet. Nouvelles, petites vidéos, forum de discussion, lexique avec prononciation en direct des mots, histoire de se familiariser avec la langue avant le départ, etc.
• *timeout.com/bangkok* • Actualité culturelle et bons plans de sorties, restos, spectacles, festivals, etc., à Bangkok et dans ses environs. En anglais.
• *users.skynet.be/abottu* • De belles photos prises par Alain Bottu, déclinées en visites illustrées des sites, cartes postales électroniques... Mais aussi les événements à fêter, des recettes, des infos pratiques...

Médias

• *bangkokpost.com* • *nationmultimedia.com* • Deux des principaux journaux thaïs en ligne. En anglais.
• *onlinenewspapers.com/thailand.htm* • Journaux thaïs en ligne (principalement en anglais).

Sports

• *chiangmaiswing.com* • Un site énumérant les greens thaïs. En français.
• *muaythaigalaxy.com* • Un site en français pour tout savoir sur la boxe thaïe

TABAC

Il est interdit de fumer en Thaïlande dans tous les lieux publics fermés (gare, aéroport, restos, pubs, etc.). Parfois même en terrasse ! Amende pour le fumeur : 2 000 Bts. Ne pas jeter votre mégot dans la rue (là encore, amende de 2 000 Bts). Certains policiers vont même jusqu'à suivre discrètement les touristes qui fument pour voir ce qu'ils font de leur mégot... Ne pas emmener plus d'une cartouche (100 cigarettes) en Thaïlande. Les contrôles aux douanes sont de plus en plus fréquents et l'amende est salée (environ 200 € par cartouche excédentaire !).

TÉLÉPHONE – INTERNET

Téléphone fixe

Les Thaïlandais sont passés maîtres dans l'art de la communication. Ils ont tous les derniers gadgets qui sortent en matière de téléphonie.
Tuyau : le plus pratique et le plus économique consiste à équiper un portable d'une carte SIM achetée en Thaïlande (voir plus loin).

Les indicatifs

– ***Thaïlande → Thaïlande :*** toujours composer le numéro complet avec l'indicatif régional.

- ***Thaïlande → France :*** composer le 00X + 33 + numéro du correspondant, sans le 0 de la numérotation à 10 chiffres. Dans certains cas, il est possible de composer le 007, 008 ou 009 pour des tarifs réduits (voir ci-après).
- ***Thaïlande → Belgique :*** 00X (préfixe téléphonique, voir ci-après) + 32 + numéro du correspondant à huit chiffres.
- ***Thaïlande → Suisse :*** 00X (préfixe téléphonique, voir ci-après) + 41 + numéro du correspondant à huit ou neuf chiffres.
- ***Thaïlande → Canada :*** 00X (préfixe téléphonique, voir ci-après) + 1 + indicatif de la ville + numéro du correspondant.
- ***France, Belgique ou Suisse → Thaïlande :*** composer le 00 + 66 (indicatif du pays) + indicatif de la ville (sans le 0) + numéro du correspondant.
- ***Les préfixes téléphoniques :*** ils dépendent de l'opérateur par lequel vous passez. Plusieurs se disputent le marché. TOT et CAT sont les plus répandus. Si vous appelez d'une ligne fixe ou d'un portable thaï, vous pouvez opter pour une communication de moindre qualité mais à prix réduit en composant le 008 (TOT) ou le 009 (CAT) ou une communication de meilleure qualité en composant le 001 (CAT) ou le 007 (TOT). Par exemple, pour la France, avec TOT, compter 22 Bts/mn en composant le 007 ; à peine 7 Bts/mn si vous faites le 008 (qualité moins bonne).

Appels locaux

Il y a des cabines téléphoniques publiques un peu partout. Elles fonctionnent avec des cartes prépayées spécifiques et parfois encore avec des pièces. Les cabines TOT sont les plus répandues. On trouve les cartes prépayées TOT (50, 100 ou 300 Bts) dans de nombreux magasins, dont les omniprésentes supérettes *7-Eleven,* ouvertes 24h/24. Il existe d'autres marques de cartes « Internet phone » disponibles dans ces mêmes échoppes. Tarifs parfois très intéressants. Bien lire leurs modes d'emploi pour savoir avec quels types de téléphones elles fonctionnent (téléphone fixe, portable ou cabines publiques, parfois les trois sont possibles).

Téléphone portable

On peut utiliser son propre téléphone portable en Thaïlande avec l'option « International ». Renseignez-vous auprès de votre opérateur sur les conditions d'utilisation de votre portable à l'étranger.
- ***Activer l'option « international » :*** elle est en général, activée par défaut. Pensez sinon à contacter votre opérateur pour souscrire à l'option (gratuite) au moins 48h avant votre départ.
- ***Le « roaming » ou itinérance :*** c'est un système d'accords internationaux entre opérateurs. Concrètement, cela signifie que lorsque vous arrivez dans un pays, le nouveau réseau local s'affiche automatiquement. Vous recevez rapidement un SMS de votre opérateur qui propose un ***pack voyageurs*** plus ou moins avantageux, incluant un forfait limité de consommations téléphoniques et de connexion internet.
- ***Tarifs*** *(hors UE) :* ils sont propres à chaque opérateur et varient en fonction des pays (le globe est découpé en plusieurs zones tarifaires). **N'oubliez pas qu'à l'international, vous êtes facturé aussi bien pour les appels sortants que les appels entrants,** idem pour les textos. Donc quand quelqu'un vous appelle à l'étranger, vous payez aussi. Soyez bref !
- ***Acheter une carte SIM sur place :*** une option avantageuse pour certaines destinations. Il suffit d'acheter à l'arrivée une carte SIM locale prépayée chez l'un des opérateurs dans les boutiques de téléphonie, à l'aéroport ou les boutiques comme *7/Eleven.* On vous attribue alors un numéro de téléphone local et un petit crédit de

communication. Attention, on ne peut plus vous joindre sur votre numéro habituel mais uniquement sur ce nouveau numéro. Avant de payer, essayez cette carte SIM dans votre téléphone – préalablement débloqué – afin de vérifier si celui-ci est compatible. Ensuite, les cartes pour recharger votre crédit de communication s'achètent facilement aux mêmes endroits.

La connexion internet en voyage

– ***Se connecter au wifi*** à l'étranger est le seul moyen d'avoir accès au web gratuitement. Attention, ne vous connectez pas aux réseaux 3G ou 4G, au risque de faire grimper votre facture !
Le plus sage consiste à ***désactiver la connexion*** « données à l'étranger » (dans « Réseau cellulaire »). On peut aussi mettre le portable ***en mode « Avion »*** et activer ensuite le wifi. Attention, le mode « Avion » empêche, en revanche, de recevoir appels et messages.
De plus en plus d'hôtels, restos, bars et mêmes certains espaces publics disposent d'un réseau, le plus souvent gratuit.
– Une fois connecté au wifi, vous avez accès à tous les services de la ***téléphonie par Internet. WhatsApp, Messenger*** (la messagerie de *Facebook*), ***Viber, Skype*** permettent d'appeler, d'envoyer des messages, des photos et des vidéos aux quatre coins de la planète, sans frais. Il suffit de télécharger – gratuitement – l'une de ces applis sur son smartphone. Elle détecte automatiquement dans votre liste de contacts ceux qui utilisent la même appli.

Urgence : en cas de perte ou de vol de votre téléphone portable

Suspendre aussitôt sa ligne permet d'éviter de douloureuses surprises au retour du voyage ! Voici les nº des quatre opérateurs français, accessibles depuis la France et l'étranger :

– ***SFR :*** *depuis la France ☎ 1023 ; depuis l'étranger 📱 + 33-6-1000-1023.*
– ***Bouygues Télécom :*** *depuis la France comme depuis l'étranger ☎ + 33-800-29-10-00 (service et appel gratuit).*
– ***Orange :*** *depuis la France ☎ 0800-100-740 ; depuis l'étranger ☎ + 33-969-39-39-00.*
– ***Free :*** *depuis la France ☎ 3244 ; depuis l'étranger ☎ + 33-178-56-95-60.*

Vous pouvez aussi demander la suspension de votre ligne depuis le site internet de votre opérateur.
Avant de partir, notez (ailleurs que dans votre téléphone portable !) votre numéro IMEI, utile pour bloquer à distance l'accès à votre téléphone en cas de perte ou de vol. Comment avoir ce numéro ? Il suffit de taper sur votre clavier *#06# puis reportez-vous au site ● *mobilevole-mobilebloque.fr* ●

Internet

La quasi-totalité des hébergements, bars, salons de thé et restaurants dispose du wifi gratuit. Du coup, les cybercafés se sont raréfiés ces dernières années.

TOILETTES

On trouve encore des toilettes « à la thaïe » dans de nombreux établissements thaïlandais, les hébergements bon marché ou les petits restos. Elles ressemblent aux toilettes « à la turque », mais plus hautes. En général, pas de papier toilette mais de petits jets pour se nettoyer à l'eau. Les établissements d'un standing supérieur ont des sanitaires semblables aux nôtres, avec papier.

TRANSPORTS

Se reporter aussi à la rubrique « Les transports à Bangkok » dans le chapitre « Infos pratiques sur place ».

La Thaïlande est un pays où les déplacements sont faciles et pas chers. Incroyable le nombre d'agences qu'on trouve partout dans le pays : elles proposent de tout. N'importe quel boui-boui pourra, dans certains cas, vous vendre un billet d'avion ou de train. Sur le plan des transports, la notion de service joue ici à plein, tout comme la concurrence. Mais attention aux prix exagérés et aux arnaques ! Essayez de vous renseigner avant sur les tarifs, auprès d'autres voyageurs ou, quand vous débarquez, directement à la gare routière, à la gare ferroviaire ou au port de débarquement.

Trains

Ils sont plus ou moins ponctuels, très lents (en général, 50 km/h en moyenne pour les express) et un peu plus chers que les bus. Pour les longs trajets (Bangkok-Chiang Mai, notamment), le train est cependant plus pratique et plus confortable que le bus. Il y a souvent un wagon-restaurant ou, au moins, un vendeur ambulant de boissons et snacks. En outre, à chaque gare, vous trouverez une foule de vendeurs d'ananas, de cacahuètes, de poulet sauté, de petits gâteaux, etc.

Il existe trois catégories de places : la 3e classe, qu'on vous déconseille (bondée et inconfortable) sauf pour les trajets locaux courts ; la 2e classe, ventilée ou climatisée, mais toujours confortable ; et enfin la 1re classe, chère, toujours climatisée et vraiment très chicos ! Attention aux divers suppléments pour les rapides, express, spécial express, les voitures avec AC et les couchettes. Les 1re et 2e classes couchettes, impeccables avec draps propres et couverture de temps à autre, sont à essayer au moins une fois ; notez que les couchettes supérieures sont moins chères que celles du bas (moins larges aussi et leurs rideaux n'occultent pas complètement la lumière). Dans ces trains-couchettes, un service de restauration à la place est assuré en 2e classe. Bon et pas trop cher.

Pour les horaires, le plus simple est de consulter le site en anglais ● *seat61.com* ●, vraiment très bien conçu, complet et plein d'infos connexes (notamment sur les modalités d'achat des billets). Il y a aussi le site ● *trainthailande.com* ●, en français celui-là, bien fait également, qui permet de consulter les horaires des principaux trains et d'acheter son billet en ligne (lequel vous sera ensuite envoyé par courrier), moyennant une commission. *State Railway of Thailand (SRT)* propose aussi un service de réservation de billets de train en ligne via ● *railway.co.th* ● et ● *thairailwayticket.com* ● Il vend uniquement les billets pour adultes sans réduction et les billets demi-tarif pour les enfants. Les réservations en ligne peuvent être effectuées de 2h à 60 jours à l'avance. Le paiement par carte de paiement est soumis à un supplément de 20 à 40 Bts par siège. Les billets électroniques peuvent être imprimés à domicile ou à la gare avant d'embarquer dans le train. Il est très conseillé lors des vacances et autres périodes de festivités thaïes de réserver sa place à l'avance pour les longues distances ou les trains-couchettes, ce n'est pas une

VILLES	DISTANCE	TEMPS EN TRAIN	TEMPS EN AVION
Ayutthaya	86	1 h 20	
Bangsaen	106		
Chanthaburi	319		
Chiang Mai	700	14 h	1 h
Chiang Rai	823		
Chumphon	460	9 h	
Hat Yai	996	19 h	1 h 15
Hua Hin	230	4 h	
Kanchanaburi	126	2 h 30	
Khon Kaen	445	8 h 30	1 h
Lampang	604	11 h 30	
Lamphun	667	13 h 30	
Nakhon Pathom	56	1 h 40	
Nakhon Phanom	735		
Nakhon Ratchasima	256	5 h	
Nakhon Si Thammarat	832	16 h 45	
Nan	745		
Pattaya	140		
Petchburi	125	4 h	
Phitsanulok	498	7 h	40 mn
Phuket	922		1 h 10
Rayong	208		
Songkhla	1 024		
Sukhothai	466		
Trat	387		
Ubon Ratchathani	647	10 h 30	1 h 35
Udon Thani	562	10 h 30	1 h 35
Yala	1 142	20 h	

***N.B.** : des distorsions peuvent intervenir, selon les sources, dans l'évaluation des kilométrages (traduction des miles en kilomètres pas toujours rigoureuse). De même, les temps de trajet en train ou en avion sont donnés à titre indicatif, des variations existant selon le nombre d'arrêts ou d'escales.*

nécessité non plus, surtout si l'on est un peu flexible sur l'heure ou le jour du départ. Sachez aussi qu'on ne peut pas réserver son ticket sur les trains 3e classe, comme le Bangkok-Namtok (via Kanchanaburi) ou le Bangkok-Ayuttaya. Sur ce, bon vent !

– Numéro de téléphone national : ☎ 1690.

Bus

Ils se rendent partout où vous voulez aller, et notamment là où le train ne va pas. Les bus sont un peu plus rapides que les trains et moins chers. Pour les longues distances, mieux vaut voyager en train.

Il existe grosso modo trois sortes de bus.

– ***Les bus gouvernementaux avec ou sans air conditionné*** (AC ou non AC) **:** on les prend généralement à un *Bus Terminal,* où s'effectuent tous les départs. Les bus non AC desservent toutes les villes et les villages dans les environs d'une grande ville, ils se rapprochent de l'omnibus. Très fréquents et pratiques pour les petites destinations. Les chauffeurs ont malheureusement la fâcheuse habitude d'appuyer un peu fort sur le champignon. De plus, ces bus souvent bondés ne circulent que pendant la journée. Pour les longs trajets, préférer ceux équipés d'AC (mais prévoir une petite laine, la clim est souvent très fraîche). Les bus gouvernementaux sont moins chers que les bus privés, mais le confort est moindre (pas de boissons).

– ***Les bus privés climatisés :*** on en trouve dans toutes les villes où le tourisme existe. Ils sont confortables, rapides, ponctuels et plus chers que les autres. Ils effectuent en général de longues étapes et circulent principalement de nuit. On y sert à boire et, sur certains trajets, le prix inclut un bon pour manger dans le resto où le bus fait halte. Souvent pourvus d'une TV, ils sont parfois bruyants ! Refusez par précaution toute nourriture que vous offre un autre passager... on ne sait jamais ! Il existe également de nombreux services de minibus privés. Mais ils ne sont pas forcément plus confortables qu'un gros bus *Pullman* où l'on peut allonger les jambes.

– ***Les bus VIP :*** il s'agit de bus climatisés de luxe, dont le faible nombre de sièges permet une inclinaison maximale. Rapides et plus chers, mais on arrive frais et dispo. Petite laine conseillée pour la nuit. Vérifiez bien que figure sur votre billet la mention « VIP » et ne vous fiez pas aux photos de bus qu'on vous fera miroiter : certains se sont retrouvés dans un bus miteux, pensant faire un trajet confortablement lovés dans leur siège...

Songthaew

L'un des moyens de locomotion les plus caractéristiques, mais aussi des plus pratiques. Ce sont des taxis collectifs au parcours fixe, souvent des pick-up réaménagés, avec à l'arrière du véhicule deux planches en bois en guise de sièges. On s'y entasse pour pas cher. Pas très confortable non plus. En général, on demande l'arrêt grâce à une sonnette, ou en tapant sur la carrosserie. Sympa pour les petits trajets (visiter les proches environs d'une ville, par exemple) ; pour les plus longs, ça peut devenir fatigant...

Tuk-tuk

« *Tuk-tuk* », criera le chauffeur. Vous l'entendrez partout ! Un *tuk-tuk* (prononcer « touk-touk ») est un bon moyen de transport dans les villes, sorte de triporteur

aménagé à partir d'une moto, avec à l'arrière une banquette sous un auvent métallique. *Tuk-tuk* est un terme générique, leurs formes changent selon les régions (on trouve par endroits des *samlor,* par exemple, des demi-motos qui poussent une banquette à l'avant), mais le principe est toujours le même. Certains sont de vraies œuvres d'art.
Attention, négocier TOUS les prix ! Et ne vous fiez pas au chauffeur qui indiquera que l'hôtel ou le resto demandé est fermé, il aura naturellement une autre adresse à vous proposer, où il aura bien entendu une commission... coup classique ! Certains se prennent aussi pour Fangio au volant, n'hésitez pas à leur dire « *cháa cháa noï* – ช้าๆหน่อย » (« moins vite, moins vite ! »).

Taxis

Peu chers. Climatisés souvent ! En revanche, dites bien au chauffeur « *Meter, please* » pour qu'il enclenche le compteur... Dans les quartiers touristiques, certains refusent tout simplement de le mettre en route (surtout le soir). Essayez-en un autre dans ce cas-là.

Avion

Il existe DEUX AÉROPORTS à Bangkok (Don Muang et Suvarnabhumi). Il est donc impératif de bien se faire confirmer l'aéroport concerné. Si vous avez une correspondance et sur présentation de votre billet d'avion le prouvant, vous pouvez prendre gratuitement la navette qui relie un aéroport à l'autre.
Dans la liste ci-après, nous indiquons les numéros de téléphone thaïlandais. Veillez donc à composer les indicatifs comme expliqué dans la rubrique « Téléphone – Internet ».
Prix et évolutions : voir les sites des compagnies.

Les compagnies régulières

■ ***THAI :*** ☎ 02-356-11-11. • thaiairways.com • A multiplié ses liaisons depuis quelques années. Plusieurs vols journaliers via Bangkok pour Chiang Mai, Chiang Rai, Khon Khaen, Ko Samui, Ubon Ratchathani, Udon Thani, Phuket, Hat Yai, Krabi, Surat Thani. Vols internationaux également. En haute saison, il est conseillé de faire ses réservations à Paris avant de partir. La compagnie a lancé sa filiale régionale, *THAI Smile* (voir plus bas).

■ ***Bangkok Airways :*** ☎ 02-265-56-78. • bangkokair.com • Dessert principalement Ko Samui depuis Bangkok, Phuket, Chiang Mai, Lampang, Trat et Sukhothai. D'autres liaisons directes vers Phnom Penh et Siem Reap (Cambodge), Luang Prabang (Laos) et Yangon (Myanmar). Un peu chère, car elle exerce un quasi-monopole sur Ko Samui, Sukhothai et Trat (Ko Chang).

■ ***THAI Smile :*** ☎ 02-118-88-88 (call center). • thaismileair.com • Filiale régionale de *THAI,* elle propose de nombreuses liaisons avec les provinces de Thaïlande, comme avec des pays voisins (Laos, Cambodge, Chine et même Inde !).

Les compagnies low cost

Les compagnies low cost sont bien implantées en Thaïlande. C'est la grosse bagarre avec les compagnies régulières. À la régularité des prix et des horaires de ces dernières, ainsi qu'aux garanties d'un service complet à bord, s'opposent les prestations minimales, les tarifs (et souvent horaires) fluctuants des low cost. Le consommateur est gagnant, car les options se multiplient et les prix déjà peu

élevés à l'origine sont encore tirés vers le bas. Attention tout de même, poids des bagages limité à 15 kg par personne pour certaines compagnies comme *Air Asia* ! En cas de dépassement, ça douille. Bien se renseigner au moment de la réservation.
On trouve leurs bureaux directement dans les aéroports. Vols entre Bangkok et Chiang Mai, mais aussi Krabi, Hat Yai, Udon Thani, Rayong, Buriram, ainsi que quelques liaisons interprovinciales.

■ ***Nok Air*** *(de/vers Bangkok-Don Muang) :* ☎ *1318 (call center) ou 02-900-99-55.* ● *nokair.com* ● Filiale de *THAI,* ce qui est un gage de fiabilité. Dessert toutes les contrées touristiques en Thaïlande, et même Vientiane, Pakse (Laos) et Yangon (Myanmar).

■ ***Air Asia*** *(de/vers Bangkok-Don Muang) :* ☎ *02-562-57-00 (résa) ou* ☎ *02-515-99-99* (call center). ● *airasia.com* ● Représentant local de la célèbre compagnie *Air Asia,* précurseur en la matière. Propose les tarifs les moins chers si réservés longtemps à l'avance sur Internet. Pas le cas pour les « dernières minutes ». Attention, dépassement bagages (pas plus de 15 kg) hors de prix.

■ ***Kan Air :*** ☎ *02-551-61-11* (call center). ● *kanairlines.com* ● Liaisons interprovinciales uniquement : Chiang Mai, Khon Kaen, Pai, Nan, Mae Hong Son, Phitsanulok, Ubon Ratchathani, Hua Hin et Pattaya.

Auto-stop

Très peu pratiqué, autant par les Thaïs que par les touristes. Le bus et le train sont bien plus rapides.

Voiture

– **Ne pas oublier son permis de conduire international** (voir plus haut « Avant le départ. Formalités »).
– La Thaïlande est un pays assez facile pour le voyageur désireux de circuler en voiture. Il est possible de louer une voiture et de la conduire seul. On peut également louer des voitures avec chauffeur. Le réseau routier est, dans l'ensemble, en très bon état, en tout cas pour ce qui est des axes principaux. Sur ces derniers, les panneaux routiers sont indiqués en thaï et en anglais. Les distances sont exprimées en kilomètres. Quand on circule sur les petites routes, il est conseillé de se munir d'une bonne carte détaillée et d'un petit lexique franco-thaï pour demander sa route en cas de problème. Mais attention ! Les Thaïs aiment rendre service et, même s'ils ne connaissent pas votre destination, ils vous guideront quand même ! Donc, fiez-vous à votre sens de l'orientation avant tout. Et puis, un volant dans les mains, ils ont une conduite à la hussarde, à l'opposé de leur habituelle délicatesse ! Le développement économique du pays a fait exploser le nombre de voitures sur les routes : prudence ! La Thaïlande est aujourd'hui le 2e pays quant en nombre de morts par accidents de la route, soit 14 000 morts chaque année, 5 fois plus qu'en France pour un nombre de véhicules nettement inférieur. Principalement des conducteurs de 2-roues qui roulaient sans casque.

Quelques infos pratiques

– Limitations de vitesse : 50 km/h en ville, 100 km/h sur route et voie rapide, et 110 km/h sur autoroute ; en général, fort peu respectées.
– Alcoolémie : 0,5 g/l. Les contrôles sont inopinés et ça ne rigole pas. Ils sont effectués avec des éthylotests électroniques. En cas de dépassement,

immobilisation du véhicule et nuit au poste ou caution à payer de 20 000 Bts. Comparution au tribunal dès le lendemain matin. Ça ne traîne pas.
- Ceinture obligatoire à l'avant comme à l'arrière.
- Conduite à gauche, volant à droite par conséquent, on s'habitue vite, d'autant plus que les boîtes de vitesses sont majoritairement automatiques.
- Ne roulez pas la nuit, les camions vont vite, ils ne sont pas toujours éclairés, et absolument pas très respectueux des voitures. Sans compter les animaux sur le bord des routes.
- Ne soyez pas surpris de voir une voiture doubler... en même temps que vous. Les dépassements hasardeux en côte et avant un virage masqué ne sont pas rares. Prudence de rigueur !
- Interdiction absolue de téléphoner au volant : 1 000 Bts d'amende.
- Stations-service : très nombreuses, très modernes et faciles d'usage. Elles acceptent les cartes de paiement. Compter environ 26-30 Bts le litre de carburant.

Location de voitures

Les principales ***agences de location*** sont représentées à Bangkok.

■ ***BSP Auto :*** *☎ 01-43-46-20-74 (tlj).* • *bsp-auto.com* • Les prix proposés sont attractifs et comprennent le kilométrage illimité et les assurances. *BSP Auto* propose exclusivement les grandes compagnies de location sur place, assurant un très bon niveau de service. Les plus : vous ne payez votre location que 5 jours avant le départ. Remise spéciale de 5 % aux lecteurs de ce guide avec le code « ROUTARD18 ».

■ ***Hertz*** *:* • *hertz.fr* • *☎ 0825-861-861 (0,15 €/mn + prix d'appel). Lun-sam 8h-23h.*

■ ***Europcar*** *:* • *europcar.fr* • *☎ 0825-358-358 (0,15 €/mn + prix d'appel). Tlj, 7h-22h.*

■ ***Avis :*** • *avis.fr* • *☎ 0821-230-760 (0,12 €/mn + prix d'appel).*

- ***Formalités et pièces requises :*** l'âge minimal est de 21 ans. Le permis de conduire international est demandé en plus du permis national, ainsi que le passeport et une carte internationale de paiement (indispensable pour la caution) type Visa ou Mastercard, à l'exclusion des cartes type Moneo.
- ***Location de voitures sans chauffeur :*** réservez de préférence depuis chez vous par Internet, vous serez plus sûr d'être correctement assuré. Faites un état des lieux détaillé lors de la prise en main du véhicule de manière à ce qu'on ne vous facture pas la moindre égratignure au retour de celle-ci.
- ***Location de voitures avec chauffeur :*** comptez à peu près 800 Bts en plus, davantage si vous voulez que l'essence soit incluse ou si vous faites un circuit de plusieurs jours (le chauffeur doit trouver un hébergement pour se loger).

Moto

Certaines régions de la Thaïlande se prêtent admirablement bien à ce moyen de transport, notamment les îles. En revanche, il serait suicidaire d'enfourcher un deux-roues à Bangkok. Compter à partir de 200-250 Bts par jour, selon les endroits, pour la location d'un scooter ou d'une mobylette (100-125 cc).
Si la moto constitue un bon compromis prix-indépendance, il faut préciser qu'en Thaïlande il n'y a pas de Sécurité sociale. De même, il n'y avait pas d'assurance jusqu'à récemment, et il n'y en a toujours pas dans les îles. Si on vous en propose une, lisez attentivement le contrat et faites bien préciser ce qui est ou n'est pas à votre charge ! Quand il n'y a pas d'assurance (la plupart du temps), cela signifie

que si vous êtes en tort, il vous faut payer l'hôpital pour vous et pour les passagers de l'autre véhicule... De plus, l'assurance ne couvre JAMAIS votre véhicule. Bref, la moto, c'est super, mais ça peut coûter très cher ! D'autant que les risques de gamelles sont multiples (chiens errants, piétons, état des routes dans les coins reculés, conduite selon la loi du plus fort...). Et rappelez-vous que dans les îles, les centres de soins sont assez sommaires et que mis à part à Bangkok, la prise en charge des blessés est aléatoire.

Avant de payer la location, essayez la bécane, testez le freinage, vérifiez l'éclairage et inspectez son aspect (éraflures, accidents antérieurs...). Enfin, ayez votre permis international sur vous, car c'est théoriquement obligatoire ; il peut y avoir des contrôles et donc des amendes...

Attention : les loueurs réclament et conservent votre passeport jusqu'à votre retour. C'est l'usage. Gardez bien évidemment une photocopie avec vous. Avant de partir, faites constater les éraflures ou autres défauts existants afin d'éviter d'avoir à les réparer si le loueur est malhonnête (ce qui est assez fréquent dans les îles). Par ailleurs, il n'y a souvent dans le réservoir que le strict nécessaire pour se rendre... à la pompe la plus proche ! Calculez votre coup pour ne pas rendre la bécane avec le plein !

– ***Dernière chose et non des moindres :*** le port du casque est OBLIGATOIRE pour le CONDUCTEUR comme pour le PASSAGER. Rappelez-vous que la plupart du temps vous n'êtes pas assuré tel qu'on l'entend chez nous et qu'en cas de problème grave, ou pas, le touriste a toujours tort et qu'il est pénalement responsable au regard des autorités locales. Donc confiscation du passeport et mise en route d'une procédure. En cas d'accident très grave avec décès du passager, le conducteur sera inculpé d'homicide involontaire. Ça fait réfléchir... Vous avez donc tout intérêt à disposer de votre propre assurance pour éviter ce genre de problème. Pour que les vacances ne tournent pas en galère, mieux vaut se renseigner et prendre ses dispositions avant le départ.

VTT

Pratique dans certaines îles relativement plates (il y en a peu), surtout quand le réseau routier n'est pas complètement goudronné. Quelques propriétaires de bungalows en proposent. On peut également louer des bicyclettes dans certaines villes, pratique pour explorer la cité et ses proches environs. À Bangkok, en revanche, on déconseille ; vu le trafic, ce serait franchement téméraire...

URGENCES

Si vous avez un problème, composez le ☎ *11-55,* numéro de la *Tourist Police.* Autrement, police : ☎ *110* ; pompiers : ☎ *199* ; ambulance : ☎ *191.*

Pour les urgences médicales, Bangkok regroupe les meilleurs hôpitaux de l'Asie du Sud-Est.

■ ***Bangkok International Hospital*** *(plan détachable, G3)* **:** *2 Soi Soonvijai 7, New Petchaburi Rd.* ☎ *02-310-30-00 ou 17-19.* En cas d'urgence, des traducteurs sont mis à votre disposition. Un des hôpitaux les plus compétents de Thaïlande.

INFOS PRATIQUES SUR PLACE

• Plan d'ensemble de la ville et zoom détachables en fin de guide.

Arrivée à l'aéroport

✈ ***Aéroport international Suvarnabhumi (Suvanapoum)*** – สนามบินนานาชาติสุวรรณภูมิ *(hors plan détachable par G5)* **:** *à 25 km à l'est de la ville. Infos générales : ☎ 132-18-88.* • *suvarnabhumiairport.com* • À la fois les vols internationaux et une grande partie des vols domestiques. Bureaux de change (taux très défavorable) et distributeurs de billets à foison.

– *Sous-sol (Basement Level) :* départ des trains de l'*Airport Rail Link* (voir plus loin).

– *Niveau 1 : food court* tlj 24h/24, parkings, taxis (porte 7). *Porte 8, bus directs pour Khao San Road, Pattaya, Hua Hin, KoChang (voir plus loin).*

– *Niveau 2 :* hall des arrivées internationales et domestiques ; office de tourisme *(TAT)* tlj 24h/24, porte 3. Tous les grands loueurs de voitures. Également un comptoir d'infos de l'aéroport et un bureau de la *Tourist Police (☎ 1155).* **Navettes gratuites (en présentant son billet) avec le « shuttle » (porte 3) pour se rendre au *Public Transportation Center* et pour l'aéroport de Don Muang (compter minimum 1h30, ttes les 30-60 mn, 5h-minuit).** Consigne *(porte 4 ; tlj 24h/24 ; env 100 Bts/24h par bagage).* Stands *AIS, True Move* et *DTAC* pour l'achat de cartes SIM (voir plus haut « Téléphone – Internet » dans « Bangkok utile »).

– *Niveau 3 :* restos, boutiques, massages, banques et pharmacie. Dispensaire médical *(lun-ven 8h-17h, w-e et j. fériés 24h/24).*

– *Niveau 4 :* départs (à gauche, les vols domestiques, à droite, les vols internationaux). Bureau de poste. Internet. Consigne à bagages (même chose qu'au niveau 2). Bureau de remboursement de la TVA.

– *Niveau 6 :* on y trouve la plupart des agences des compagnies aériennes, que l'on peut aussi joindre par téléphone depuis l'aéroport. ***THAI*** *(☎ 134-54-83),* **Bangkok Airways** *(☎ 134-38-88 et 89),* **Air Asia** *(☎ 562-57-00),* ***Nok Air*** *(☎ 132-18-88).*

– *Niveau 7 : Observation Deck*. Le coin pour dormir tranquille (assez mal climatisé toutefois).

Pour les vols low cost

✈ La plupart des vols low cost et certains vols intérieurs partent depuis l'ancien ***aéroport de Don Muang*** – สนามบินดอนเมือง *(hors plan détachable par F1),* à 24 km au nord de la ville et à 50 km de l'aéroport international *(☎ 535-12-54 ou 535-11-11 ;*

• *donmuangairportonline.com* •). Renseignez-vous bien avant le départ ou l'arrivée. Principales compagnies low cost : *Air Asia, Nok Air* et *Orient Thai.* Les bus publics n°s 554 et 555 assurent la navette avec l'aéroport international (en principe, 1 bus ttes les 30-60 mn, 5h-minuit ; trajet 30 Bts, compter entre 1h30 et 2h de trajet suivant trafic). **Navette gratuite au 2e étage de l'aéroport Suvarnabhumi,** porte 3, avec son ticket d'embarquement. En minibus privé, compter env 300 Bts ; en *taxi-meter,* 50 Bts + prix affiché au compteur, soit env 350 Bts. Compter 1h30-2h de trajet entre les 2 aéroports selon trafic. Pour rejoindre l'aéroport de Don Muang depuis le centre-ville, prendre n'importe quel train pour le Nord au départ de la gare de Hua Lamphong (17 départs/j. 4h20-22h), tous s'y arrêtent. Compter env 40-50 mn de trajet. En taxi, compter env 200 Bts et 1h-1h30 de trajet. Attention, pas de consigne à bagages.

Comment gagner la ville depuis Suvarnabhumi ?

Attention : tout dépend du jour et de l'heure à laquelle vous arrivez. Les horaires les plus embouteillés s'échelonnent grosso modo du lundi au vendredi 6h-9h et 16h-19h. Prendre un taxi peut revenir cher pendant ces tranches horaires, a fortiori les jours de pluie, qui sont les plus embouteillés. Dans tous les cas, la solution la plus sûre pour les petits budgets reste l'*Airport Rail Link.*

Airport Rail Link

Permet de relier l'aéroport au centre-ville tlj 6h-minuit. • *bangkokairporttrain.com* • Si vous ne voulez pas prendre le taxi, c'est le moyen le plus simple et le moins cher pour gagner la ville.

– *City line :* ce train relie ttes les 12-20 mn l'aéroport à Phaya Thaï *(plan détachable, D2),* le tout en 30 mn ; 6 stations sur la ligne entre les 2 stations terminus. Compter env 15-45 Bts selon trajet. De Phaya Thaï, connexion avec le *BTS (Skytrain),* pour rejoindre notamment Victory Monument *(plan détachable, E2)* et y attraper le bus n° 59, 503 ou 509 pour Democracy Monument (Khao San Rd).

– *Express line :* un train qui fonctionne 6h-minuit relie ttes les 40 mn l'aéroport à la station Makkasan en direct *(plan détachable, F3).* De Makkasan, on peut marcher jusqu'à la station de métro de Phetchaburi (env 300 m) afin de poursuivre en métro vers le nord et le *Northern Bus Terminal* (Mochit 2) ou vers le sud pour la gare ferroviaire de Hua Lamphong. On peut aussi marcher jusqu'au quartier de Sukhumvit. Sinon, en journée, prendre un bateau à l'embarcadère Asoke-Phetchaburi pour gagner Panfa Leelard par le *khlong* Saen Saep en *express boat,* embarcadère le plus proche de Khao San Road (changement de bateau à prévoir sur le trajet).

Public bus

Pas cher (env 35 Bts le trajet), mais pas franchement pratique. Si vous voulez quand même essayer, depuis les niveaux 1 (porte 8), 2 (porte 5) ou 4 (également porte 5), attrapez le *shuttle* gratuit pour gagner le ***Public Transportation Center*** en 10 mn, d'où partent tous les bus. Fonctionne 24h/24.

Un seul bus, le ***n° 551,*** dessert directement le centre-ville, à savoir Victory Monument *(plan détachable, E2).* Durée du trajet : 1h30-2h30 selon trafic ; beaucoup plus les jours de pluie. De là, on peut prendre le *Skytrain,* ou attraper un bus pour Democracy Monument (à deux pas de Khao San Rd ; lire ci-avant « City line »).

De l'aéroport, on peut aussi prendre le bus ***n° 552*** jusqu'à la station de *Skytrain* On Nut (sur la ligne qui dessert ensuite Sukhumvit et Siam Square) ou le ***n° 557*** jusqu'à la station de *Skytrain* Wongwian Yai *(plan détachable, B5)* si on loge à Thonburi. Enfin, le bus ***n° 556*** se rend directement au *Southern Bus Terminal.*

Attention : les bus publics sont vraiment bondés le matin avant 10h et le soir entre 16h et 20h. Les autochtones voient d'un œil moyennement accueillant la flopée de routards avec sac à dos qui envahissent l'espace.

Compagnies privées

Du niveau 1 (porte 8), quelques compagnies privées assurent la liaison avec :
- *Khao San Road :* ttes les heures 6h30-22h ; 100 Bts.
- *Pattaya :* ttes les heures 7h-22h ; 120 Bts.
- *Hua Hin :* 9 bus/j. 7h30-19h30 ; 270 Bts.
- *Ko Chang :* 2 départs le mat, 1 bus en début d'ap-m, 600 Bts (traversée bateau comprise).
- ***N.B. :*** si vous vous rendez directement dans l'est ou le nord du pays (notamment à Pattaya, Chanthaburi, Ko Chang, Aranyaprathet ou Nong Khai), il est possible de trouver un bus ou un van depuis le *Public Transportation Center* sans se rendre au *Northern Bus Terminal* ou à l'*Eastern Bus Terminal* de Bangkok.

Taxis

Comptoir des taxis au niveau 1, à l'extérieur, à droite en sortant par la porte 7. Il s'agit de *taxi-meter.* Faire la queue sur la ligne qui correspond à la destination choisie (pour le centre, vers le nord, vers le sud, etc.), puis prendre un ticket. La prise en charge est de 50 Bts, puis on paye le prix indiqué au compteur. Essayez de vous grouper : les taxis acceptent 4 passagers, à condition de ne pas avoir de bagages trop encombrants. Comptez minimum une bonne heure de trajet.

Les taxis ont l'obligation de mettre leur compteur en marche. Refuser toute négociation au forfait. Aux heures de pointe *(lun-ven 6h-9h, 16h-19h),* mieux vaut choisir l'*Airport Rail Link* jusqu'à Phaya Thai, et prendre un taxi ensuite.

S'orienter

Bangkok est une ville immense ! Les distances sont gigantesques et les temps de parcours tout autant. Embouteillages aux heures de pointe comme aux heures normales, difficile de voir la différence.

La partie la plus intéressante est aussi la plus touristique. Elle est située aux abords du ***Chao Phraya,*** le fleuve en bordure duquel l'on trouve le Musée national, le Grand Palais, les temples... Par chance, c'est là que se situe le quartier des hôtels bon marché. Le seul problème, c'est que c'est mal desservi par les transports en commun et que les conducteurs de *tuk-tuk* ont tendance à prendre les routards pour des vaches à lait. Reste la marche à pied avant d'atteindre quelques embarcadères où le bateau permet de rejoindre, si ce n'est d'autres quartiers de la ville, au moins un arrêt de transport en commun qui permet de prendre le relais.

Chinatown est en plein centre, c'est un quartier très animé de jour comme de nuit avec ses marchés hauts en couleur, ses petites échoppes et ses restos de rue. Au sud de Rāma IV Road s'étendent ***Surawong*** et ***Silom Roads,*** quartiers commerçants, parfois populaires, parfois plus bourgeois, qui aboutissent sur Thanon Charoen Krung (New Road). C'est là que l'on traite les affaires. Au nord, le très encombré et très bruyant quartier de ***Siam Square*** regroupe buildings et *malls* gigantesques. À l'est, ***Sukhumvit*** est le quartier qui a le vent en poupe : hôtels, *shopping centers* et beaucoup de bars et restos branchés... La partie ouest de la rivière, ***Thonburi,*** construite bien avant Bangkok, conserve la plupart de ses canaux (presque tous ont été couverts dans la partie est). Explorer ces *khlong,* c'est partir à la rencontre de l'ancien Bangkok.

Conseil : à Bangkok, les adresses comportent souvent le nom de la rue, suivi d'un numéro de ***soi.*** Le *soi* est une petite rue perpendiculaire à une grande artère. Il faut donc se repérer par rapport à cette dernière. Comme chez nous, *soi* pairs et *soi* impairs se partagent les deux côtés de la chaussée.

Les transports à Bangkok

Pour s'y retrouver à Bangkok, une carte détaillée s'impose. Sinon, télécharger une appli type *Open Street Map* pour son smartphone ou sa tablette. Ces applis permettent un affichage en langue locale, ce qui est très pratique pour demander sa route aux locaux (chauffeurs de taxi, de *tuk-tuk,* etc.). Il n'est pas nécessaire d'avoir accès à Internet. On utilise alors le GPS intégré à son appareil. Sinon, faites-vous écrire en thaï le nom de l'endroit où vous voulez vous rendre si ça ne figure pas déjà dans le guide, et ayez toujours sur vous une carte de visite de votre hôtel.
Pour calculer ses itinéraires en transports en commun, un site bien fichu, et en français : ● *transitbangkok.com* ●

Les taxis

Il en existe 2 sortes, le *taxi-meter* et le taxi tout court. Préférer le premier. En principe, tous les *taxi-meters* sont tenus de mettre en route leur compteur et 90 % le font. On vous encourage à refuser tous ceux qui vous proposent une course au forfait. Certains refusent toujours de se plier à la règle pour vous déposer dans une boutique où ils touchent une commission supérieure au prix de la course, même si vous n'achetez rien ! Surtout ne pas céder et toujours bien demander *by meter.* Le soir, et particulièrement dans le quartier routard de Khao San Rd, pas facile d'obtenir une course au compteur...
En plus de vous permettre de prendre le frais (grâce à la clim, pas négligeable quand on vadrouille toute la journée), le taxi s'avère beaucoup plus économique que le *tuk-tuk,* à condition que votre chauffeur ne vous balade pas trop (d'où l'intérêt d'avoir téléchargé une appli qui vous permette de suivre la course en direct). Soyez ferme. Tarif : prise en charge d'env 35 Bts incluant le 1er kilomètre, puis le compteur grimpe lentement ; en cas d'embouteillage, compter env 1,50 Bts/mn. Pour vous donner une petite idée, une course dans le centre coûte en moyenne 60-100 Bts. Si vous louez un taxi à l'heure, comptez env 400-450 Bts/h.

Les *tuk-tuk*

Prononcer « touk-touk ». Sorte de scooter à 3 roues décoré comme un sapin de Noël, avec banquette en skaï à l'arrière et des décibels en pagaille. Une expérience marrante, à vivre au moins une fois. Cela dit, ce sont de véritables bolides conduits par des pilotes intrépides, ce qui procure parfois quelques sueurs froides ! Autre inconvénient : vous êtes aux premières loges pour sniffer les gaz d'échappement. Et puis les routards de grande taille devront se pencher pour voir le paysage...
Le prix d'une course varie selon la distance et surtout selon votre talent de négociateur. Par exemple, entre Khao San Rd et Patpong, compter 100-150 Bts. Surtout, n'hésitez pas à diviser les prix annoncés par 2 ou 3, au moins ! Attention, les arnaques sont monnaie courante !
Sachez aussi que votre conducteur de *tuk-tuk* ne comprend que quelques mots d'anglais ; lui indiquer le nom d'un grand hôtel proche de la destination (voir sur votre carte), et le faire répéter, sinon il vous baladera gentiment avant de vous déposer où bon lui semble. Gare au *tuk-tuk* qui rend

toc-toc... S'il se prend un peu trop pour l'as du guidon, hurlez : « *chéa-chéa !* » (ça signifie « doucement ! »). On le répète : ça revient souvent moins cher en taxi !

Les motos-taxis

Certes, elles font gagner du temps et coûtent moins cher que les taxis (compter 20 Bts la course), mais les chauffeurs se faufilent comme ils peuvent dans les embouteillages, un exercice périlleux qui offre quelques frayeurs ! Sachez aussi que le port du casque est obligatoire, y compris pour le passager (eh oui !), mais que les conducteurs qui vous en proposeront un sont très rares.

Les bus

Ils fonctionnent en général de 5h à 23h ; certains circulent 24h/24. Le réseau est dense et les lignes sont étendues, le tout pour un prix dérisoire mais c'est franchement pas pratique, surtout aux heures de pointe, c'est-à-dire pratiquement tout le temps.

Les bateaux

Un moyen de transport pratique pour rallier certains coins et pallier l'absence de métro dans toute une partie ouest de la ville, tout en échappant aux embouteillages. Tous les noms des arrêts commencent par *Tha* (Tha Oriental, Tha Chang...). Indiquez votre destination au contrôleur, car le conducteur ne respecte pas systématiquement tous les arrêts. Aux embarcadères, certains pontons sont réservés aux bateaux privés qui transportent les groupes de touristes. Suivez le flux des locaux. Plus d'infos sur ● *transitbangkok.com* ● ou, pour les bateaux naviguant sur le fleuve Chao Phraya, sur ● *chaophrayaexpressboat.com* ●
Il existe plusieurs sortes de bateaux.

– ***Chao Phraya River Express :*** il s'agit de grosses embarcations qui montent et descendent le Chao Phraya. Un peu comme le Grand Canal à Venise en somme, mais en plus large. Les bateaux desservent les 2 rives, en zigzaguant de l'une à l'autre. Ceux qui n'ont pas de drapeau fonctionnent seulement en semaine, le matin (6h45-7h30) et l'après-midi (16h-16h30), en desservant systématiquement tous les embarcadères ; leur parcours est donc plus lent. ***Ceux surmontés d'un drapeau orange fonctionnent tous les jours de 6h à 19h et s'arrêtent partout*** (bien se manifester quand même si vous voulez descendre, car l'arrêt est très bref). Enfin, ceux dotés d'un drapeau jaune ou vert ne s'arrêtent pas à tous les arrêts et sont donc plus rapides mais ils ne fonctionnent qu'en semaine, le matin (6h10-8h10) et en fin de journée (16h05-20h). Pour les bateaux destinés à une virée touristique, avec commentaires, lire ci-après *Chao Phraya Tourist Boat.* Pratiques, pas chers et rapides, les *Express* remontent plus loin que les *Chao Phraya Tourist Boat* et, contrairement à ces derniers, s'arrêtent à Tha Chang, juste au pied du Grand Palais. Trajet env 10-40 Bts selon distance. On achète son billet à bord. Beaucoup de monde aux heures de pointe. Les principaux embarcadères fonctionnent comme des minigares, avec toilettes et boutiques.

– ***Chao Phraya Tourist Boat :*** ● *chaophrayaexpressboat.com/en/tourist/* ● Quasiment les mêmes vedettes que le *River Express* mais qui s'arrêtent en 8 points, les plus touristiques de la ville (notamment Rachawongse Pier pour Chinatown, Tha Tien pour le Wat Prah Kaeo, Maharaj Pier pour le Grand Palais et Banglampoo Pier pour Khao San Rd). Embarcations nickel, commentaires (en anglais) à bord. Départs env ttes les 30 mn 9h-17h30 dans un sens, 9h30-18h dans l'autre. Forfait à la journée de 150 Bts/pers avec circulation illimitée (système du *hop on/hop off* ; réduc enfant de moins de 1 m. Sinon, compter env 40 Bts le trajet. Achat dans les stations portuaires Central Pier, près de l'*Oriental Hotel* (*Skytrain* : Saphan Taksin), et

Phra Arthit. Un peu cher comparé aux bateaux avec drapeau orange mais un peu plus confortable.

– ***Ferries :*** ces bateaux ressemblent un peu aux *River Express* mais se contentent de traverser la rivière d'une rive à l'autre, pour aller au Wat Arun par exemple. Il y a souvent un tourniquet, pour ne pas confondre avec les autres embarcadères. On achète son ticket env 4 Bts avant de monter à bord. Attention, certains aigrefins trompent les touristes pour leur faire prendre leur bateau plutôt que ceux des lignes régulières. Évidemment, c'est bien plus cher ! Les embarcadères sont souvent les mêmes que ceux des *Chao Phraya River Express,* ou juste à côté. Ils font constamment l'aller-retour.

– ***Saen Saep Boat Service :*** ces *speed boats* parcourent les *khlong* du temple de l'embarcadère Panfa Leelard (Wat Saket, à l'ouest), à l'extrémité est de la ville en enchaînant 3 tronçons. Pratique, folklo et très bon marché (fonctionne grosso modo 6h-20h, horaires légèrement réduits le w-e) ; compter 10-20 Bts suivant la longueur du tronçon parcouru. C'est le moyen le plus rapide pour relier Khao San Road à Sukhumvit en échappant aux embouteillages.

– ***Long-tail boats*** (bateaux « longue-queue ») ***:*** appelés ainsi à cause de l'arbre qui relie le moteur à l'hélice. Ce sont des bateaux-taxis privés bricolés avec un moteur de voiture, que les pilotes conduisent avec une étonnante habileté. À utiliser si vous désirez explorer les *khlong* (petits canaux) qui sillonnent Thonburi pour découvrir un tout autre Bangkok. Là encore, évitez les rabatteurs qui vous montrent des super albums de photos pour vous emmener sur les *khlong.* Allez plutôt négocier directement sur les bateaux. Pour les promenades sur les *khlong,* consultez plus loin la rubrique « À voir. À faire » dans le chapitre « Dans les quartiers chinois, indien et près des temples ».

Le réseau du métro

• Pour le plan du métro et du *Skytrain,* se reporter au plan détachable en fin de guide.

Une partie du réseau est aérien, le *Skytrain (BTS),* et l'autre souterrain *(MRT)* ; le ticket de l'un n'est pas valable pour l'autre réseau.

– ***Le Skytrain (BTS) :*** *• bts.co.th • Ouv 6h-0h50.* Rapide, pratique et simple d'usage. Les billets à l'unité coûtent 15-52 Bts et s'achètent directement et uniquement aux automates (certains permettent de payer avec des billets). Les guichets ne servent qu'à faire de la monnaie et à acheter les cartes de voyage. La carte pour la journée coûte 140 Bts ; attention, sa validité expire à minuit le jour de l'achat. On peut se procurer des cartes de 15, 25, 40 ou 50 trajets. Les cartes 15 trajets coûtent 450 Bts, celles 50 trajets 1 250 Bts (ajouter 30 Bts pour l'achat de la carte). Elles sont rechargeables mais ne sont valables que pour 1 seule personne et pour une durée de 1 mois ; réduc. Conserver son ticket, car il faut le valider à nouveau pour sortir.

Ce métro aérien compte une trentaine de stations sur 2 lignes. La première ligne *(Sukhumvit Line)* débute à proximité du *Northern Bus Terminal* (Mo Chit, correspondance avec le métro souterrain), frôle Victory Monument et Siam Square, avant de dévaler Sukhumvit Rd en passant par l'*Eastern Bus Terminal* et On Nut, près du *soi* 77 ; terminus à la limite de la banlieue de Bangkok (Bearing). Plus courte, la seconde ligne *(Silom Line)* commence au National Stadium, chevauche l'autre ligne (correspondance des 2 à Siam) jusqu'au carrefour de Siam Square, puis tourne brusquement sur Ratchadamri Rd avant d'enchaîner sur Silom et de bifurquer sur Sathorn, de passer au King Taksin Bridge, près du fleuve (Saphan Taksin) ; terminus Bang Wa.

Une extension en bus rapide *(BRT)* relie les stations Chong Nonsi (à Silom) et Talat Phlu (à Thonburi, de l'autre côté du fleuve) par le sud, en empruntant Rāma III Rd et le Krungthep Bridge ; même billet que pour le *Skytrain*.
Enfin, l'*Airport Rail Link* (lire plus haut la rubrique « Arrivée à l'aéroport ») relie les gares de Makkasan *(plan détachable, F3)* et de Phaya Thai *(plan détachable, D2)* à l'aéroport Suvarnabhumi. Acheter un billet spécifique.
– ***Le métro souterrain (MRT) :*** • *bangkokmetro.co.th* • Prix en fonction de la destination, 16-42 Bts (réduc). Forfaits 1 jour (jusqu'à minuit le jour de l'achat) 120 Bts, 3 jours 230 Bts et 1 mois 1 400 Bts. Moins cher que le *Skytrain*. Les billets combinés avec le réseau aérien n'existent pas, dommage. Le *MRT* relie le nord-est au sud-est et compte 18 stations. Voici les plus intéressantes : Hua Lamphong (la gare centrale de Bangkok), Silom (quartier commerçant et correspondance avec le *Skytrain*), Lumphini et ses matchs de boxe, Sukhumvit (correspondance avec le *Skytrain*), l'une des plus grosses artères commerciales, avec quelques adresses pour dormir et plein pour sortir, Phetchaburi (correspondance avec l'*Airport Rail Link*) et Chatuchak pour le marché du week-end (lire plus loin « À voir. À faire dans le Quartier de Siam Square ») et le *Northern Bus Terminal*. On achète aux distributeurs un jeton en guise de billet, qu'il faudra glisser dans une fente pour sortir, ou des cartes magnétiques rechargeables (valeur initiale 180 Bts).

Adresses et infos utiles

Infos touristiques

i ***TAT*** *(Tourism Authority of Thailand)* – ท.ท.ท. การท่องเที่ยวแห่งประเทศไทย *(plan détachable, F3)* **:** *1600 New Phetchaburi Rd, Makkasan, Ratchatevi.* ☎ *250-55-00 (8h-20h).* • *tourismthailand.org* • *Bien à l'écart des axes fréquentés par les routards. Tlj 8h30-16h30.* Dans un grand immeuble, l'organe officiel du tourisme thaïlandais dispense docs et plan de la ville. Renseigne aussi sur les horaires de bus selon l'humeur du fonctionnaire de service.

i ***BTD*** *(Bangkok Tourist Division ; zoom détachable, A2)* **:** *17/1 Phra Athit Rd.* ☎ *225-76-12.* • *bangkoktourist.com* • *À 5 mn du Musée national. Lun-ven 8h-19h (9h-17h w-e et j. fériés).* Nombreux prospectus, plan des transports publics...

■ ***Police touristique*** – ตำรวจท่องเที่ยว *(hors plan détachable par G3)* **:** *Suvarnabhumi 4 Rd, Nong-Prue, Bang-Plee, Samut-Prakarn 10540.* ☎ *11-55 (nº gratuit) ou 134-05-21.* Un interprète français peut vous aider dans vos démarches administratives en cas de vol, agression, etc. Tout ce qu'on ne vous souhaite pas !

Agendas culturels et site pratique

Les francophones ont leur magazine pour le Sud-Est asiatique : *Gavroche*. Disponible à l'Alliance française (entre autres) ou via sa version en ligne *(• gavroche-thailande.com •)*. Plein d'infos et de tuyaux pour vivre à l'heure de Bangkok.
Également quelques magazines gratuits, comme *BK Magazine (• bk.asia-city.com •)*. Offre pas mal d'infos concernant les nouvelles tendances gastronomiques, les coins pour sortir, les concerts, boutiques, etc. Enfin, un petit guide pas mal, *Bangkok 101* (payant), disponible dans les librairies.
• *thaiwaysmagazine.com* • Des plans détaillés, des infos, des tuyaux.

Représentations diplomatiques

D'une manière générale, pour toute demande de visa, munissez-vous de votre passeport, d'une copie de ce dernier, de 2 photos d'identité et d'un peu de patience. Toutes les coordonnées sur • *immigration.go.th* •

■ ***Ambassade et consulat de France*** – สถานทูตและสถานกงสุลฝรั่งเศส *(plan détachable, C5)* : *35 Charoen Krung Rd, Soi 36, un soi rebaptisé « rue de Brest », car c'est à Brest qu'il y a une « rue du Siam » ! –* ถนนเจริญกรุง. ☎ *657-51-00.* 📱 *081-994-49-01.* • *ambafrance-th.org* • *Fermé au public. Lun-ven 8h30-12h, sur rdv.* Le consulat peut, en cas de difficultés financières, vous indiquer la meilleure solution pour que des proches vous fassent parvenir de l'argent, et vous conseiller en cas de problème. C'est aussi là qu'il faut venir si vous avez paumé votre passeport.

■ ***Ambassade de Belgique*** – สถานทูตเบลเยียม *(plan détachable, D5)* : *Sathorn Square Building (16e étage), 98 North Sathorn Rd, Silom Sub-District.* ☎ *108-18-00 ; urgences* 📱 *081-833-99-87.* • *diplomatie.be/bangkok* • *Lun-jeu 8h-12h, 13h-15h ; ven 8h-12h, 13h-14h.*

■ ***Ambassade de Suisse*** – สถานทูตสวิส *(plan détachable, E3)* : *35 North Wireless Rd.* ☎ *674-69-00.* • *eda.admin.ch/bangkok* • *Lun-ven 9h-11h30.*

■ ***Ambassade du Canada*** – สถานทูตแคนาดา *(plan détachable, E4-5)* : *Abdulrahim Place Building, 15e étage, 990 Rāma IV Rd.* ☎ *646-43-00.* • *canadainternational.gc.ca/thailand-thailande* • *Lun-ven 9h-12h.*

■ ***Ambassade du Myanmar*** *(ex-Birmanie)* – สถานทูตพม่า *(plan détachable, D5)* : *132 Sathorn Nua Rd –* ถนนสาธรเหนือ. ☎ *233-22-37.* • *myanmarembassybkk.com* • *En face de l'hôpital Saint-Louis. Lun-ven 9h-12h (pour demande de visa), 15h30-16h30 (pour retrait).* Coût du visa : environ 810 Bts. Validité : 28 jours. Délivré sous 2 jours ouvrés. Sinon compter env 1 260 Bts pour l'obtenir le jour même (billet d'avion requis). On peut aussi demander son visa en ligne (e-visa) mais c'est plus cher.

■ ***Ambassade du Laos*** – สถานทูตลาว *(hors plan détachable par G1)* : *Pracha-Uthit Rd, 520-502 / 1-3 Soi Sahakarnpramoon.* ☎ *539-66-67.* • *embalao@bkklaoembassy.com* • *Pour s'y rendre, mieux vaut prendre un taxi. Lun-ven 8h-12h, 13h-16h.* Coût du visa : environ 1 650 Bts. Validité : 30 jours.

■ ***Ambassade du Cambodge*** – สถานทูตกัมพูชา *(hors plan détachable par G1)* : *518/4 Pracha Uthit Rd (Soi Ramkamhaeng 39).* ☎ *957-58-51.* • *camemb.tha@mfa.gov.kh* • *Pour s'y rendre, mieux vaut prendre un taxi. Lun-ven 8h-12h, 13h-17h.* Coût du visa : environ 1 100 Bts. Fait en 30 mn. Validité : 1 mois. Mais vous pouvez l'obtenir à Phnom Penh ou à Siem Reap sans problème.

■ ***Ambassade du Vietnam*** – สถานทูตเวียดนาม *(plan détachable, E4)* : *83/1 Wireless Rd –* ถนนวิทยุ. ☎ *251-58-36 ou 251-72-02.* • *vietnamembassy-thailand.org/en* • *Lun-ven 8h30-11h30, 13h30-16h30.* Coût du visa : environ 25 $. Validité : 1 mois. Délivré en 2 jours. Le visa est moins cher dans les boutiques de Khao San qu'à l'ambassade !

■ ***Ambassade d'Indonésie*** – สถานทูตอินโดนีเซีย *(plan détachable, E3)* : *600-602 New Petchaburi Rd –* ถนนเพชรบุรี. ☎ *252-31-35.* • *kemlu.go.id/bangkok* • *Lun-ven 8h-12h, 13h-16h.* Visa délivré en 2 jours. Coût : 45 $. Validité : 60 jours (extensible de 30 jours supplémentaires). On peut également se le procurer sur place (25 $). Dans ce cas-là, il est valable 30 jours et est également extensible de 30 jours supplémentaires.

■ ***Ambassade de Malaisie*** – สถานทูตมาเลเซีย *(plan détachable, E5)* : *dans le coin de l'Alliance française, 33-35 Sathorn Tai Rd.* ☎ *629-68-00.* • *malbangkok@kln.gov.my* • *Lun-ven 8h-16h.*

■ ***Ambassade de l'Inde*** – สถานทูตอินเดีย *(plan détachable, G3)* : *46 Soi Prasanmitr –* ซอยประสานมิตร, *23*

Sukhumvit Rd. ☎ 258-03-00. • indianembassy.in.th • Lun-ven 8h30-13h, 13h30-17h. Coût du visa : environ 1 700 Bts. Validité : 6 mois (possibilité d'entrées multiples). 3 jours d'attente.

■ ***Ambassade de Singapour*** – สถานทูตสิงคโปร์ *(plan détachable, D5) : 129 South Sathorn Rd. ☎ 348-67-00. • mfa.gov.sg/bangkok • Lun-ven 9h-12h, 13h-17h.*

Services

■ ***Service de l'immigration*** – กองบังคับการตรวจคนเข้าเมือง 1 *(hors plan détachable par F1) : au Government Center, B Building, Chaengwattana Rd, Soi 7, Laksi. • immigration.go.th • Descendre à la station Mo Chit (BTS ou Skytrain) puis prendre un minivan pour le Soi 7. Lun-ven 8h30-12h, 13h-16h30. Fermé j. fériés.* Très excentré, il est conseillé d'y aller tôt le matin. Pour vos démarches d'extension de visa : attention, infos à vérifier systématiquement (ça peut toujours changer) ! Si vous avez obtenu un visa de 30 jours à l'arrivée, pour prolonger votre séjour, le plus simple est de sortir du pays pour obtenir de nouveau 30 jours en revenant par voie aérienne ou 15 jours par voie terrestre). Si vous avez un visa de 60 jours obtenu avant le départ, vous pouvez en principe obtenir 30 jours de plus. Dans les 2 cas, c'est le même prix (environ 1 900 Bts). Venir avec les photocopies du passeport, votre formulaire d'entrée dans le royaume (téléchargeable sur le site internet) et 2 photos. Prévoir de l'attente !

Culture

■ ***Alliance française*** – สมาคมฝรั่งเศส *(plan détachable, E4) : 179 Thanon Witthayu –* ถนนวิทยุ แขวงลุมพินี เขตปทุมวัน. *☎ 670-42-10. • afthailande.org • Ⓜ Lumphini, sortie n° 3. Lun-ven 8h-19h30 ; sam 7h30-17h30 ; dim 8h30-12h30.* On y rencontre des Thaïlandais parlant le français et des Français qui y apprennent le thaï. Films en français le mercredi à 19h30. On y trouve une cafét' pour grignoter quelques pâtisseries en terrasse ou à l'air climatisé.

■ ***Librairie Carnets d'Asie :*** *dans l'enceinte de l'Alliance française. ☎ 670-42-80. Lun-sam 9h-19h.* Plus de 12 000 ouvrages pour un concentré de culture française et des ouvrages sur l'Asie du Sud-Est, la Thaïlande et Bangkok en particulier. Idéal avant d'aller grignoter un bout, un bouquin en main, au *Café 1912* voisin *(lun-sam 7h-19h, dim 7h-14h).*

■ ***Librairie du Siam et des Colonies*** *(plan détachable, F3) : 44/2 Sukhumvit Soi 1. ☎ 251-02-25 ou 99. Skytrain : Phloen Chit (sortie n° 3). Lun-ven 9h-18h.* Des livres de collection, des originaux, d'autres introuvables en France : tout ce que vous rêviez de découvrir sur l'Asie (surtout du Sud-Est), rangé par pays. Accueil en français.

■ On trouve facilement des ***journaux français*** dans les kiosques du quartier d'affaires de Siam Square. À Khao San, ils sont distribués chez ***Ton's Bookseller*** *(327/5 Rambuttri Rd ; tlj 10h-20h).*

Compagnies aériennes

■ ***Air France - KLM :*** *slt par tél, ☎ 610-08-08 (lun-ven 8h30-17h) ; ☎ 134-21-88 (International Airport).*

■ ***THAI Airways*** – สายการบินไทย *(plan détachable, D5) : 485 Narathiwat Ratchanakharin Rd (Silom). Résas : ☎ 356-11-11 (24h/24) ; ☎ 134-54-83 (International Airport).*

■ ***THAI Smile*** – สายการบินไทย *(plan détachable, D5) : mêmes adresse et coordonnées que THAI Airways. • thaismileair.com •* Vols quotidiens pour destinations domestiques et en Asie.

■ ***Bangkok Airways*** – สายการบินบางกอกแอร์เวย *(hors plan détachable par E1) : 99 Moo, 14 Viphavadee Rangsit Rd. ☎ 265-56-78 ; ☎ 134-38-88 (International Airport). • bangkokair.*

com ● Vols quotidiens pour Phuket, Sukhothai, Ko Samui, Trat et Chiang Mai.

■ ***Air Asia*** – สายการบินไทยแอร์เอเชีย *(zoom détachable, B2) : 127 Thanon Tanao. ☎ 515-99-99 (tlj 10h-20h) ; ☎ 562-57-00 (International Airport). ● airasia.com ●*

■ ***Gulf Air*** – สายการบินกัลฟ์แอร์ *(plan détachable, C5,* ***1****) : Vorawat Building (20e étage), 849 Silom Rd. ☎ 635-14-09 ; ☎ 134-23-49 (International Airport). ● gulfair.com ●*

■ ***Nok Air*** – สายการบินนกแอร์ *(plan détachable, D5) : Rajanakarn Building (17e étage), 183 South Sathorn Rd. ☎ 900-99-55. ● nokair.com ●*

■ ***Air Canada*** – สายการบินคาเนเดียน *(hors plan détachable par G3) : Charn Issara Tower II (14e étage), 2922/215 New Phetchaburi Rd. ☎ 718-18-39. ● aircanada.com ●*

■ ***Swissair*** – สายการบินสวิส *(plan détachable, E5) : 990 Abdulrahim Place (21e étage), Rama IV Rd. ☎ 636-21-50 (lun-ven 8h30-17h30) ; ☎ 535-23-71 (International Airport). ● swiss.com ●*

■ ***Emirates*** – สายการบินอีมิเรทส์ *(plan détachable, F3,* ***2****) : BB Building (2e étage), 54 Soi 21, Sukhumvit Rd. ☎ 787-33-87. ● emirates.com ● Lun-ven 8h30-17h30.*

■ ***Malaysia Airlines*** – สายการบินมาเลเซีย *(plan détachable, F3-4,* ***3****) : Ploenchit Center Building (Unité 18-A02, 18e étage), 2 Sukhumvit Rd. ☎ 250-65-60 à 64. Lun-ven 8h30-17h30. ● malaysiaairlines.com ●*

■ ***Singapore Airlines*** – สายการบินสิงคโปร์ *: ☎ 134-26-80 (International Airport). ● singaporeair.com ●*

Santé

✚ ***Bangkok International Hospital*** *(plan détachable, G3) : 2 Soi Soonvijai 7, New Phetchaburi Rd. ☎ 310-30-00. ● bangkokhospital.com ●* En cas d'urgence, des traducteurs sont mis à votre disposition. Un des hôpitaux les plus compétents de la ville.

Banques

À Bangkok, on peut se procurer des bahts très facilement, avec de l'argent liquide et les cartes de paiement *Visa* ou *MasterCard*. Les banques ouvrent généralement du lundi au vendredi de 8h30 à 15h30. En cas de fermeture, il suffit de s'adresser aux kiosques de change (taux très variables et assez défavorables) qui pullulent dans tous les coins touristiques. La plupart d'entre eux ferment entre 20h et 22h. ATM 24h/24 à l'extérieur des banques, qui en sont pratiquement toutes équipées (attention, commission bancaire élevée).

Agences de voyages

Certaines agences de Khao San Road ou près de la gare centrale ont vraiment mauvaise réputation, des lecteurs nous ont signalé des entourloupes ; prudence de mise. Quoi qu'il arrive, occupez-vous personnellement de l'obtention de vos visas (voir plus haut). Voici quelques agences parmi les plus compétentes.

■ ***Bon Voyage*** – บอง โวยาจ *(zoom détachable, B2,* ***6****) : 202 Khao San Rd. 📱 085-903-75-12 (accueil en français) ou 080-587-60-63 (Pla, anglophone). ● bonvoyagethai@gmail.com ● Dans la galerie du Khao San Park Resort. Tlj sf dim 11h-20h30 (variable selon les saisons).* En plein quartier routard, une agence sérieuse tenue par Olivier, un Français qui a pas mal bourlingué. Organise des voyages sur mesure dans tout le pays. Excursions à la journée, location de véhicules avec chauffeur (voiture, minibus, bus), billets de train, d'avion et de bus. Possibilité de guide francophone.

■ ***Compagnie générale du Siam*** *(plan détachable, F3) : 44/2 Sukhumvit, Soi 1. ☎ 252-97-07 ou 252-02-99. ● cgsiam@cgsiam.com ● Skytrain : Phloen Chit (sortie no 3). Lun-ven 9h-18h.* Voyage à la carte, du sur mesure haut de gamme. Accueil souriant dans un français parfait. Profitez-en pour jeter un œil à la charmante *Librairie du Siam* à la même adresse.

■ ***Image d'Asie*** *(hors plan détachable par G1) : 11/440 Moo 10, Lardprao-Wang Hin Rd, Lardprao 41.* ☎ *530-27-22 à 26.* 📱 *081-820-48-28.* ● *imagedasie.com* ● Agence de voyages réceptive proposant des services de qualité pour les touristes francophones. Propose aussi le Laos, le Myanmar, le Vietnam, le Cambodge et la Malaisie. Possibilité d'itinéraires à la carte sur la plupart des destinations en Asie du Sud.

■ ***July Travel*** – บริษัทจูไลแทรเวล *(plan détachable, F4) : 20/15-17 Sukhumvit Rd, Soi 4 (presque en face de l'hôtel Ibis).* ☎ *656-76-79 ou 85.* Le correspondant de *TUI*. Ils organisent des circuits pour groupes et en individuel.

■ ***Shanti Travel Thailand*** *(plan détachable E3) : 6/19 Somkid Place, Soi Somkid, Ploenchit road, Lumpini, Pathumwan.* 📱 *094-90-40-280.* ● *shantitravel.com/fr* ● *contact@shantitravel.com* ● Une équipe dynamique et française qui connaît le pays comme sa poche. Parfait pour vous concocter le voyage idéal au meilleur rapport qualité-prix. Propose de nombreux itinéraires et expériences dans toute l'Asie du Sud-Est.

BANGKOK QUARTIER PAR QUARTIER

DANS LES QUARTIERS CHINOIS, INDIEN ET PRÈS DES TEMPLES ย่านจีนและย่านอินเดีย ใกล้ๆ วัด

• Plan et zoom détachables, A-B-C3-4

Où dormir ?

Bon marché (moins de 500 Bts – 14,30 €)

Un quartier historique et animé mais étendu. Il occupe l'île définie par le Chao Phraya à l'ouest et le *khlong* qui prend naissance un peu en amont du Phra Pin Klao Bridge pour se jeter un peu en aval du Phra Pok Klao Bridge. C'est le centre de notre zoom.

Prix moyens (de 500 à 1 000 Bts – 14,30 à 28,60 €)

Siri Poshtel – โรงแรมศิริ พอชเทล แบงค็อค *(zoom détachable, B3, **20**) : 114 Phraeng Sanphaset Rd. ☎ 117-16-81. 📱 085-484-48-66. • siriposhtelbangkok.com • Petit déj optionnel.* Auberge de jeunesse privée qui signe le renouveau du quartier. Elle offre une petite série de chambres pour 2 à 4 personnes à géométrie et à commodité variables (certaines ont la télé câblée et possèdent une salle de bains privative, d'autres pas). Aussi quelques dortoirs pour 4 à 6 dormeurs, avec lit en bois, matelas bien épais, liseuse individuelle et linge fourni. Le tout disposant d'une bonne isolation acoustique. C'est assez joliment décoré, frais et de bon confort. Au dernier étage, petite salle ouverte sur l'extérieur. On y sert le petit déj. Lingerie, petit carré avec micro-ondes et frigo à dispo au niveau de la réception. Vous êtes à deux pas des temples. Bon accueil.

Un peu plus chic (de 1 000 à 1 500 Bts – 28,60 à 43 €)

Baan Udom – บ้านอุดม *(plan détachable, C4, **21**) : 618/6-7 Soi Panurangsri, Songwat Rd, Taladnoi, Samphantawongs. ☎ 233-23-78. 081-912-75-61. • baanudom.com • Pas de petit déj.* Donnant sur la rue des mécanos, un hôtel qui abrite 10 chambres ultra clean, spacieuses et lumineuses, dont le décor épuré contraste avec l'environnement du quartier. Au 4e étage, 1 seule chambre avec balcon (un peu plus chère), et une grande terrasse attenante, accessible à tous. Accueil charmant de Suree, la propriétaire.

China Town Hotel – ไชน่าทาวน์โฮเต็ล *(plan détachable, C4, **22**) : 526 Yaowarat Rd. ☎ 225-02-04. • chinatownhotel.co.th • Petit déj inclus.* Grand hôtel agréable, au cœur de Chinatown. Chambres coquettes disposant d'une bonne literie, salles de bains avec baignoire-douche (un peu vieillottes mais entretenues), TV, minibar et AC. La gamme de prix des doubles est étendue, bien choisir sa chambre. Dortoirs non mixtes de 4 lits mais aveugles et pas donnés. L'ensemble est bien entretenu par un personnel cordial. Idéal pour ceux qui veulent profiter de la vie nocturne trépidante du quartier (nombreux marchés, cantoches de rue...).

Plus chic (de 1 500 à 3 000 Bts – 43 à 86 €)

Villa Mungkala – วิลล่า มังคลา *(zoom détachable, B2, **23**) : 25 Trok Silp Dinso Rd. ☎ 046-35-17. 086-384-78-67. • villa-mungkala.bangkokshotels.com • Petit déj compris.* Dans un soi à l'écart du tumulte (on se croirait à la campagne), une maison d'hôtes affichant sans détour son caractère colonial. Une fois passée la réception un peu encombrée, les 2 étages nous offrent une poignée de chambres très coquettes et cosy, toutes de grand confort. Attention tout de même, les plus hautes sont mansardées. Cela dit, vu le prix et la qualité de la déco, ça reste un excellent compromis. Eau, café et fruits frais à discrétion ; petit déjeuner parfait pour partir à la conquête des temples. Accueil familial très gentil.

Feung Nakorn Balcony – เฟื่องนคร บัลโคนี *(zoom détachable, B3, **24**) : 29 Soi Fuang Thong, Fuang Nakhon Rd. ☎ 622-11-00. • feungnakorn.com •* Une adresse à deux pas des grands temples, accessibles à pied. Construit à cent lieues des boutiques-hôtels qui foisonnent dans d'autres quartiers, ces 35 chambres réparties sur 4 niveaux sont distribuées en coursive, un peu façon hôpital. Néanmoins, elles tiennent la route avec leur sol carrelé, leur éclairage en imposte et leur lit *king size*. Salle de bains minimaliste (douche avec rideau) et déco du même tonneau. Côté confort : TV, AC, coffre-fort et cafetière. On compte aussi 4 familiales avec un grand lit et 2 lits superposés, mais la salle de bains est à partager. Joli jardin au calme. Au rez-de-chaussée, un bassin et ses carpes koï, un petit café et un très bon resto. Pas mal tout compte fait.

Très chic (plus de 3 000 Bts – 86 €)

Sala Arun – ศาลาอรุณ *(zoom détachable, A3, **25**) : 47-49 Soi Tha Tien* – ซอยท่าเตียน, *sur Maharat Rd. ☎ 622-29-32 ou 33. À côté de l'Arun Residence.* Au cœur d'un quartier très animé (grossistes en denrées alimentaires), une ancienne maison sino-portugaise joliment rénovée au fond d'un *soi* donnant sur le fleuve. Elle offre une poignée de chambres seulement et une suite, avec du parquet en teck, de belles salles de bains (douches-cabine) et tout le confort que l'on est en droit d'attendre à ce tarif-là. Préférez quand même celles qui donnent sur le fleuve, un peu plus chères mais très sympas avec leurs petits balcons pour s'en jeter un au coucher du soleil. Belle ambiance.

🏠 ***The Bhuthorn*** – โรงแรมภูธร *(zoom détachable, B3,* ***26****) : 96-98 Phraeng Bhuthorn Rd. ☎ 622-22-70. • thebhuthorn.com •* Dans cette discrète maison vieille de 130 ans située au cœur d'un quartier historique classé (ambiance de village). Les propriétaires, tous deux architectes, ont déployé leur savoir-faire pour aménager 3 chambres cosy, avec meubles, bibelots anciens et nobles matériaux. La plus petite est au rez-de-chaussée, les 2 autres à l'étage. La chambre la plus spacieuse, aux multiples fenêtres, donne sur le petit jardin. Service très pro et discret.

🏠 ***Shanghai Mansion*** – โรงแรมเซี่ยงไฮ้แมนชั่น *(plan détachable, C4,* ***27****) : 479-481 Yaowarat Rd. ☎ 221-21-21. • shanghaimansion.com •* En plein quartier chinois (animation assurée), cette adresse à l'atmosphère sino-coloniale plutôt branchée, offre 76 chambres de bon confort, très étudiées côté déco mais totalement dépourvues de fenêtres donnant sur l'extérieur, autant le savoir. Petit déj (assez pauvre). Musique jazz live le soir *(19h30-22h, sf lun).* Resto réputé. Également un spa. Une adresse bien dans l'air du temps qui intéressera surtout celles et ceux qui veulent s'immerger dans Chinatown.

🏠 ***Arun Residence*** – อรุณเรสซิเดนซ์ *(zoom détachable, A3,* ***28****) : 36-38 Soi Pratu Nokyung, sur Maharat Rd. ☎ 221-91-58 ou 59. • arunresidence.com • À deux pas de l'embarcadère Tha Tien.* L'adresse de charme. Tout près des temples (parfait pour y être les premiers aux aurores), un boutique-hôtel dans une ancienne demeure chinoise traditionnelle. Tout a été restauré. Petit hall où « vrouvroutent » les ventilos, dans une atmosphère coloniale et rétro. Une demi-douzaine de chambres et suites (tout en haut, avec balcon privé, parfaites pour les familles), avec ou sans mezzanine, TV, AC, objets chinés. Le soir, on se prendrait presque pour un descendant de la famille royale en son palais. Hélas, les chambres ont des cloisons un peu minces et le quartier est assez bruyant en journée. Excellent resto, The Deck, sur pilotis (voir « Où manger ? » ci-après). Bar également.

Où manger ?

Très bon marché

🍴 Pas grand chose à se mettre sous la dent du côté des temples. Les restos climatisés manquent cruellement. Reste les stands de rue et le marché de Tha Chang Pier, à la sortie des bateaux. Dans le quartier chinois en revanche, de part et d'autre de Yaowarat Road – ถนนเยาวราช *(plan et zoom détachables, B-C3-4),* des ruelles s'immiscent entre les échoppes des commerçants, où s'alignent des dizaines de ***gargotes*** toutes plus appétissantes les unes que les autres. Au programme, crabe et crustacés grillés (crevettes, gambas, principalement), poisson...

Bon marché (de 80 à 150 Bts – 2,30 à 4,30 €)

🍴 ***Chote Chitr*** – โชติจิตร *(zoom détachable, B3,* ***80****) : 146 Prang Pu Thorn. ☎ 221-40-82. Tlj sf dim 11h-18h.* Dans une toute petite salle ouverte sur la rue, une affaire familiale simple mais réputée. À la carte, quelque... 500 plats ! Salade poulet, crevettes et fleurs de bananier, curry rouge bœuf et potiron... Sur les murs, une poignée d'articles de presse fièrement épinglés comme autant de médailles. Assis autour de l'une des 5 tables, rafraîchi par l'air du ventilateur, on ne peut que constater qu'on n'a pas été trompé, puisque nos plats sont en effet bien bons ! Accueil passable.

Ama Art & Eatery พระบรมมหาราชวัง *(zoom détachable, A3, **81**) : 270-272 Thanon Maha Rat. 084-716-81-85. Tlj 11h-17h (jours de fermeture communiqués sur leur page Facebook).* Petit resto ouvert sur la rue où, sur quelques tables en bois de récup, viennent se régaler les touristes (thaïs et étrangers) au sortir des temples. Cuisine vraiment bon marché 100 % thaïe et préparée comme à la maison. Bon accueil.

T & K Seafood – ร้าน ต๋อย & คิด ซีฟู้ด *(plan détachable, C4, **27**) : 49-51 Soi Phadung Dao (angle avec Yaowarat Rd) –* ถนนผดุงดาว. *☎ 223-45-19. Tlj 16h30-2h.* C'est THE resto de fruits de mer de Chinatown. Dès le début de l'après-midi, une armée de petites mains écaille, pèle, gratte, décoquille, épluche, hache menu... Tout ça à même le trottoir en prévision du rush du soir. Puis la soupe est mise à mijoter dans des bassines en alu dignes d'un repas de Gargantua. Enfin, les clients s'assemblent en grandes tablées, le nez dans leur bol de soupe, les oreilles remplis de l'agitation de la rue. C'est du vrai, du bon, du bon marché !

Suan Nguen Mee Ma – ร้านสวนเงินมีมา *(zoom détachable, B3, **82**) : 77/79 Fuang Nakhon Rd, Wat Rajabophit. ☎ 622-09-55. Lun-ven 8h30-18h ; sam 9h-17h.* Communiquant avec une librairie thaïe axée philo et bien-être, une boutique bobo-bio climatisée version exotique ; idéal pour se poser au frais en sirotant une infusion froide originale de citronnelle, d'hibiscus ou d'une autre fleur non identifiée. Glaces et sorbets : tamarin, groseille... Pour ceux qui ont une petite faim, quelques petites salades, des tartines, gratin d'épinards ou yaourts. Bon et reposant.

Prix moyens (de 150 à 300 Bts – 4,30 à 8,60 €)

Royal India Restaurant – ภัตตาคารรอยัลอินเดีย *(zoom détachable, B3, **83**) : 392/1 Chakraphet Rd. ☎ 221-65-65. Légèrement en retrait de Chakraphet Rd, dans la ruelle qui fait face à la pagode chinoise. Tlj 10h-22h. Résa conseillée.* Ouvert depuis 1970, un minuscule resto, réputé pour sa cuisine indienne du Pendjab. Large choix de galettes (chapati, roti, naan et autres paratha), savoureux curry, tandoori, biryani et thali végétariens... Ça marche tellement fort que le patron a ouvert 3 autres restos en ville mais celui-là est sans conteste le meilleur rapport qualité-prix. Clientèle d'habitués.

Texas Suki Yaki & Noodle – ภัตตาคารเท็กซัส สุกี้ยากี้ *(plan détachable, C4, **84**) : 17/1 Phadung Dao Rd –* ถนนผดุงดาว. *☎ 223-98-07. Tlj 11h-23h.* Une grande salle où les familles se retrouvent pour profiter ensemble d'une bonne fondue (Suki Yaki signifie « cuit dans l'eau bouillie »). Ambiance climatisée avec thermostat bloqué sur polaire. Vous choisissez vos garnitures : calamars, bœuf, nouilles, etc. Et vous faites votre tambouille directement dans le chauffe-plat traditionnel, posé au centre de la table. Service agréable.

Très chic (plus de 600 Bts – 17,20 €)

The Deck – เดอะเดค *(zoom détachable, A3, **28**) : 36-38 Soi Pratu Nokyung, sur Maha Rat Rd. ☎ 221-91-58. Sur la berge, face au Wat Arun et derrière le Wat Pho, à deux pas de l'embarcadère Tha Tien. Tlj 8h-22h (23h ven-dim).* Une adresse toute mignonne, cachée au fond d'un soi. Déjà, on est saisi par la vue depuis cette terrasse (le fameux « deck ») qui devise avec le Wat Arun. Le soir, tout s'illumine, les bateaux accompagnent le flux et le reflux du Chao Phraya, l'ambiance est tamisée, on se laisse bercer. Bien au frais dans la salle climatisée, on s'essaie à une cuisine internationale et thaïe de bonne tenue mais franchement pas donnée, pour une pause tranquille après la visite des temples.

Où boire un verre ? Où écouter de la musique ? Où sortir ?

🍷 ***Amorosa*** – ร้านอโมโรซ่า *(zoom détachable, A3, **28**) : 36-38 Soi Pratu Nokyung, sur Maha Rat Rd.* ☎ *221-91-58. Au 4e étage de l'Arun Residence. Tlj 17h30-minuit (1h ven-dim).* C'est le rendez-vous des touristes au coucher du soleil. Vue plongeante et superbe sur le Chao Phraya et le Wat Arun (ce dernier en contre-jour au coucher du soleil, amis photographes). Pour un dernier verre en amoureux... Pas donné quand même...

🍷 ***El Chiringuito*** – ร้านอาหาร เอล ชิริงกุยโต *(plan détachable, C4, **165**) : 221 Soi Nana, Pom Prap Sattru Phai.* 📱 *085-126-00-46. Jeu-dim 18h-minuit.* Une superbe maison-boutique des années 1920 reconstituée par Victor, avec l'ambiance chaleureuse des bars à tapas de son Espagne natale. Le maître des lieux est accompagné de sa femme thaïlandaise Pupe qui fait la *tortilla de patatas* comme personne ! Toujours bondé, débordant sur le trottoir jusqu'à la fermeture, ambiance géniale, tout comme la déco. Un charme sino-thaï-européen aussi fou qu'enthousiasmant... *Viva* la mixité !

🍷 ***Tot Bar*** ทีนส์ ออฟ ไทยแลนด์ ***(Teens of Thailand** ; plan détachable, C4, **165**) : 76 Soi Nana, Pom Prap Sattru Phai.* 📱 *096-846-05-06. Mer-dim 19h30-1h.* Une lourde porte du Rajasthan défend l'entrée de ce bar intimiste dont les murs de briquette nue alternent avec les pans de béton lissé ornés de photos. Ambiance tamisée. Cocktails colorés. Clientèle jeune et décontractée.

🍷 ***Tep Bar*** – เทพ บาร์ *(plan détachable, C4, **165**) : 69-71 Soi Nana, Pom Prap Sattru Phai.* 📱 *098-467-29-44. Mar-jeu 17h-minuit, ven-dim 17h-1h.* Aménagée sur 2 étages dans une ancienne boutique, un bar qui affirme ses origines thaïes (dorures). On vient ici pour écouter de la musique traditionnelle remixée et surtout pour découvrir une sorte de whisky local préparé à base d'herbes du pays (le ya-dong).

Achats

🧺 🚸 Parmi les ***marchés,*** ne pas manquer le ***Pak Khlong Market*** – ปากคลองตลาด *(zoom détachable, B3-4 ; bus nos 4, 5, 21, 37 ou 56),* marché monumental aux fruits, légumes et fleurs essentiellement. Fleurs de lotus, orchidées, jasmin, les odeurs et les couleurs se mélangent avec bonheur. De jour comme de nuit, c'est somptueux. Si vous logez dans le coin, allez-y de préférence la nuit à partir de minuit (le marché est ouvert 24h/24, ou carrément à l'aube vers 5h du mat quand les camions de livraison arrivent, c'est alors un véritable feu d'artifice olfactif. De Pak Khlong Market, en journée, remonter au nord vers le marché indien ***Phahurat Market*** – ตลาดพาหุรัด *(zoom détachable, B3* ; lire plus loin dans « À voir. À faire »), riche en étoffes et en bijoux de pacotille.

🧺 ***Yaowarat Road*** – ถนนเยาวราช *(plan et zoom détachables, B-C3-4) : dans le quartier chinois.* C'est l'épine dorsale de Chinatown. Tout ce qui s'achète ou se vend se trouve ici et dans les petites rues adjacentes. Échoppes de toutes sortes où l'on trouve des herbes, des potions genre

BANGKOK QUARTIER PAR QUARTIER

poudre de perlimpinpin aux odeurs bizarres. Plus loin, le *Nakhom Kasem* (le « marché aux voleurs »). Porcelaines chinoises et thaïlandaises, et quantité de babioles inutiles.

À voir. À faire

Wat Phra Kaeo et le Grand Palais – วัดพระแก้วและพระบรมมหาราชวังค์ *(zoom détachable, A3)* **:** *Sanam Chai Rd mais entrée sur Na Phra Lan. ☎ 222-00-94. Desservi entre autres par les bus nos 32, 44, 47, 53 et 91, et par le bateau, arrêt Tha Chang Pier. Tlj sf certains j. fériés 8h30-16h (dernière entrée à 15h30). Entrée : 500 Bts ; gratuit pour les enfants de moins d'1,20 m ; ticket jumelé avec la visite du Bang Pa In Palace (voir plus loin, dans les environs d'Ayutthaya), valable 7 j. après achat. Audioguide en français 200 Bts avec quelques explications, mais que l'on est obligé de rendre au bout d'1h30. Visites guidées gratuites en anglais, à 10h, 10h30, 13h et 13h30. Tenue correcte exigée (pantalon et épaules couvertes). Photos du bouddha interdites. Ne pas oublier son couvre-chef et sa bouteille d'eau.*

TUYAU : conseillé d'y aller tôt afin d'éviter la chaleur ainsi que la foule. À l'entrée, ne vous trompez pas de file, il y en a une pour les Thaïlandais, une pour les touristes et une, voire 2, pour les Chinois ! Commencer la visite par le Wat Phra Kaeo puis le Grand Palais s'il a rouvert.

Le palais fut construit en 1782 par Rāma Ier, fondateur de la dynastie Chakri, complété et modifié par ses successeurs. À l'intérieur de la même enceinte (env 22 ha), on trouve le palais lui-même, des dépendances, ainsi qu'un ensemble de temples dont le Wat Phra Kaeo, le temple bouddhique le plus fameux de la Thaïlande, construit pour accueillir le *bouddha d'Émeraude.* Cet ensemble de temples entourant le *wat* principal fut construit à la fin du XVIIIe s. C'est l'un des plus cohérents du pays sur le plan architectural, même si ça n'en a pas l'air.

BOUDDHA VOYAGEUR

L'histoire du bouddha d'Émeraude fait partie des célèbres légendes de l'Orient. Au XVe s, c'est à Chiang Rai qu'on découvrit cette statuette du Bouddha, alors couverte de stuc. Sous le stuc apparut en fait une statue de jade (et non d'émeraude !), resplendissante. Un siècle plus tard, la voilà au Laos, ayant suivi les princes dans leur conquête. Après plusieurs voyages encore, Rāma Ier, à la fin du XVIIIe s, la récupéra lors de la prise de Vientiane, puis la rapporta en Thaïlande. On lui érigea alors un temple définitif, le Wat Phra Kaeo, achevé en 1784.

La visite

Ça y est ! vous y êtes, vous avez passé la porte de la Glorieuse Victoire. Après avoir fait la queue pour acheter vos tickets et avant l'entrée dans l'enceinte du temple, sur la droite, musée de la Monnaie, des Médailles, et Trésor royal : le *Royal Thai Decorations and Coin Pavilion.* Si monnaies et médailles ne présentent pas un intérêt formidable, en revanche **la collection de vêtements, sceptres, épées, bijoux et vaisselle de la famille royale** est tout simplement prodigieuse. Les vêtements du bouddha d'Émeraude du Wat Phra Kaeo sont changés à chacune des trois saisons, et les deux ensembles de rechange sont exposés ici. Ces vêtements en or et pierreries ont été confectionnés par un joaillier français établi en Thaïlande, sur le modèle de ceux qui avaient été confectionnés deux siècles plus tôt.

On accède ensuite aux temples, un ensemble qui hésite entre le kitsch et le somptueux : façades chargées recouvertes de verre, de dorures, de bouts de miroir, de morceaux de faïences multicolores, et agrémentées de petites sculptures. Éblouissants stupas dorés au soleil et colonnes constellées de miroirs. On ne va pas vous faire l'historique de chaque temple, ce serait fastidieux. Voici quand même une sélection des plus remarquables.

Commençons par l'édifice principal, le *Wat Phra Kaeo,* qui abrite la fameuse statuette du **bouddha d'Émeraude**. C'est en fait la chapelle royale du Grand Palais, édifiée par Rāma Ier. Elle rappelle par son style le Wat Phra Sri Sanphet d'Ayutthaya. Le toit combine les styles thaï et khmer (époque où les deux royaumes étaient unis). On y entre par l'arrière.

Le fameux bouddha est placé au sommet d'un piédestal et protégé par une sorte de baldaquin à neuf niveaux, symbole de la royauté universelle et de la continuité de la dynastie Chakri. En réalité, on ne voit pas vraiment bien la statue, car elle est placée à 11 m de haut et ne mesure que 66 cm ! Le Bouddha s'y trouve dans une position de méditation, assis, les jambes repliées. Petite, oui, mais coquette ! Elle possède trois tenues que le roi lui-même change à chaque saison.

Remarquer aussi l'autel sur lequel le bouddha est dressé, en bois recouvert d'or, et les offrandes généralement somptueuses.

Attention : photos interdites et évitez de pointer du pied la statue, insulte suprême.

Tout autour du Wat Phra Kaeo, on trouve une multitude d'autres édifices, fermés au public pour la plupart.

Enfin, le ***Panthéon royal*** (juste derrière le *chedî* doré), ruisselant d'or et de faïence bleue, date de la fin du XIXe s et abrite des statues représentant les dirigeants de la dynastie actuelle grandeur nature ! Ouvert uniquement le 6 avril, jour de célébration de la montée sur le trône de l'actuelle dynastie.

Sur tout le pourtour, sous les arcades du *Râmakien,* **immense fresque de 178 panneaux** retraçant la version thaïe du *Rāmāyana,* un des récits épiques fondamentaux de l'hindouisme. Partir de la gauche de la porte principale pour « lire » l'épopée qui relate (pour résumer) la naissance et l'éducation du prince Rāma (septième avatar de Vishnou), la conquête de Sîtâ et son union avec elle puis l'exil de Rāma, l'enlèvement de Sîtâ, sa délivrance et le retour de Rāma sur le trône. On y voit à plusieurs reprises Hanuman, le chef de l'armée des singes. À côté de la bibliothèque, on trouve une maquette reproduisant le site d'Angkor Vat, un des plus beaux ensembles de temples au monde, situé au Cambodge, mais qui faisait autrefois partie de la Thaïlande. Rāma IV avait conçu le projet de déplacer Angkor Vat, mais il fut contraint d'y renoncer devant l'ampleur de la tâche.

Wat Pho – วัดโพธิ์ *(zoom détachable, A3) : ☎ 223-03-69. • watpho.com • À env 10 mn à pied du Wat Phra Kaeo (accessible par les mêmes bus) ; de ce dernier, prendre Saman Chai Rd vers le sud, la 1re rue à droite. Sinon, arrêt bateau Tha Tien Pier. Tlj 8h-18h30. Entrée : 100 Bts (petite bouteille d'eau incluse). Gratuit pour les enfants de moins d'1,20 m. Pas de genoux, pas d'épaules visibles. Photographies autorisées.*

Un de nos préférés. Vous n'y serez pas seul, évidemment. Bel ensemble de temples dont le principal abrite le célèbre bouddha couché. Édifié par Rāma Ier au XVIIIe s, c'est l'un des plus anciens et des plus grands temples de Bangkok, mais certainement aussi le plus beau car situé dans un espace aménagé avec des coins de verdure et de repos. De plus, contrairement au Grand Palais, le Wat Pho est bien vivant. On y trouve des moines évidemment, mais aussi une école de massage de très haut vol, des diseurs de bonne aventure, un ashram, un petit café... Ce fut un centre d'éducation important au XVIIIe s, mais son origine est antérieure. Voici les éléments les plus importants.

– ***Le temple du bouddha couché :*** superbe et gigantesque bouddha couché, de 45 m de long et de 15 m de haut, tapissé d'or. Très à l'étroit dans son petit temple, c'est aussi ce qui fait l'étrangeté et le charme du lieu. Remarquez son sourire paisible, la délicatesse des cheveux et ses pieds joliment incrustés de nacre illustrant les 108 états du Bouddha. Il rappelle les bouddhas birmans. La position couchée est celle qu'il a prise pour mourir, avant d'accéder au nirvana et se libérer du cycle des réincarnations.

– En sortant, face au temple, notez les deux statues de pierre, coiffées d'un chapeau haut de forme et tenant de longs bâtons. Ce sont des caricatures de *farang* (comprenez : Occidentaux). Ces statues servaient de ballast aux navires chinois qui venaient charger leur cargaison de riz.

– Dans l'enceinte, nombreux autres petits temples, tous différents, certains ornés de belles fresques, et quatre grands *chedî* recouverts de céramiques très décorées. Ils représentent les premiers rois de la dynastie Chakri.

– Autour du temple principal, deux galeries abritent **394 bouddhas** assis.

– À une centaine de mètres du temple, dans l'enceinte, buvette, toilettes (côté droit par rapport à l'entrée sud) et ***centre de massage traditionnel*** *(résa : • watpo.ttm@gmail.com • ; tlj 8h-17h ; compter env 260-420 Bts suivant durée).* Ce sont des étudiants qui se font la main sur votre dos ou vos pieds. Séances de 30 mn à 1h, avec ou sans herbes. Hélas, c'est un peu devenu l'usine !

Wat Mahathat – วัดมหาธาตุ *(temple de la Grande Relique ; zoom détachable, A2-3)* **:** *entrée sur Thanon Na Phra That, parallèle au grand parc de Sanam Luang. Tlj 8h-17h. GRATUIT.* À quelques mètres des grands temples, un temple loin des foules, à peine perturbé par le chant des oiseaux et des moines en prière. En revanche, le dimanche, c'est l'affluence pour l'impressionnante prière collective du matin. Dans l'enceinte centrale, belle collection de bouddhas en méditation, souriants et facétieux, gardant sagement les reliques du Bouddha (non visibles, dans le chedî) et les tombes des défunts. Centre de méditation parmi les plus réputés du pays, ouvert aux non-initiés *(horaires changeants, à vérifier sur place).* Université pour apprentis moines, ravis de vous éclairer sur l'état du nirvana.

LES AMULETTES SIAMOISES

Aux abords des temples, des étals proposent de petites médailles et figurines. Ces pendentifs d'argile, à l'effigie du Bouddha ou d'une autre figure religieuse populaire, sont censés protéger du mauvais sort, à condition d'avoir été bénis par un moine. Les plus appréciés et les plus chers sont ceux qui favorisent la séduction ou l'élimination d'un rival, et surtout ceux permettant de gagner à la loterie. Et il n'est pas interdit d'en porter plusieurs en même temps !

Wat Arun – วัดอรุณ *(temple de l'Aube ; zoom détachable, A3)* **:** *de l'autre côté de la rivière Chao Phraya, à Thonburi –* ฝั่งธนบุรี. *☎ 891-11-49. Prendre les navettes qui traversent le fleuve ttes les 10 mn, au Tha Thien si vous venez du Wat Pho, ou au Tha Chang si vous venez du Wat Phra Kaeo. Inutile de louer un bateau pour traverser. • watarun.net • Tlj 8h30-17h30. TUYAU : préférez le mat, car ferme parfois plus tôt. Entrée : 50 Bts.* Toujours en rénovation, c'est, avec ses 82 m de hauteur, l'un des symboles de Bangkok. On retrouve sa silhouette sur certaines pièces de monnaie. Ce « temple de l'Aube » a été conçu pour être le premier à recevoir la lumière du matin, d'où son nom, qui provient d'Aruna, déesse de l'Aurore en Inde. À moins que ce ne soit à cause de la première visite de Rāma Ier aux aurores ? Il fut terminé au XIXe s par Rāma II et Rāma III, dans Thonburi, cette partie de la ville qui fut capitale du pays pendant 15 ans. Pas de dorures ici, le prang principal, sensé évoquer le mont Méru, le centre du monde dans la cosmogonie bouddhiste est totalement recouvert de morceaux de céramique, les prang secondaires, eux représentent les 4 points cardinaux et sont dédiés à Nayu, le dieu du vent. Le style khmer est assez marqué.

Wat Saket – วัดสระเกษ *(temple de la Montagne d'Or – วัดภูเขาทอง ; zoom détachable, B3)* **:** *Chakkaphatdi Rd ou Boriphat Rd* – ถ.จักรพัฒน์หรือถนนบริพัฒน์. *Dans le quartier des menuisiers. Desservi par les bus nos 8, 15, 37 et 47 ainsi que par les bateaux* (express boats) *du* khlong *Saen Saep (arrêt Panfa Leelard). Tlj 8h-17h. Entrée : 20 Bts.* Aussi connu sous le nom de Golden Mount, ce temple commencé par Rāma III et achevé par Rāma V se trouve perché sur une colline artificielle et ne ressemble à aucun autre. Il présente peu d'intérêt. On y accède après avoir égrené une série de statuettes dissimulées au cœur d'une végétation fournie. Agréable et reposant. Vue unique à 80 m de hauteur, après… 320 marches.

Wat Suthat – วัดสุทัศน์ *(temple de la Balançoire géante ; zoom détachable, B3)* **:** *entrée par Bamrung Muang Thanon (face à la Balançoire). Desservi par les bus nos 10 et 12. Tlj 7h-20h. Entrée : 20 Bts.*
Dans le quartier des vendeurs de statues du Bouddha ; incroyable variété de tailles, de la petite figurine à l'énormissime. Le temple fut construit par Rāma Ier et achevé par Rāma III. À l'intérieur, les fresques du *vihan* sont de grande qualité et représentent la vision de l'univers dans la cosmologie bouddhique.
Juste à l'entrée de l'enceinte, remarquer l'immense portique de la Balançoire *(Chao Chin Cha)*. À l'occasion de la fête de Shiva, il servait de balançoire – la balançoire représente le maintien du mouvement cosmique – à de jeunes brahmanes dont l'objectif était de décrocher avec les dents des sacs pleins d'argent suspendus à 25 m au-dessus du sol ! Son utilisation fut suspendue en 1925, en raison du nombre de victimes…

Les amateurs de temples pourront encore passer voir le **Wat Rajabophit** – วัดราชบพิตร *(zoom détachable, B3)* et le **Wat Ratchanadaram** – วัดราชนัดดาราม *(zoom détachable, B2-3)*, au curieux toit en forme de bulbe. Sur l'arrière, quelques gargotes avec vue sur le fleuve Chao Phraya proposent de bons plats locaux.

National Museum – พิพิธภัณฑ์สถานแห่งชาติพระนคร *(Musée national ; zoom détachable, A2)* **:** *Na Phra That Rd* – ถนนหน้าพระธาตุ. ☎ *224-13-33. Desservi par les bus nos 15, 44, 47, 59, 60 et 70. Tlj sf lun-mar et j. fériés, 9h-16h (dernière admission 15h30). Entrée : 200 Bts. Visite en français gratuite mer-jeu à 9h30, guidée par un volontaire du Musée. Sinon, panneaux explicatifs en anglais. Sacs interdits (consigne gratuite). Venir en tongs ou sandales, il faut souvent se déchausser.* ***Nombreux travaux en cours, fermeture et réouverture progressive des salles prévues en 2018.***
Cet ensemble est composé de plusieurs édifices abritant les chefs-d'œuvre de l'art thaïlandais, ainsi que d'anciens pavillons ou temples placés ici dans un but de conservation. Essayer d'y aller en premier car ce musée prépare admirablement bien à la visite ultérieure des temples. Tout l'art thaïlandais y est résumé…

Bien sûr, les collections sont très riches, impossible de tout détailler ici. Voici les salles qui nous ont semblé les plus intéressantes et dont la muséographie a été réétudiée.

– ***Salle 1 :*** *près de la billetterie, dans l'édifice d'entrée.* Appelée « Galerie historique », entièrement consacrée à la statuaire, avec force bouddhas provenant des anciennes capitales du Siam : Sukhothai, Ayutthaya. Dans l'aile de droite, un bouddha en position de yogi évoquant sa première vie (période Ayutthaya XVᵉ s). Dans la pièce centrale, ***la pierre de Ramkhamhaeng*** dit ***Rāma le fort***, une pierre gravée trouvée à Sukhothai datée de 1292, considérée comme le premier alphabet en langue thaïe. Dans l'aile gauche de nombreux bouddhas dont un particulièrement clinquant provenant du royaume de Lanna (XVᵉ s).

– ***Salle 2 :*** c'est en fait la *chapelle Buddhaisawan,* construite à la fin du XVIIIᵉ s dans le style de Bangkok pour abriter un bouddha en bronze doré du XVᵉ s. Extérieur assez banal, mais superbes peintures murales à l'intérieur. Des armoires en bois laqué destinées à la conservation des textes bouddhiques présentent des épisodes du *Râmakien,* la variante thaïlandaise du *Rāmāyana,* héros qui donne son nom à la dynastie des rois actuels.

– ***Section 3 :*** *au rez-de-chaussée ;* une petite section néolithique vite vue, puis présentation de l'**art de Lopburi** (salle 308) des XIᵉ et XIIᵉ s, fortement marqué par les influences khmères. Rappelons qu'à cette époque, les temples étaient bâtis selon la cosmologie hindouiste. Les bouddhas étaient plutôt en pierre et carrés avec une protubérance sur le haut du crâne sensée symboliser l'Illumination. La salle 306 est presque exclusivement consacrée à l'exposition de *lingas* (membre viril symbolisé par une pierre dressée, signe du dieu Shiva). Certains sont très évocateurs. Salle 307, des bronzes de la période khmère (XIᵉ-XIIIᵉ s).

À l'étage, la salle 305 met en valeur la ***période Srîvijaya*** avec quelques beaux bouddhas des VIIᵉ et VIIIᵉ s, délicatement ouvragés (très bel Avalokitesvara retrouvé dans la province de Surat Thani). Petit détour par Java dans la salle 304, pour voir un beau Ganesh et quelques œuvres rapportées par Rāma V en visite dans l'île alors que cette dernière était encore sous domination hollandaise. Salle 303, ***période Dvâravatî*** mise en valeur par de la bijouterie en pierre et une ***superbe roue de Dharmachakra*** caractéristique de l'art bouddhique pré-thaï. Peu de sculptures rappelant l'hindouisme. L'image de bouddha s'affirme.

– ***Section 4 :*** collections d'art thaï de différentes périodes ; objets et sculptures d'époque du Lan Na (XIIIᵉ s), dont la capitale était Chiang Mai ; art de Sukhothai (nombreux bouddhas), d'Ayutthaya (influencé par l'art môn et khmer), ainsi que de Bangkok (XIXᵉ s). Vaisselle, mobilier. La section est en cours de restauration.

– ***Section 5 :*** en totale restauration. Doit rouvrir courant 2018.

– ***Salle 6 :*** *l'Isaret Rachanuson Building* abrite quelques exemples de mobilier royal ; bibliothèque, salle à manger et de réception. Rien de bien transcendant.

– ***Salle 7 :*** *derrière la chapelle Buddhaisawan, à droite.* Étonnants et majestueux chariots funéraires royaux construits sous le règne de Rāma Iᵉʳ pour les crémations royales. On ne voit malheureusement pas grand-chose car en cours de restauration. Travaux terminés pour 2018.

– ***Salle 8 :*** *derrière la chapelle Buddhaisawan, à gauche.* C'est une vieille maison en teck rouge (fin XVIIIᵉ s). Ancien appartement privé d'une princesse. Beau lit à baldaquin.

Le musée national des Barges royales – พิพิธภัณฑ์สถานแห่งชาติเรือพระราชพิธ *(zoom détachable, A2) : ancrées sur le khlong Bangkok Noi, près de la gare de Thonburi. ☎ 424-11-04. Après la Wat Dusitaram School, prendre tt* *de suite à gauche dans Somdet Phra Pin Klao 1 (Soi Wat Dusitaram) en suivant le panneau ; dans le virage à gauche, prendre la venelle à droite et suivre les panneaux. Tlj sf j. fériés 9h-17h. Entrée : env 100 Bts + 100 Bts pour prendre des photos, le double pour les vidéos !* Pour aboutir au musée, on traverse, par un dédale de petits pontons en béton ou en bois, un quartier attachant, paisible et populaire, un véritable labyrinthe de maisons sur pilotis. Vaste hangar sur l'eau où sont présentées huit incroyables barges décorées et sculptées qui servaient, jusqu'à une date récente, à transporter le roi pour offrir aux moines leurs nouvelles robes lors de la saison des Kathins. La plus ancienne barge mesure 43 m de long et ne comptait pas moins de 64 rameurs. Proues admirables, somptueusement sculptées, ciselées et très colorées, représentant des héros légendaires thaïs. La barge personnelle du roi Subanahongsa a été creusée dans un seul tronc de teck, impressionnant !

Le quartier chinois – Chinatown – ย่านเยาวราช *(zoom détachable, B3-4) : quartier situé dans le parallélépipède défini par Charoen Krung Rd au nord, Worachak Rd à l'est, le khlong qui défend l'accès à la gare Hua Lamphong à l'ouest et le fleuve Chao Phraya au sud. Le quartier ayant pour épine dorsale Yaowarat Rd. On peut y aller en bateau : descendre à Ratchawongse Pier ou Samphantha Wong Pier.*

Chinatown, c'est avant tout une atmosphère, un incroyable enchevêtrement de boutiques de tissus, de bijoux, de stands de tout et de n'importe quoi, de myriades de gargotes de rue fumantes qui alignent leurs tables à même le trottoir, mordant sur le goudron. Une ville dans la ville, une fourmilière où se presse une population mélangée de Thaïs, de mamies chinoises, de *farang,* où les charrettes à bras et les motos peinent à se frayer un passage dans les microscopiques ruelles encombrées de marchands, de chalands... de couleurs et d'odeurs aussi !

– *Yaowarat Road* (nombreuses boutiques d'or et d'apothicaires) est une artère large aux néons criards en caractères chinois. Bref, l'image type qu'on se fait d'un Chinatown animé jusque tard dans la nuit. Mais partez donc explorer les ruelles minuscules qui s'immiscent de part et d'autre. Les deux venelles les plus hautes en couleur restent sans conteste *Sampeng Lane* (*Soi Wanit I* sur le plan détachable), parallèle à Yaowarat, et surtout sa transversale *Itsaranuphap (Soi 11 et Soi 6)* : des centaines de petites échoppes d'où émanent parfois des odeurs à prendre ses jambes à son cou pour leur échapper et débordant d'un fatras d'objets, de vêtements, de vieilleries en tout genre. Ici, le verbe « chiner » prend tout son sens.

– Plus vers l'est, *Phadung Dao* et les ruelles avoisinantes. D'un côté, le *Soi Texas* (la ruelle qui s'engage face au *Chinatown Hotel*) avec ses salons de coiffure où l'on propose, pour une poignée de bahts, de s'occuper de votre barbe ou de vos petons. De l'autre côté, un enchevêtrement de Soi résidentiels où l'on rencontre des familles chinoises souriantes et détendues. À l'intérieur du quadrilatère formé par Charoen Krung, Chakkrawat, Yaowarat et Boriphat se trouve *Nakhom Kasem,* « le marché aux voleurs », où étaient vendues autrefois les marchandises chapardées. Plus connu aujourd'hui pour ses appareils photo d'occase et ses confiseries pas mauvaises du tout. À voir encore, le *temple Leng Noi Yee,* à l'angle de Charoen Krung et de Mangkon Road. Atmosphère assez géniale, genre *Tintin et le Lotus bleu.* Pour mieux apprécier le quartier, y aller le soir pour casser la croûte sous les néons, quand les tables envahissent ce qui reste de trottoirs...

– Tous les ans, début février, le *Nouvel An chinois* enflamme Chinatown lors d'une fête démesurée, nourrie de petits concerts et d'innombrables cantoches, installées dans les rues fermées à la circulation pour l'occasion. De même, la mi-année du calendrier chinois est fêtée dans la rue...

Le quartier indien, le marché de Phahurat – ย่านอินเดีย,ตลาดพาหุรัด *(zoom détachable, B3)* **:** *à l'extrémité ouest de Chinatown, de part et d'autre de Chakraphet, Phahurat et Tri Phet Rd.* L'atmosphère devient plus indienne et penjâbie. Ça change ! Un marché aux étoffes bigarrées créé par la communauté sikh au début du siècle dernier, encore très actif aujourd'hui, plein d'épices odorantes, de bijoux indiens, de passementeries et autres saris. Pour ceux que ça intéresse, on peut visiter le ***gurdwara Sri Guru Singh Sabha*** *(571, Chakphet Rd),* le deuxième plus grand temple sikh en dehors de l'Inde. Déchaussez-vous et couvrez-vous la tête et faites-vous accompagner pour monter dans les étages. Dispensaire et toilettes gratuits au rez-de-chaussée. Petits déj végétariens gratuits servis tous les matins au 1er étage. Au dernier étage, le Guru Granth Sahib, le livre saint du sikhisme est remisé dans une sorte de baldaquin (le takht) sous un dais piqué de fleurs fraîchement coupées (rumala).

Les marchés flottants – ตลาดน้ำ**:** plus grand-chose ne flotte au *Wat Sai Floating Market* – ตลาดน้ำวัดสาย. Un vrai piège à touristes. En revanche, on aime bien le *Taling Cham Market* (uniquement le week-end), pas encore trop fréquenté à condition d'y aller matin de bonne heure ! C'est du côté de Thonburi, en face du *Taling Chan District Office* (demandez à un taxi). On peut y aller avec le bus n° 79, que l'on prend devant le centre commercial *Siam Center* (*Skytrain* Siam Central). À programmer avec une balade sur les *khlong.*

Balade sur les khlong – นั่งเรือชมคลอง**:** à faire absolument ! C'est un tout autre visage de Bangkok qu'on vous propose de découvrir. Les *khlong,* ces canaux qui sillonnent le Bangkok « partie ouest », permettent de s'immiscer dans une vie locale insoupçonnée. Loin des gratte-ciel et de la circulation, c'est un labyrinthe aquatique totalisant environ 350 km de canaux parcourant la ville de part en part, reliant des centaines de maisons en bois sur pilotis, des vieilles baraques bringuebalantes aux toits de tôle, des temples modestes, des commerces ou de coquettes villas protégées par de hautes grilles. Le tout enfoui dans une végétation exubérante de flamboyants et de cocotiers. Vous remarquerez aussi les tuyaux aériens qui apportent l'eau potable, les poteaux de fils électriques entortillés et la collecte des ordures ménagères en barge plutôt folklorique. On ose à peine imaginer les dégâts provoqués par les typhons quand ils s'abattent sur cet univers de bric et de broc. Entre la rivière et les *khlong,* des écluses régulent le niveau de l'eau. L'attente aux écluses peut parfois atteindre 20-25 mn. Si vous achevez votre promenade par le khlong Bangkok et que vous comptez visiter le Wat Arun, faites-vous débarquer à la dernière écluse avant la rivière, à la hauteur du Wat Molilokarayam ; le Wat Arun est tout près, sur la gauche, vous gagnerez facilement 15 mn.

Deux options

– La première consiste à louer un *long-tail boat* à un guichet ayant pignon sur rue (même s'il arrive qu'on vous propose des tours équivalents, et parfois moins chers, au départ de n'importe quel embarcadère). Se rendre par exemple à l'embarcadère Si Phraya (Pier n° 3 ; *plan détachable, C4*), où vous trouverez d'abord le comptoir en bois du *Bangkok Tourist Boat Si Phraya* *(☎ 235-31-08 ; 📱 081-406-60-65),* puis, dans le parking du *River City Shopping Center,* à l'arrière du *Royal Orchid Sheraton,* le *River City Service Center* *(☎ 639-45-32 ou 237-00-77 ; tlj 10h-17h, compter env 1 200 Bts par embarcation (1 à 6 pers) pour 1h de visite, plus si vous optez pour quelques extensions du genre Wat Arun ou musée des barges royales).* Ils pratiquent à peu près les mêmes tarifs. On vous proposera aussi la visite d'une ferme aux serpents (sans intérêt). Choisir en fait le parcours qu'on veut faire sur un plan, et négocier. Les entrées des musées et des temples ne sont jamais comprises dans le prix.

– Deuxième solution, moins chère si on arrive à constituer un groupe : négocier directement avec le pilote d'un *long-tail boat* un circuit de 1h (ou plus long, ce qui est mieux encore car cela permet d'aller plus loin dans la banlieue de Bangkok). On choisit de s'arrêter où l'on veut (regarder sur les plans disponibles aux embarcadères). Marchander un prix forfaitaire. Négocier fermement et comparer avec les prix fixes (voir ci-avant). Éviter de les prendre aux embarcadères principaux, près des sites touristiques. À vous le *khlong* Mon et ses orchidées, le *khlong* Bang Noi et le *khlong* Bang Yai ou le *khlong* Om jusqu'à Nonthaburi (au nord) avec ses belles maisons en teck.

Descente (ou remontée) du fleuve Chao Phraya : *se reporter plus haut à la rubrique « Les transports à Bangkok ». Rens au Central Pier (Tha Sathorn), situé au terminus de la ligne du métro aérien Saphan Taksin (plan détachable, C5). ☎ 623-60-01.* Très nombreux quais (« tha ») d'où, pour quelques bahts, on peut emprunter le bateau-bus local (pavillon orange). Le Chao Phraya River Express ou le Chao Phraya Tourist Boat (plus cher et fréquence moindre) sont d'excellents moyens de rallier le quartier de l'Oriental Hotel et l'ambassade de France, le Wat Arun, le Wat Pho et le Grand Palais, et de remonter un peu plus au nord vers Banglampoo (pour Khao San Road) et Thewet, en admirant le pont à haubans Rāma-VIII et les marchands de pain qui nourrissent des poissons énormes au bord du débarcadère.

DANS LE QUARTIER DE KHAO SAN ROAD – ถนนข้าวสาร (quartier de Banglampoo ou Banglamphu) – ย่านบางลำพู

• Zoom détachable, A-B2

Khao San Road est depuis toujours le rendez-vous de ceux qui font la route et des routards-fêtards du monde entier. On y loge en connaissance de cause car les nuits sont agitées. Bars, restos, échoppes de fringues, de bouquins, et transats de massage à même le trottoir sont à touche-touche. Pour plus de calme et de charme, on aime bien le nord du *khlong* Lamphu, sans être trop loin de l'animation, les nuits sont nettement plus calmes. Attention,

arnaques fréquentes dans les agences de voyages du coin ; passez votre chemin. Prudence aussi si quelqu'un s'avance vers vous pour vous aider à trouver un hôtel.

➢ Pour s'y rendre, bus n°s 59, 503 ou 509 depuis Victory Monument, ou bien descendre du bateau à Tha Phra Athit.

Où dormir ?

De bon marché à prix moyens (de 300 à 1 000 Bts – 8,60 à 28,60 €)

Lamphu House – ลำพู เฮ้าส์ กรุงเทพฯ *(zoom détachable, B2, **29**) : 75-77 Soi Rambuttri, Chakkrapong Rd. Près du Rambuttri Village Hotel. ☎ 629-58-61. 097-123-92-68. • lamphuhouse.com •* Bien caché au fond d'un passage, un hôtel de 60 chambres bordant une cour tranquille, réparties sur 3 niveaux. Chambres simples et sans fantaisie mais disposant d'une bonne hauteur sous plafond et très propres, avec ventilo ou clim, fenêtre ou pas, selon le prix. Petit déj servi dans la cour arborée. Une bonne adresse pour profiter des avantages du quartier, sans en subir les inconvénients. Bonne ambiance « Routard ».

Khaosan Immjai ข้าวสาร อิ่มใจ โฮสเทล *(zoom détachable, B2, **30**) : 240 Samsen Soi 1. ☎ 629-30-88. • khaosanimmjai.com • Petit déj (frugal) compris.* Dans un *soi* à l'écart de l'agitation, une grande maison héberge les routards sur 5 étages, dans de petits dortoirs colorés, très propres disposant d'une bonne literie. Un seul dortoir de 4 lits, les autres en ont 14. Celui des filles est au second, on les voit même se brosser les dents puisque les lavabos sont dans le couloir. L'ensemble est très propre et l'établissement offre un tas de services : transfert aéroport, excursion, consigne à bagage, service de lingerie. Excellent accueil.

Bewel Hostel – บีเวล โฮสเทล *(zoom détachable, B2, **31**) : 316 Samsen Soi 4. ☎ 628-62-18. 086-335-27-67. • hostelbkk@gmail.com •* Dans un petit *soi* relativement calme, une adresse conviviale et chaleureuse tenue par un français, Gérald, toujours disponible pour partager ses bons plans. Chambres et dortoirs (6, 8 et 14 personnes) simples et un peu confinés, avec AC (mais sans TV), répartis sur 3 étages assez bas de plafond. Petite salle pour prendre le petit déj, avec pain frais et même des croissants (inclus dans le prix). Prévoir un peu d'attente aux douches.

Oh Bangkok Hostel – โอ บางกอก โฮสเทล *(zoom détachable, B2, **31**) : 107 Samsen Soi 4. ☎ 061-99-74. • ohbangkok.com • Petit déj thaï compris.* À une encablure de la très animée Khao San Road mais pourtant au calme. Une auberge à la déco étudiée (béton ciré, parquet flottant). Elle propose des dortoirs de 12 à 14 lits, lumineux, bien climatisés, relativement spacieux et confortables (bonne literie). Les filles auront quelques marches de plus à monter car leur dortoir est au 4e. Sanitaires corrects et en nombre suffisant. Machine à laver à dispo, petite courette sur l'arrière, salle de télé sur l'avant, café gratis à la réception. Accueil gentil, parfois en français.

Canale Hostel – แคแนลเล โฮสเทล *(zoom détachable, B2, **32**) : 347-349 Phra Sumen Rd. 082-414-59-26. • canalehostel@gmail.com • Petit déj américain compris si résa directe à l'hôtel.* En bordure immédiate du canal, une vieille maison traditionnelle propose des chambres climatisées avec ou sans salle de bains. Ce qui a retenu notre attention ici, ce sont les dortoirs de 8 lits (dont 1 spécial pour les filles), avec de larges couchettes, de vrais rideaux occultant (intimité assurée), une liseuse individuelle, des prises électriques et même un petit écran plat pour soi tout seul, comme dans les avions ! Réception largement ouverte sur l'extérieur et quelques poufs pour profiter de l'animation du canal en sirotant un bon café. Ambiance jeune et décontractée.

New Siam Guesthouse – นิวสยาม เกสท์เฮ้าส์ *(zoom détachable, A-B2,* ***33****) : 21 Soi Chana Song Khram* – ซอย ชนะสงคราม, *perpendiculaire à Phra Athit Rd.* ☎ *282-45-54.* • *newsiam.net* • *Doubles selon confort 380-620 Bts, petit déj en sus.* Dans une ruelle fréquentée par de nombreux routards, un immeuble de 5 étages (sans ascenseur), avec une centaine de chambres à la déco embryonnaire. En revanche, les draps aux plis bien marqués et les sanitaires nickel témoignent d'un entretien suivi. Fort d'un succès acquis depuis de nombreuses années, la direction a ouvert 4 autres établissements dans la même rue (chambres un peu plus chères). À signaler : la consigne ouverte à tous, y compris aux non-résidents. Petit resto. Cette adresse soutient l'action de *ChildSafe*, qui s'engage à fournir aux enfants un environnement protégé.

Samsen Sam Place – สามเสนสาม เพลส *(zoom détachable, B2,* ***34****) : 48 Thanon Samsen, Soi Samsen 3.* ☎ *628-70-67.* • *samsensam.com* • *Doubles env 600-1 000 Bts, petit déj compris.* Dans une maison de famille plutôt coquette, avec son petit jardin et ses espaces détente. Pas loin de l'animation de Khao San, mais au calme. Deux catégories de chambres. Les ventilées avec salle de bains à partager situées dans la vieille maison centenaire en bois et les climatisées avec salle de bain situés dans le bâtiment tout béton situé sur l'arrière. Les premières ont plus de charme. Elles sont toutes prévues pour 2 mais on peut aussi ajouter un lit d'appoint.

Un peu plus chic (de 1 000 à 1 500 Bts – 28,60 à 43 €)

Rikka Inn – ริกก้า อินน์ *(zoom détachable, B2,* ***35****) : 259 Khao San Rd.* ☎ *282-75-11 ou 12.* • *rikkainn.com* • *Pas de petit déj. CB acceptées (+ 3 %).* En pleine zone animée, un hôtel dans un style contemporain très agréable dont les couloirs sentent la citronnelle. En tout, 86 chambres impeccables et une déco qui hésite entre le zen et le pas fini. Côté confort : AC, douchette électrique, frigo et TV câblée. Attention, les *standard* sont tout de même assez petites, préférez les *superior* si vous le pouvez. La cerise sur le gâteau, c'est la piscine sur le toit. Un bon rapport qualité-prix dans cette catégorie.

Korbua House – บ้านกอบัว *(zoom détachable, B2,* ***36****) : 239/8-11 Supamaru Rd, Phanakorn.* ☎ *260-03-88.* • *korbuahouse.com* • *(en fin de journée slt).* Au fond d'une venelle, posé au bord de l'eau, un petit hôtel climatisé aux chambres pas toujours très spacieuses, mais douillettes, parquetées, impeccables et joyeusement décorées. Certaines bénéficient d'un balcon avec vue sur le canal, tout comme la terrasse où le petit déj est servi.

The Secret Service – โรงแรม เดอะ ซีเครต เซอร์วิส *(zoom détachable, B2,* ***37****) : 113/1 Tani Rd.* *091-730-07-88.* • *thesskaosarn.com* • Imagination et créativité au pouvoir sur 4 étages, pour cet hôtel à thème situé au cœur de l'activité nocturne. Au menu : des chambres tout confort, décorées avec plein d'idées, relativement petites mais très confortables, avec des lits doubles ou des lits superposés. Certaines peuvent accueillir 4 personnes. Passé le coup de bluff, ça reste quand même un peu cher pour ce que c'est.

Plus chic (de 1 500 à 3 000 Bts – 43 à 86 €)

Villa Cha-Cha – วิลล่า ชาช่า *(zoom détachable, B2, **38**) : 36 Tani Rd (dans un passage qui relie Tani à Rambuttri). ☎ 280-10-25. • villachacha.com • Petit déj compris.* En léger retrait des grands axes, cet hôtel dresse ses 6 étages autour d'un patio arboré et d'une piscine adorable mais vite remplie. À vrai dire, on ne vous conseille pas les chambres les moins chères, petites et purement fonctionnelles, mais les *junior king,* en revanche, valent vraiment le coup avec leur lit *king size,* leur petite méridienne et leur équipement digne d'un quatre-étoiles (écran plat, coffre, grande salle d'eau entièrement carrelée). Piscine et sauna gratuits. Joli resto au rez-de-chaussée.

Buddy Lodge – บัดดี้ลอดจ์ *(zoom détachable, B2, **35**) : 265 Khao San Rd. ☎ 629-44-77. • buddylodge.com • Entrer dans le complexe abritant le pub Melligans ; c'est au fond à gauche. Petit déj inclus.* Si les parties communes mériteraient un p'tit coup de jeune, les chambres se révèlent très plaisantes, alliant confort (TV, minibar, AC, coffre-fort, salle de bains avec vraie douche) et élégance orientale (parquets sombres, meubles coloniaux, ouvertures à jalousie). Les plus belles sont les *deluxe.* Les *standard* ont le même type de déco mais n'ont qu'un petit balcon et toutes n'ont pas de vue ! Pour échapper à la fureur de la rue, préférer celles donnant sur l'arrière. Piscine en plein air au 5ᵉ étage, accessible (moyennant finance) aux non-résidents *(200 Bts).* Salle de fitness. Accueil variable.

Où manger ?

De bon marché à prix moyens (de 80 à 300 Bts – 2,30 à 8,60 €)

Dans le Soi Rambuttri et à l'angle de Rambuttri Road et Thanon Chakrapongse, ou Samsen, plein de petites ***cantoches de rue*** et de stands où l'on choisit dans les gamelles en montrant du doigt ses pâtes, sauces et autres condiments. C'est très typique, et on adore. Pour les amateurs, on trouve aussi des échoppes ambulantes qui vendent des sauterelles, grenouilles, araignées, scorpions noirs, vers de bambou et autres insectes à déguster grillés. Mais on vous prévient, à Khao San Road, contrairement au reste de la Thaïlande, ça tient plus du folklore et ce n'est pas donné !

Chez Madame Keaw – ร้านอาหารแก้ว *(zoom détachable, B2, **85**) : 360/14 Samsen Soi 4. Tlj 9h-22h.* Micro-resto de quartier tenu par la souriante Mme Keaw. Ambiance toile cirée imitation dentelle. Cuisine simple, nouilles ou riz sauté à prix plancher, curry rouge de porc à peine plus dispendieux. Une adresse simplissime mais étonnamment savoureuse.

Krua Apsorn – ครัวอัปษร *(zoom détachable, B2, **86**) : 169, Thanon Dinso. ☎ 685-45-31. Tlj sf dim 10h30-20h (attention, pas de bière entre 14h et 17h).* Pour ceux qui voudraient sortir un peu des 2 rues archi-encombrées de Khao San Road, voici une petite cantine proprette et délicieusement climatisée, toute simple mais néanmoins royale, dans tous les sens du terme. Royale parce que la famille du même nom (si l'on ose dire) a fait de la pub au lieu, mais aussi parce qu'on y mange super bien et pour vraiment pas cher (sauf pour les fruits de mer). Accueil et service sympas.

Jay-Fai Cuisine – ร้านเจ๊ไฝ *(zoom détachable, B3,* ***87****) : 327 Samranrach Junction, Pranakorn.* ☎ *223-93-84. Tlj sf dim 15h-1h30.* À un jet de pierre du très célèbre resto tendance le *Thipsamai*, une cantine de quartier. En revanche, la cuisine est remarquable ! Voilà près de 40 ans que cette mamie œuvre seule, toujours équipée de ses grosses lunettes de ski, qui la protègent des braises incandescentes s'échappant des braseros, posés à même le trottoir. Plats délicieux très généreusement servis (en 3 tailles au choix), produits de qualité... du grand art. Excellente *wonton soup* ou *sukiyaki nam*, entre autres. Attention, les prix figurant sur la carte sont annoncés pour 4 à 6 pers. Ici c'est de la cuisine familiale, allez-y au moins à 2 !

Ricky's Coffee Shop – ริคกี้ คอฟฟี่ช็อป *(zoom détachable, B2,* ***88****) : 168/7 Samsen Soi 4. 091-762-54-05. Tlj sf lun 8h-17h (Tlj en hte saison).* Une petite adresse de quartier où l'on se retrouve pour le petit déj, qui peut s'étirer sans souci en brunch, entre potes ou en famille. Quelques tables en terrasse. Bons cafés, salades, omelettes bien garnies, et jus de fruits frais. Service lent, mais on est en vacances, non ?

Chic (de 300 à 600 Bts – 8,60 à 17,20 €)

Madame Musur – มาดาม มูเซอร์บาร์แอนด์เรสเตอรองท์ *(zoom détachable, B2,* ***89****) : Chakrabongse Rd ; 41 Soi Rambutri.* ☎ *281-42-38. Tlj 9h-minuit.* Ambiance délicieuse, pour cette salle ouverte sur la rue, avec ses petites tables entre 2 paillottes faisant office de bar et de cuisine, puis une estrade où l'on s'installe sur de larges sofas colorés. On vient à toute heure de la journée, du petit déj au dernier verre. Menu différent et varié chaque jour, avec une belle place accordée aux plats de la région de Chiang Mai et plus généralement du Lanna. Cocktails extra. Service souriant. Musique délicate et moderne. On adore !

Hemlock – ร้านอาหารเฮมล็อค *(zoom détachable, A2,* ***90****) : 56, Phra Athit Rd.* ☎ *281-75-07. Tlj sf dim 17h-23h (minuit le w-e).* Petite musique jazzy diffusée dans cet intérieur climatisé aux murs rehaussés de quelques croûtes colorées. Dans l'assiette, une cuisine du marché : fruits de mer passés au barbecue, servis avec pas moins d'une douzaine de sauces, plats thaïs, crabe, curries divers, plats végétariens et surtout, la spécialité de la maison : le crocodile ! C'est savoureux et généreusement servi. Comme les plats sont préparés à la commande, prévoir un peu d'attente.

Slow – ร้านอาหารสโลว์ *(zoom détachable, B2,* ***91****) : 76 Samsen 2. 097-247-21-30. Tlj 8h-1h.* À l'angle d'une petite rue calme. Terrasse sympa, et petite salle autour d'un comptoir. Petits déj copieux, avec fruits, pains et yaourts, jusqu'aux *bruschette* (le proprio est italien), pâtes maison et autres pizzas délicatement cuites. Service parfois hésitant, il faut savoir prendre le temps... *Slow* n'est-ce pas ?

Très chic (plus de 600 Bts – 17,20 €)

Sheepshank – ชิพแซงค์ พลับบลิคเฮ้าส์ *(zoom détachable, A-B2,* ***92****) : 47 Phra Athit Rd.* ☎ *629-51-65. Lun 17h-minuit, mar-dim 11h-minuit.* Entrée improbable par un parking-garage, qu'il faut traverser pour arriver dans cet ancien chantier naval, posé au bord de l'eau. Petite salle climatisée où pendouillent palans et poulies de moufflage, avec vue imprenable sur le fleuve. Ce bar-resto à la sauce new-yorkaise propose un bel assortiment de bières spéciales ainsi que quelques cocktails. On peut aussi y manger une cuisine occidentale à dominante italienne. Un peu cher tout de même. On peut se contenter d'y venir boire une bière au coucher du soleil.

Où boire un verre ? Où écouter de la musique ? Où sortir ?

Quartier bondé de routards, bouillonnant le soir. La plupart des adresses sont hyper touristiques, donc chères. Les amateurs de bars-littéraires et galerie d'art tendance jazz ne manqueront pas ***Phra Sumen Road,*** au nord-est du Monument de la Démocratie.

Kŭ Bar คู บาร์ *(zoom détachable, B2,* ***150****)* ***:*** *469 Phra Sumen Rd (au fond de l'impasse, repérer la petite porte, c'est au 3e étage). ☎ 067-67-31. 091-731-97-52. Jeu-dim 19h-1h.* Sorte de *speakeasy* mêlant le béton brut, le bois et l'acier dans une ambiance minimaliste (2-3 bouteilles au bar !), que l'on découvre après avoir fait coulissé une porte en bois. C'est le décor qu'a choisi Kong pour dispenser l'art du cocktail appris à New York. Saveurs inconnues et vraiment très originales. Rien à grignoter, arrivez le ventre plein.

Brown Sugar Jazz Pub บราวน์ชูการ์ เดอะแจ๊สบูทีค *(zoom détachable, B2,* ***150****)* ***:*** *469 Phra Sumen Rd. 089-499-13-78 ou 081-805-77-59. • brownsugarbangkok.com • Tlj sf lun 17h-1h ; sessions musicales jeu-dim à partir de 20h30.* La référence en matière de jazz dans la Cité des Anges. Depuis 1985, s'y produit régulièrement la mouvance jazz thaïlandaise. Ambiance agréable mais prix des consos un peu élevés. Le blues n'est pas en reste. Programmation sur leur site internet ou leur page *Facebook*. On peut aussi y manger un morceau. D'autres adresses jazz dans la rue.

Adhere the 13th – Blues Bar – ร้าน แอดเฮีย เธอทีน บูลบาร์ *(zoom détachable, B2,* ***151****)* ***:*** *Samsen nos 13 (tt de suite après le pont) et 65. 089-769-46-13. Tlj de 18h à tard le soir, la musique commence vers 22h.* Bar tout en longueur, avec le groupe live invité au milieu. Ambiance du tonnerre et bonne programmation, différente tous les soirs. Barbecue, bières fraîches et messages des routards du monde entier autour du bar.

Jazz Happens ! – แจ๊สแฮปเปนส์ บาร์ *(zoom détachable, A2,* ***152****)* ***:*** *62, Phra Athit Rd. ☎ 282-99-34. Tlj sf jeu 19h-minuit ; sessions musicales à partir de 20h.* Petit rade tout en longueur avec les musicos qui prennent bien la moitié de l'espace. Ambiance chaude pour cette adresse spécialisée dans la mise en orbite de jeunes talents *(surtout lun 19h30-21h30).* Conso de 200 Bts minimum exigée, sinon 50 Bts de l'heure si vous êtes du genre à écouter de la musique sans vous humidifier le gosier.

Brick Bar – บริกค์ บาร์ *(zoom détachable, B2,* ***153****)* ***:*** *265 Khao San Rd, dans le Buddy Lodge Building (entrée à gauche du McDo). ☎ 629-45-56. Tlj 20h-2h. Groupes à 20h, 22h30 et 0h30.* Un bar musical logé tout au fond d'un petit centre commercial. Architecture en brique, *of course*, atmosphère sombre voire très sombre avec éclairage à la bougie et zinc à n'en plus finir. Bons groupes et tous styles musicaux (variété thaïe et internationale). Billard.

Molly Bar – โมลี่ บาร์ *(zoom détachable, B2,* ***154****)* ***:*** *108 Rambuttri Rd. ☎ 629-40-74. Tlj 18h-2h.* Une adresse très classique, qu'on cite uniquement pour ses concerts à partir de 20h et jusqu'à 23h qui ont lieu dans la petite salle à l'ancienne. 3 groupes s'y succèdent. Un peu plus loin dans la rue, quelques scorpions noirs et mygales à grignoter.

Massages – นวดไทย

■ Sur Khao San Road, on peut se faire masser toutes les 30 m pour 250 Bts. Pas très raffiné, bien sûr, et pas toujours très propre. Et surtout prudence avec les manipulations trop enthousiastes de la nuque qui risquent de vous laisser quelques souvenirs désagréables !

DANS LE QUARTIER DE THEWET – ย่านเทเวศร์

• Plan et zoom détachables, B1-2

Au nord de la bruyante Khao San Road par la Thanon Samsen (15 mn à pied), à deux pas du fleuve et de la Bibliothèque nationale, un quartier verdoyant où s'égosillent les oiseaux. C'est notre quartier préféré à Bangkok. On n'y est jamais loin de tout, y compris de Sukhumvit, que l'on peut gagner en allant prendre le bateau à Panfa Leelard. Sinon le quartier est accessible par le fleuve Chao Phraya, arrêt Tha Thewet (ou Thewes).

➢ Pour s'y rendre, bus nos 3, 9, 16, 32, 33, 72 ou 99.

Où dormir ?

Prix moyens (de 500 à 1 000 Bts – 14,30 à 28,60 €)

🏠 ***Tavee Guesthouse*** – ทวีเกสท์เฮ้าส์ *(plan détachable, B1,* ***39****) : 83 Th. Sri Ayutthaya Rd, Soi 14.* ☎ *280-14-47.* • *taveethai@yahoo.com* • 💻 📶 Une bien belle maison en bois un peu en retrait de la rue, à l'intérieur soigné, donnant sur une terrasse ombragée où quelques poissons font la ronde. Les chambres sont irréprochables et joliment décorées, mais les cloisons sont extra-fines et ne montent pas jusqu'au plafond... Sanitaires privés ou sur le palier (il y en a peu, c'est donc la queue le matin), ventilo ou AC, et eau chaude pour tout le monde. Côté propreté, rien à redire, le jovial M. Tavee soigne sa réputation. Atmosphère sympa et bons petits plats maison. Casiers.

🏠 ***Sri-Ayuttaya Guesthouse*** – ศรีอยุธยาเกสเฮาส์ *(plan détachable, B1,* ***39****) : 23/11 Th. Sri Ayutthaya Rd, Soi 14.* ☎ *281-68-29.* 📶 La fille de M. Tavee s'est lancée elle aussi dans l'aventure. Dans sa grande maison, elle propose 17 chambres soignées, dont la plupart possèdent clim et salle de bains. Côté ambiance, on est carrément en Indochine, avec de lourds parquets lustrés, force boiseries, briquette et quelques objets anciens. Évitez quand même celles qui donnent sur la rue. La no 14, par exemple, est très lumineuse et dispose même de sa petite courette privée. Agréable resto ouvert sur la rue.

🏠 🍴 ***Kaloang Home*** – ห้องอาหารกาหลง *(plan détachable, B1,* ***40****) : 2 Sri Ayutthaya Rd –* ถ.ศรีอยุธยา.

☎ 282-75-81. *Au bout d'un soi, au bord de l'eau.* Dans une grande maison tout en teck patinée aux encoignures. Une dizaine de grandes chambres ; 4 en bas, 6 à l'étage (nos préférées). Très propres, toutes avec clim, salle de bains avec douche-cabine, écran plat, frigo. La literie (2 lits ou un grand lit) est un peu dure en revanche mais l'ensemble ne manque pas de charme. Pour le petit déj et le repas du soir, agréable resto au bord de l'eau (voir plus loin « Où manger ? »). Un bon rapport qualité-prix.

Plus chic (de 1 500 à 3 000 Bts – 43 à 86 €)

Phranakorn Nornlen *(plan détachable, B2,* ***41****) : Soi 1.* ☎ *628-81-88.* • *phranakorn-nornlen.com* • *Petit déj bio inclus.* Superbe ! Un îlot de verdure, avec son jardin, sa fontaine qui glougloute et la vie de quartier, qu'on partage avec plaisir. Toute l'équipe a rénové cet hôtel avec des objets de récup', dans un esprit *éco-friendly* mimant un village en miniature. On adore les salles de bains et leur forêt de tuyaux tarabiscotés, jusqu'aux boîtes aux lettres des chambres qui cachent des compteurs d'eau ! Interdit aux fumeurs. Pas de télé, pas de frigo, pas de téléphone non plus. Café-resto très agréable, et même un barbier bien caché dans un recoin. Accueil aux petits soins, les noms des arrivants du jour sont même inscrits sur un tableau de bienvenue. Une super adresse, vous l'avez compris !

Lamphu Tree Hotel – โรงแรมบ้านต้นลำพู *(zoom détachable, B2,* ***42****) : 155 Wanchat Bridge, Prachatipatai Rd.* ☎ *282-09-91.* • *lamphutreehotel.com* • *Petit déj inclus.* Une adresse de charme à prix tout à fait raisonnables, créée à l'initiative de Peter, routard devant l'éternel. Quand il a acheté le terrain, il y avait des arbres centenaires, il en a fait des meubles. Aujourd'hui son hôtel possède une cinquantaine de chambres spacieuses et joliment décorées, même pour l'entrée de gamme. Côté confort : clim, salle de bains avec vraie douche, frigo, coffre-fort, balconnet auquel on accède par une large baie vitrée. Tout en haut, vue plaisante et des chambres plus cossues, avec jacuzzi, douche à l'italienne, boiseries d'époque et une touche orientaliste avérée. Au rez-de-chaussée, un espace commun ouvert d'un côté sur le canal, de l'autre sur la piscine, avec transats pour prendre un peu l'air. Petit déj avec produits bio. Une belle adresse.

Où manger ?

Bon marché (de 80 à 150 Bts – 2,30 à 4,30 €)

Lim Hua Heng – ร้านอาหารลิ้มฮั่วเฮง *(plan détachable, B1,* ***93****) : 88, Krung Kasem Rd.* ☎ *281-53-69. Tlj sf dim 6h30-16h.* Depuis 70 ans, cette adresse familiale très propre et délicieusement ventilée sert des boulettes de poisson frais *(Luk Chin Plaa)* et des raviolis au porc *(Kewo)*. Sinon, soupes de nouilles à gogo pour trois francs six sous.

De prix moyens à chic (de 300 à 600 Bts – 4,30 à 17,20 €)

Kaloang – ร้านอาหารกาหลวง *(plan détachable, B1,* ***40****) : 2 Sri Ayutthaya Rd* – ถ.ศรีอยุธยา. ☎ *282-75-81. Tlj 11h-22h (petit déj pour les résidents servi 7h-10h30). Au bord de l'eau.* Très populaire et sans chichis. On s'installe dehors sur un gigantesque ponton de bois un peu branlant, en surplomb du fleuve et bordé de bicoques sur pilotis. Excellents plats, comme le lap mu (salade-émincé de porc) ou encore le *lap khun* (salade-émincé de fruits de mer), entre autres. De quoi faire fondre un bonze de plaisir !

In Love – ร้านอาหาร อินเลิฟ *(plan détachable, B1, **94**) : 2/1 Krung Kasem Rd. ☎ 281-29-00. À droite en sortant de l'embarcadère de Thewet. Tlj 11h-14h et 17h-minuit.* Tout un programme comme nom... Touristique, certes, mais cuisine thaïlandaise de qualité. Spécialités de poisson et fruits de mer (et de... whisky) à choisir au hasard d'une carte longue comme les deux bras. Large terrasse avec vue imprenable sur le pont à haubans Rāma-VIII. Petite scène où des musicos se produisent tous les soirs à partir de 21h.

À voir. À faire

En remontant sur Thewet depuis Khao San Road par Samsen Road, petite promenade possible le long du *khlong* Lamphu *(zoom détachable, B2),* bucolique canal bordé d'un temple, de vieilles bicoques. On pourra ensuite gagner Thewet par les *soi* populaires du quartier de Samsen, entre écoles, petites boutiques et ateliers d'imprimerie ou de mécanique.

Wat Benjamabohitr – วัดเบญจมบพิตร *(temple de Marbre ; plan détachable, C2) : à l'angle de Sri Ayutthaya Rd et de Rāma V Rd* – มุมถนนศรีอยุธยาและถนนพระราม. *☎ 282-96-89. Desservi par les bus nos 12, 19, 56, 72 et 110. Tlj 7h-18h. Entrée : 20 Bts.* Juste en face du palais royal actuel, un charmant temple de marbre qui date du tout début du XXe s. Le visiter plutôt le matin, quand les moines entonnent leurs chants liturgiques. Tout le marbre vient de Carrare, tandis que la céramique des toits est chinoise. Deux beaux lions au sexe bien dessiné gardent la porte en teck sculpté. À l'intérieur du bâtiment principal, remarquable décoration d'or et de laque. Sur l'autel, énorme bouddha qui abrite sous lui les cendres de Rāma V, mort en 1910. Agréable jardin traversé par un mini-*khlong.*

Vimanmek Palace Museum – พิพิธภัณฑ์วิมานเมฆ *(plan détachable, C1) : 16 Ratchawithi Rd* – ถนนราชวิถี. *☎ 628-00-00. Au nord-ouest, près du Dusit Zoo (plan détachable, C1). **En restauration pour une durée indéterminée.***
Au fond d'un espace gazonné au bord de l'eau, on découvre une des plus merveilleuses maisons qui soient, considérée comme la plus grande demeure en teck du monde. Cette superbe résidence fut construite selon les désirs de Rāma V à la fin du XIXe s sur une île au bord du golfe du Siam. Elle fut ensuite déplacée en 1901 à l'endroit actuel...

DANS LE QUARTIER DE SUKHUMVIT – ย่านสุขุมวิทและสยามสแควร์

- Plan détachable, F-G3-4

Grande artère à l'est de la ville, dans le prolongement de Rāma I. Là aussi, grosse concentration d'hôtels, réservés à la clientèle chic, genre voyages organisés, notamment autour des Soi 4, 8 et 11. Un quartier assez cher,

branché et très animé le soir, notamment vers les *soi* 11 et 13, avec des *rooftop bars* de folie ! Si vous y choisissez un hôtel, sachez seulement que vous perdrez pas mal de temps dans les embouteillages pour rejoindre le quartier historique, à moins de prendre les bateaux qui sillonnent le *khlong* Saen Saep, mais vous serez quand même obligé de finir en taxi... Sukhumvit est aussi le quartier idéal pour une dernière soirée à Bangkok avant de rentrer chez soi (proximité de l'*Airport Rail Link*).

➢ Pour atteindre nos adresses en métro aérien, s'arrêter aux stations Nana, Phrom Phong ou Asok. Autrement, arrêt Sukhumvit de la ligne souterraine de métro (depuis le nord-est) ou encore Nana Chard Pier pour ce qui est du bateau.

Où dormir ?

Bon marché (moins de 500 Bts – 14,30 €)

🏠 ***Hostelling International Sukhumvit*** – บ้านนานาชาติ สุขุมวิท *(hors plan détachable par G5, **43**) : 23 Sukhumvit, Soi 38. ☎ 391-93-38. • hisukhumvit.com • Skytrain : Thong Lo ; bus n°s 501, 508 ou 511. Réduc de 10 % avec la carte des AJ.* 💻 📶 Une des branches des auberges de jeunesse de Bangkok, plutôt réussie, un peu excentrée mais bien au calme. Dortoirs séparés ou mixtes avec lits superposés à cadre en métal et matelas bien épais. Petit rideau imitation dentelle pour plonger dans les bras de Morphée en oubliant son voisin. Également des chambres privées avec ou sans salle de bains, à prix un peu plus chic, disposant d'un grand lit et d'un petit. Tout est climatisé de 18h à 11h du matin. Sanitaires communs propres. Cuisine, petit déj léger inclus (café ou thé, toasts et céréales), laverie. Terrasse sur le toit. Bon accueil.

🏠 ***Barn & Bed*** *(plan détachable, G4, **44**) : 665 Sukhumvit, Soi 39. ☎ 258-88-49. • barnandbed@gmail.com • Skytrain : Phrom Phong.* 💻 📶 Dans un immeuble tout en hauteur planté au cœur du grouillant Sukhumvit. Une auberge privée à dimension humaine. Elle totalise 32 lits répartis en dortoir mixtes ou non. Au choix, couchage classique (5 ou 10 lits) ou « capsule » (4 lits) avec bannette un peu plus large, linge de couchage fourni et petit rideau. Sanitaires nickel. Au rez-de-chaussée un petit *coffee shop* permet de prendre un petit déj. Accès 24h/24 avec sa clé magnétique.

🏠 ***3 HOWw*** – ทรีฮาว โฮสเทล *(plan détachable, F3, **45**) : 32/9-12 Sukhumvit, Soi 21, Asoke Rd. 📱 092-520-33-39. • 3howw.sukhumvit21@gmail.com • N'arrivez pas en retard, la chambre sera surfacturée de près de 50 %.* Déco sobre, noir et blanc, industrielle, pour cet *hostel* moderne et nouvelle génération dont l'entretien accuse un peu les années de service. Dortoirs genre capsule, à la japonaise, mixtes ou non, salles de bains propres à partager malheureusement en nombre insuffisant. Claustrophobes, s'abstenir. Quelques doubles confortables, avec AC et salle de bains mais pas données. Lave-linge, sèche-linge, micro-ondes et frigo à usage commun. Une autre adresse vers Khao San.

Un peu plus chic (de 1 000 à 1 500 Bts – 28,60 à 43 €)

🏠 ***Sam's Lodge*** – แซม ลอดจ์ *(plan détachable, F4, **46**) : 28/1 Sukhumvit, Soi 19 (réception au 2e étage). ☎ 651-17-02. • samslodge.com •* 📶 Bon rapport qualité-prix pour ce petit hôtel tout en hauteur, idéalement situé au cœur de l'animation et à deux pas du *Skytrain* et du métro. Au total, une petite vingtaine de chambres clean et bien équipées (TV, AC, frigo), mais cloisons un peu minces. Certaines disposent de fenêtres, d'autres pas. Toit-terrasse pour embrasser la vue sur les gratte-ciel. Pas de petit déj (seulement des sachets de thé et du café soluble).

Retroasis Hotel – โรงแรมศิริ พอช เทล แบงค็อค *(plan détachable, G4, **47**) : 503 Sukhumvit Rd (entre Soi 27 et 29). ☎ 665-29-22. • retroasishotel.com • Catégorie « Plus chic » pour les chambres les plus chères. Petit déj optionnel.* Drôle de petit hôtel à la situation inattendue car blotti au pied d'un grand immeuble pas terminé. Ici une soixantaine de chambres distribuées en coursive autour d'une piscine haricot (peu profonde) flanquée d'un grand manguier. Pour les premiers prix : clim, salle de bains avec douche, frigo, literie impec... Mais on entend la rue car elles donnent sur l'extérieur. Déco sixties pour les plus chères, entièrement refaites, certaines avec baignoire et disposant d'un petit solarium privé (indépendant de la chambre, le couloir les sépare). Vous êtes ici au cœur du « Sukhumvit Shopping » et à 2 pas du Soi 31, appelé aussi « Soi des artistes ». Bon accueil.

Plus chic (de 1 500 à 3 000 Bts – 43 à 86 €)

U-Sukhumvit Bangkok *(plan détachable, F3, **48**) : 81 Sukhumvit, Soi 15. ☎ 651-33-55. • usukhumvitbangkok.com •* Skytrain *: Nana, bateau Nana Chard Pier ou métro Sukhumvit. Petit déj compris. Les prix passent dans la catégorie Très chic le w-e et pendant les vacances.* Un hôtel très bien situé pour excursionnistes (proximité du *khlong* Saen Saep) ou fêtards (les Soi 11 et 13 sont à 2 pas). Les chambres tout confort ne sont pas bien grandes mais elles sont bien équipées (minibar, télé câblée, salle de bains avec douche à l'italienne). Éviter si possible les communicantes, un peu trop sonores. Le plus de cette adresse, c'est le *rooftop* avec un bar, un petit lounge (ordis à dispo, livres) et une belle piscine. Petit déj tout à fait correct et varié. Prêt de vélo. Navette en *tuk-tuk* pour vous déposer au bout de la rue. Une adresse au poil.

Regency Park Hotel – โรงแรมรีเจนซี่พาร์ค *(plan détachable, G4, **49**) : 12/3 Sukhumvit, Soi 22 –* ถ.สุขุมวิท ซอย 22. *☎ 259-74-20. Petit déj-buffet inclus.* Même si l'hôtel n'est pas vraiment flambant neuf, à l'exception du lobby qui a été rénové, ses 120 chambres offrent un confort relativement acceptable (AC, TV, minibar, coffre) à des prix plutôt corrects pour cette catégorie. L'ensemble s'organise sur 5 étages autour de 2 patios, dont 1 avec fontaine et quelques plantes vertes. Piscine au 6e étage. Accueil des groupes, les individuels pourront s'y sentir un peu isolés.

Spécial folie (plus de 7 000 Bts – 175 €)

Ariyasom Villa – อริยาศรม วิลล่า *(plan détachable, F3, **50**) : 65 Sukhumvit, Soi 1. ☎ 254-88-80. • ariyasom.com •* Pariya, décoratrice, et son mari David, chef, ont aménagé ce bel hôtel-restaurant dans la maison familiale, à laquelle ils ont greffé une autre structure, si bien qu'aujourd'hui cet hôtel – dont les services s'apparentent plus à ceux d'une maison d'hôtes –, totalise 24 chambres. Ici, on a joué à fond la carte orientaliste des années 1940-1950, avec une déco particulièrement soignée (meubles de famille, importés de l'Inde ou créés de toutes pièces, voilages, touches de couleurs savamment dispatchées, reproductions de tableaux anciens, petits recoins, livres d'art, etc.). Pour ceux que ça intéresse, une fois par mois, un moine assure des séances de méditation. Dans le jardin, une jolie piscine au bord de laquelle on peut s'attabler. Spa, massages. David, le chef anglais, a concocté une carte de plats végétariens thaïs ou européens. Un petit îlot intimiste et convivial où il fait bon se ressourcer.

Où manger ?

De très bon marché à bon marché (de moins de 80 à 150 Bts – moins de 2,30 à 4,30 €)

À l'ouest de Sukhumvit Road, avant le croisement avec Chalem Mahanakhon (côté des *soi* impairs), quelques cantines de rue et leurs tables sur un terre-plein. Certaines proposent même des menus en anglais. Pas cher, bon et convivial. Sinon, nombreuses roulottes où grillent les brochettes et sautent nouilles et riz un peu partout. Sinon, pour se rafraîchir un peu, le *food court* du *mall* ***Terminal 21*** (*plan détachable, F4,* ***206*** *;* accès par la station BTS Asok) propose une foultitude de petits stands dont les tarifs sont proches de ceux de la rue, clim incluse !

|●| ***Imchan*** – อิ่มจัง *(plan détachable, G4,* ***95****) : Sukhumvit Rd, Soi 39 (attention, 2 entrées au soi 39, c'est un fer à cheval). 📱 089-813-74-25. Tlj 7h-22h.* Un resto ventilé ouvert sur le va-et-vient du dehors. Locaux comme routards s'y attablent à longueur de journée. La cuisine y est fraîche, savoureuse et vraiment bon marché. La bière n'y est pas vendue entre 14h et 17h, conformément à la loi.

Prix moyens (de 150 à 300 Bts – 4,30 à 8,60 €)

|●| ***Isao*** – ร้าน อิ ซา โอะ *(plan détachable, G4,* ***96****) : 5 Sukhumvit Rd, Soi 31. ☎ 258-06-45. Tlj 11h-14h30, 17h30-22h (dernière commande 15 mn avant fermeture le midi, 30 mn le soir).* Un resto intimiste. Dernière le grand comptoir l'armée japonaise a sorti ses plus fines lames pour vous concocter, en temps réel, sushis, sashimis et makis de la plus extrême fraîcheur. Intéressantes formules 12 pièces, servis avec soupe miso, salade et dessert pour l'heure du déjeuner. Un verre de thé glacé pour faire passer tout ça. Non moins appétissants plateaux le soir (prix chic). Le tout c'est de trouver de la place car l'adresse est très prisée.

|●| ***Food court de l'Emporium*** – ศูนย์อาหารเอ็มโพเรียม *(plan détachable, G4,* ***97****) : sur Sukhumvit Rd, entre les Soi 22 et 24. ☎ 664-80-00. Au 5ᵉ étage du grand centre commercial. Suivre les panneaux* « Food Hall ». *Tlj 10h-22h.* Perché au top d'un temple du shopping. La formule est simple, on achète une carte de 3 000 Bts, débitée au fur et à mesure de vos emplettes gourmandes, et la différence non utilisée vous est rendue à la sortie. Un choix énorme de plats dont on connaît enfin les noms et des spécialités des quatre coins de l'Asie. Ne partez pas sans avoir essayé les desserts : riz gluant à la mangue, durian, etc.

Chic (de 300 à 600 Bts – 8,60 à 17,20 €)

|●| ***T. Pochana*** – ที โภชนา *(plan détachable, G4,* ***98****) : 18 Sukhumvit Rd, Soi 31. ☎ 662-22-47. Tlj 11h-23h30. Crustacés vendus au poids, compter 2 200 Bts/kg pour le crabe, 1 300 Bts/kg pour les gambas ; plat de poisson autour de 450 Bts.* La succursale de notre adresse historique de Rajprarop Rd a hérité elle aussi de la couverture du menu avec la photo de Michel Platini. Mais ici, c'est beaucoup plus classe et un peu plus cher aussi. Néanmoins la qualité est toujours au rendez-vous. Dans un environnement plus zen, on s'y régale de poissons et de crustacés. Son crabe au curry est à tomber par terre. Service aux petits oignons.

|●| ***Cabbages and Condoms*** – ร้านอาหารแคบเบจ แอนด์คอนดอม *(plan détachable, F4,* ***99****) : 10 Sukhumvit Rd, Soi 12. ☎ 229-46-10. Tlj 11h-23h.* 📶 « Choux et capotes », tel est

le nom de ce resto didactique fondé en 1974, à l'origine comme soutien au planning familial. Aujourd'hui, les fonds récoltés sont utilisés pour la promotion d'associations de développement et de prévention, notamment du virus du sida. Cadre charmant, notamment le soir quand les guirlandes électriques ajoutent de la poésie à ce grand jardin exotique, semé par ailleurs de mannequins vêtus de préservatifs tressés... Jolis plats (poulet cuit dans des feuilles de pandanus, nouilles thaïes aux crevettes, etc.), copieux et à prix corrects.

Très chic (plus de 600 Bts – 17,20 €)

The Long Table – ร้านอาหาร เดอะ ลอง เทเบิ้ล *(plan détachable, F4, **100**) : 48 Column Tower, 25e étage, Soi Sukhumvit 16. ☎ 302-25-57. Tlj 17h-2h. Compter env 1 300-1 400 Bts/pers. Résa minimum 3-4 j. à l'avance pour le dîner.* Un des restos les plus impressionnants de la ville. Tout s'organise autour de la vue plongeante, sensationnelle, magique à la tombée de la nuit. Mais il y a surtout cette longue table de 25 m, la plus grande de la ville, que les convives partagent. Lumières douces, long bar noir éclairé de rouge intense, et quelques canapés. Cuisines thaïlandaise de haut vol. Viandes, poissons, fruits de mer, tout y passe. Dommage qu'on ne puisse pas voir davantage son assiette. Côté vins, surtout des rouges, majoritairement français et italiens. Service extra. Tenue correcte exigée.

Charcoal ชาร์โคล *(plan détachable, F3, **101**) : 38 Sukhumvit Rd, Soi 11 (Fraser Suites, 5e étage). 📱 089-307-11-11. Tlj 18h-minuit. Plats végétariens 300-350 Bts ; tandoori 500-750 Bts. On mange pour 600-700 Bts minimum. Résa conseillée.* Intérieur anthracite, musique bollywoodienne bien présente, pénombre mesurée. Dès votre arrivée le maître d'hôtel vous apporte la carte des cocktails et vous noue un tablier autour du cou. Ici le personnel a été trié sur le volet en fonction de sa capacité à mémoriser les commandes, bluffant ! Alors autant les tester et commander plusieurs plats et partager. C'est de la cuisine indienne bien faite et préparée par un staff de mirlitons qui s'active en vitrine. On passe une bonne soirée.

Mahanaga – ร้านมหานาคาเรสเตอรองท์ *(plan détachable, G4, **102**) : 2 Sukhumvit, Soi 29. ☎ 662-30-60. Tlj 17h30-minuit (mêmes horaires pour le Gypsy Spells Bar). Menu du mois pour 2 pers à 2 100 Bts, sinon 2 menus à 1 600 et 2 000 Bts. Résa obligatoire.* Cette adresse élue meilleur resto de Thaïlande en 2013 offre un cadre charmant, sous des terrasses et des tonnelles de fleurs et une enfilade de maisons thaïes très joliment décorées. Mieux vaut y venir le soir, avec toutes les petites lumières, c'est splendide ! Une cuisine thaïe fusion pleine de saveurs (ah, la salade de mangue épicée !) qui fait voyager les papilles. Parfait pour un repas en amoureux.

Rang Mahal – ร้านอาหารรังมาฮาล *(plan détachable, G4, **103**) : Rembrandt Hotel, 19 Sukhumvit Rd, Soi 18. ☎ 261-71-00. Plats 200-700 Bts. Lun-sam 17h-minuit, dim 11h-14h30, buffet 1 200 Bts, menus 1 400-1 650 Bts.* Au 26e étage de l'hôtel Rembrandt, une bonne escale pour les amateurs de cuisine indienne, réputée pour le très bon rapport qualité-prix du buffet dominical, à découvrir en profitant d'une belle vue sur la ville. Alors, autant réserver une table près de la fenêtre puisqu'on peut dire que la vue aussi est facturée...

Ruan Songnaree – ร้านอาหาร เรือนสองนรี *(plan détachable, G4, **104**) : 7/4-5 Sukhumvit Rd, Soi 33 (à gauche de l'hôtel Lotus ; ne pas confondre avec le Ton Thong). ☎ 662-28-04. Tlj 11h30-minuit. Plats de poisson env 500 Bts. Plats thaïs dans la fourchette chic.* Un des restos spécialistes des plats de la mer et ça se sent dès qu'on franchit la porte. Cadre élégant juste ce qu'il faut. Le crabe est à l'honneur, dans tous ses états. Également quelques poissons en sauce ou crustacés frits. On peut aussi se contenter de plats thaïs traditionnels, ils sont nettement moins chers. Bref, des préparations simples, efficaces et copieuses. Service dynamique.

Seafood Market and Restaurant – ภัตตาคาร ซีฟู้ดมาร์เก็ต *(plan détachable, G5, **105**) : 89 Sukhumvit Rd, Soi 24, à 500 m sur la gauche. ☎ 661-12-52 à 59. Tlj 11h30-23h30. Prix des gambas de l'ordre de 2 600 Bts/kg ; crabe (du Maine) 3 000 Bts/kg.* « Si ça nage, nous l'avons » : tel est le slogan de cette adresse très touristique. Le principe est de faire son marché soi-même, on choisit son poisson ou ses crustacés, ses légumes, sa bibine... On vous le recommande plus pour le folklore que pour la qualité.

Où boire un verre ? Où écouter de la musique ? Où sortir ?

Quartier animé, voire chaud le soir, notamment dans les *soi* 11 et 13 (bars et boîtes à expats, du bon vieux pub au club branchouille) ainsi que dans le passage reliant les *soi* 21 et 23 (Soi Cowboy, bars à filles).

Bars

Above Eleven – ร้านอาหาร อโบลฟ อีเลฟเว่น *(plan détachable, F3, **101**) : Sukhumvit, tt au fond du Soi 11, au 33e étage de l'immeuble Fraser Suites. Tlj 18h-2h. Résa par CB au moins 8 j. à l'avance si vous voulez une table en sem, plus pour le w-e.* Notre *rooftop bar* préféré dans le coin, dominant la ville. Autour du grand comptoir, sur 2 étages. Cocktails autour de 400 Bts. On adore les vins du monde de la section « Désolé, chéri(e), je suis fauché(e) ! ». Musique sympa, tenue cool mais correcte exigée (pas de tongs).

Havana Social ฮาวาน่า โซเชียล *(plan détachable, F3, **155**) : Sukhumvit, Soi 11 (petite rue qui part presque en face du Fraser Suites). Tlj 18h-2h.* Une fois entré le code dans la cabine téléphonique (c'est un *speakeasy* mais on vous assiste), on pénètre dans un petit rade assez sombre où les serveuses sont équipées de lampes de poche. Ambiance *caliente* sur 2 étages malgré la clim poussée à fond. Au bar, mojito et autres variations sur le thème du rhum et du citron vert. Et sur la petite piste de danse carrelée, appuyée par une sono impeccable, les corps s'abandonnent à la musique caraïbe (reggaeton, salsa, merengue).

Oskar Bistro สุขุมวิท อโศก *(plan détachable, F3, **156**) : 24 Sukhumvit, Soi 11. ☎ 255-33-77. Tlj 16h-2h.* Joli bar, céramiques rétros, sofas profonds et long comptoir. Le soir, la terrasse est vite prise d'assaut. En fin de semaine, nombreux DJs viennent ici mixer pour une clientèle presque exclusivement constituée de *farangs*. Quelques petites choses à grignoter. Tenue correcte exigée.

The Long Table – ร้านอาหาร เดอะ ลอง เทเบิล *(plan détachable, F4, **100**) : 48 Column Tower, 25e étage, Soi Sukhumvit 16. ☎ 302-25-57. Tlj 17h-2h.* Une des plus belles vues de Bangkok, dans une ambiance résolument intime aux tonalités rouges. Pensez à réserver pour avoir une table avec vue. Musique lounge, tenue correcte exigée.

Apoteka อโพเทกะ ลัก บาร์ *(plan détachable, F3, **156**) : 33/28 Sukhumvit, Soi 11. 090-626-76-55. Tlj 17h-2h.* Un grand et élégant bar de plain-pied sur la rue, terrasse, avec décor aux allures de pharmacie. Les potions ont bien changé, et les remèdes de cheval vous soigneront bien des maux. Avec modération

BANGKOK QUARTIER PAR QUARTIER

toujours. Ambiance rock en live à partir de 21h et jusqu'à la fermeture.

Iron Fairies – ร้านอาหาร ดิ ไอรอน แฟรี่ส์ *(hors plan détachable par G5, **158**) : 404 Sukhumvit, Soi 55 (à côté de la très étrange Galerie Khun, inspirée par Philippe Starck). ☎ 714-88-75. Tlj 17h-2h.* Un drôle d'endroit, sorte de manoir reconstitué, où règne une ambiance de vieux club londonien chic. On y trouve pêle-mêle d'anciennes machines à coudre, des fioles à foison, de vieux Chesterfield, de sombres alcôves, des joueurs de jazz qui apparaissent au 1er étage... et même des cocktails ! Très bonne adresse.

WTF Café & Gallery – ร้านอาหารดับเบิ้ลยูทีเอฟ คาเฟ่และแกลเลอรี่ *(plan détachable, G4-5, **159**) : 7 Sukhumvit Soi 51. ☎ 662-62-46. • wtfbangkok.com • Mar-dim 16h-2h (ouverture de la galerie à 16h30).* Dans un petit renfoncement. Un bar-bistrot-galerie d'art (1er étage) tout en longueur, aux allures parisiennes. Ambiance cool, jeune et trendy. Cocktails aux intitulés poétiques et effets instantanés.

Discothèques

Sing Sing Theater – ซิง ซิง เธียเตอร์ *(plan détachable, G4, **166**) : Sukhumvit Rd, Soi 45, Klong Toey (entrée au niveau du resto Quince). 097-285-68-88. Tlj sf lun 20h-2h.* Le créateur du *Maggie Choo* et de l'*Iron Fairies* ne manque décidément ni de génie ni d'imagination ! Dans une ambiance mêlant le « chinoisant » au steampunk mais version *opium bar* (lampions suspendus, ventilos à la Jules Verne, présence affirmée du rouge et du noir, lourds canapés de cuir...) 2 bars, dont un dédié aux fumeurs et une piste de danse pleine de jolies filles en tenues plus ou moins sages... Le tout pour une soirée débridée et très esthétique !

Glow *(plan détachable, G3-4, **167**) : 94/4 Sukhumvit Rd, Soi 23 (de Sukhumvit, prendre le Soi 23, laissez le Soi Cowboy sur la gauche, puis 1re à droite, 1re à gauche, c'est un peu plus loin sur la gauche). ☎ 261-44-46. 086-614-33-55. Jeu-dim 19h-3h. Entrée : 300 Bts minimum, puis selon la notoriété du DJ.* Amateurs de house, de techno et accessoirement de trance, ce petit club aménagé sur 2 niveaux totalement voué à l'électro (traitement du son *funktion-one*, si ça vous parle) accueille régulièrement des DJ d'envergure internationale tels que Dubfire, Sasha, Seth Troxler ou encore la talentueuse Maayan Nidam.

Cabaret et spectacles

– Même principe et même clientèle que pour Patpong I et Patpong II. À Sukhumvit, le ***Soi Cowboy,*** où furent tournées quelques scènes du film *Very bad Trip II,* est éclairé comme un sapin de Noël. On ne vient pas ici par hasard.

Achats

Sukhumvit Road – ถนนสุขุมวิท *(plan détachable, F-G3-4) : au début de la rue, entre les Soi 5 et 20.* Partout des stands ambulants qui vendent toutes les grandes marques... contrefaites, juste devant les magasins officiels de ces mêmes marques. C'est vilain de copier, et désormais, ça peut coûter cher !

Massages – นวดไทย

Health Land Asoke – สปาเอลท์แลนด์ อโศก *(plan détachable, F3, **208**) : 55/5 Sukhumvit 21 Rd. ☎ 261-11-10. • healthlandspa.com • Tlj 9h-minuit (résa fortement recommandée, dernière résa possible 21h30). Compter*

550 Bts pour un massage traditionnel de 2h. Dans une grande demeure, avec cadre élégant et très propre (draps et pyjamas de massage fraîchement repassés), différentes sortes de traitements (ayurvédiques, à 4 mains, aromatiques, chromothérapie etc.). Ici, une armée de masseuses, c'est carrément l'usine. Plusieurs adresses en ville.

À voir. À faire

Siam Niramit Show – สยามนิรมิต *(hors plan détachable par G1,* ***210****) : 19 Tiamruammit, Huaykwang. ☎ 649-92-22. • siamniramit.com •* MRT (blue line) : *Thailand Cultural Center, puis navette gratuite (exit nº 1, première navette 17h15, puis ttes les 15 mn) ou taxi. Spectacle à 20h (buffet 18h-19h45). Réserver sur place, sur Internet ou dans les agences de voyages, où c'est d'ailleurs parfois moins cher. Billet : 1 500-2 000 Bts selon emplacement et confort + 350 Bts avec le dîner-buffet ; réducs. Prise en charge A/R à votre hôtel pour 300 Bts/pers. Pour ceux qui n'optent pas pour le buffet, venir avec de quoi grignoter, parce qu'on ne trouve rien à se mettre sous la dent dans les environs immédiats.* Certes, ce n'est pas donné, mais une fois dissipé le sentiment d'arriver dans le Disneyland thaï, on se laisse vite emporter par le spectacle. Si les tableaux successifs renvoient de façon très simplifiée aux événements marquants qui ont ponctué l'histoire du royaume de Siam, « Siam Niramit » est avant tout un bien beau spectacle qui réunit quelque 150 artistes et figurants, rythmé et aux superbes costumes et décors qui changent constamment. Un bon moment à passer en famille (enfants à partir de 8-9 ans).

DANS LE QUARTIER DE SIAM SQUARE

ในเขตพื้นที่และรอบๆ สยามสแควร์

• Plan détachable, D-E2-3-4

Quartier très commerçant, hérissé de gratte-ciel et de centres commerciaux gigantesques. Le meilleur moyen pour s'y rendre reste le métro aérien, arrêt National Stadium, Central Station (Siam) ou Phaya Thai. Le *khlong* Saen Saep permet de gagner les quartiers ouest en évitant les embouteillages, départ Baan Krua Nua Pier jusqu'à Panfa Leelard Pier (ensuite prendre un taxi ou un *tuk-tuk*). Loger ici n'intéressera que celles et ceux qui privilégient le shopping et les ambiances urbaines aux visites. Comme Sukhumvit, on peut aussi y passer une dernière nuit avant de rentrer au bercail car l'*Airport Rail Link* (Phaya Thai) qui permet de gagner rapidement l'aéroport à moindre frais est accessible depuis la station de métro Siam.

Où dormir ?

Prix moyens (de 500 à 1 000 Bts – 14,30 à 28,60 €)

■ ***Lub*d Siam Square*** – โรงแรม หลับ ดี สยามสแควร์ *(plan détachable, D3, **51**) : 925/9 Rāma I Rd. ☎ 612-49-99. • lubd.com/siamsquare/ •* 💻 📶 Dans un grand cube de béton façon Lego géant ou parking silo largement ouvert sur la circulation automobile. Dortoirs mixtes à la déco dans l'air du temps, pas bien grands et un peu sombres, avec salle de bains à partager (très propres). Quelques doubles taille XXS avec ou sans salle de bains mais qui ne valent pas la peine. Salon TV, *lockers,* laverie. Ambiance jeune et décontractée. Prévoir de bons bouchons d'oreilles car c'est bruyant (toutes les chambres et dortoirs donnent directement sur l'extérieur, pas de parties communes fermées à part la réception). Bon pour une nuit, pas d'avantage.

D'un peu plus chic à plus chic (de 1 000 à 3 000 Bts – 28,60 à 86 €)

■ ***A-One Inn*** – โรงแรม เอ วัน อินน์ *(plan détachable, D3, **52**) : 25/13-15 Soi Kasemsan I, Rāma I. ☎ 215-30-29. • aoneinn.com • Petit déj inclus.* 📶 Ensemble vieillot et relativement propre. Chambres basiques, assez petites, mais toutes sont dotées de la clim, d'une TV, d'un frigo et d'une salle de bains privative. Et même quelques triples. En dépannage seulement.

■ ***Pakdee Bed & Breakfast*** – พักดี เบดแอนดเบรคฟาสต์ *(plan détachable, E3, **53**) : Petchaburi Rd, angle Soi 15. ☎ 653-76-11. • pak-d.com • Petit déj optionnel. CB acceptées moyennant 3 % en sus.* 📶 En plein centre, un hôtel d'une douzaine de chambres tout confort et moquettées dont la réception est encombrée de nounours. Ici, la déco est soignée, les couleurs sont flashy et les lits ont presque la dimension d'un *king size* (possibilité de lit d'appoint). Le petit déj est servi au 6e étage. Un rapport qualité-prix convenable dans un quartier où les adresses de ce type ne sont pas légion.

■ ***Patumwan House*** – ปทุมวัน เฮ้าส์ *(plan détachable, D3, **52**) : 22 Soi Kaseman I, Rāma I (tt au fond du soi). ☎ 612-35-80. • patumwanhouse.com • CB refusées.* 💻 📶 À l'inverse des employés, les oiseaux en cage à l'entrée vous souhaitent la bienvenue dans ce grand hôtel crème, qui propose une centaine de chambres-studios spacieuses, classiques mais bien tenues, équipées d'AC, TV, frigo et coin cuisine (inutile puisque les placards sont vides et qu'il n'y a pas de plaques de cuisson...). Les moins chères donnent sur le patio couvert, les autres sur l'extérieur. Rapport confort-taille-prix plutôt intéressant pour cet établissement situé à l'écart de la circulation, donc au calme.

■ ***Wendy House*** – เว็นดี้ เกสท์เฮ้าส์ *(plan détachable, D3, **54**) : 36/2 Soi Kasemsan I, Rāma I. ☎ 214-11-49. • wendyguesthouse.com • Petit déj inclus.* 💻 📶 Rez-de-chaussée (réception et pièce commune/salle de petit déj) tout en baies vitrées. Une petite quarantaine de chambres propres réparties sur 4 étages (pas d'ascenseur, escalier raide) d'un immeuble sans charme. Toutes avec AC, TV, frigo et sanitaires privatifs. Pour le même prix, certaines chambres donnent sur un mur aveugle, d'autres ont une petite fenêtre et d'autres encore une grande, clim centralisée ou pas, alors renseignez-vous ! Intéressant pour une dernière nuit de shopping avant de rejoindre ses pénates.

Très chic (plus de 3 000 Bts – 86 €)

🏠 ***LiT Bangkok*** – โรงแรมและเรสซิเดนซ์ ฦทธิ กรุงเทพ *(plan détachable, D3, **54**) : 36/1 Soi Kasemsan, Rāma I Rd. À proximité du mall* MBK. ☎ *612-34-56.* • *litbangkok.com* • *Petit déj inclus.* Un grand bâtiment à l'architecture futuriste dans un environnement de buildings anciens lavés par les pluies. Le design est le maître mot de ce concept de verre, de béton et d'acier. Il joue avec la lumière et les matières, définissant des ambiances très contrastées. Au programme, une quarantaine d'appartements et le double de chambres. Toutes bénéficient d'une parfaite finition. Beaucoup de charme avec leur plancher en teck vernissé, leurs baignoires intégrées et leurs salles de bain délimitées par une cloison de verre dépoli. Grandes baies donnant sur l'extérieur. Piscine à débordement, spa, massages. Un hôtel entièrement non-fumeur.

🏠 ***Siam@Siam*** – โรงแรมสยาม แอ็ท สยาม *(plan détachable, D3, **55**) : 865 Rāma I Rd.* ☎ *217-30-30.* • *siamatsiam.com* • *À partir de 4 000 Bts pour 2. Suivre les promos sur Internet. Petit déj optionnel.* Amateurs de selfies, vous serez aux anges car c'est l'un des hôtels les plus photogéniques de Bangkok. Tuyauteries apparentes dans les parties communes, belles couleurs chaudes à la fois modernes et revival, et mobilier design dans les chambres. Toutes avec canapé, salle de bains moderne (béton ciré, bois, vasque et baignoire), lampes en bois, écran plat, coffre, minibar... et bien sûr, la vue sur la ville. Celle-ci est d'ailleurs fabuleuse depuis la piscine à débordement qui fait office de balcon sur Bangkok et semble plonger littéralement dans le National Stadium. Idéal pour regarder un match ! Également un spa, 2 restaurants, dont un sur le toit *(tlj 18h-23h).*

🏠 ***Baiyoke Sky Hotel*** – โรงแรม ใบหยก สกาย *(plan détachable, E3, **56**) : 222 Rajprarop Rd, Rajthevee (réception au 18e étage).* ☎ *656-30-00.* • *baiyokehotel.com* • *Ne pas confondre avec sa voisine, la tour Baiyoke I. Petit déj inclus.* Hôtel haut de gamme de 658 chambres, sans âme dans l'un des plus hauts gratte-ciel de Bangkok. Faute de charme, on profite du confort attendu dans ce type d'établissement. Attention, les prix grimpent en fonction de l'altitude ! La vue, surtout la nuit, est à couper le souffle. Les résidents bénéficient d'un accès libre au sommet de la tour et d'un service de navettes vers les points stratégiques de la ville, temples, musées, *malls (ttes les heures 10h-19h).* Certains jours, le petit déj est servi en extérieur, au 81e étage. Accueil à la chaîne, malheureusement. Lire aussi plus loin « À voir. À faire ».

Où manger ?

Le quartier de Siam Square regroupe un ensemble de centres commerciaux et de dizaines de restos en tout genre. Prix généralement élevés, mais nous vous en avons déniché quelques-uns pas mal du tout.

Très bon marché (moins de 80 Bts – 2,30 €)

🍴 Tout le long du Soi Kasemsan II – ซอยเกษมสันต์ *(plan détachable, D3),* quelques ***stands et échoppes de rues*** où se retrouvent fans de Jim Thompson (voir plus loin sa maison dans « À voir. À faire ») et écoliers en pause déjeuner. Bons *satays,* copieuses soupes de nouilles et délicieuses salades de papaye, pour une poignée de bahts.

Bon marché (de 80 à 150 Bts – 2,30 à 4,30 €)

🍴 ***Food court du Siam Paragon*** – ศูนย์อาหารสยามพารากอน *(plan détachable, D3, **106**) : sur Rāma I Rd, face*

BANGKOK QUARTIER PAR QUARTIER

à l'arrêt Siam du Skytrain, au rdc du mall du même nom. Tlj 10h-22h. Sorte de Babel gastronomique où l'on peut aussi bien manger asiatique que français, néo-zélandais, allemand, indien ou américain. Certains restos sont à payer directement (cas du resto *Royal India* par exemple), d'autres à l'aide d'une carte magnétique créditée à l'entrée *(500 Bts maxi)* et dont vous récupérez l'argent non dépensé à la sortie. Pratique et rapide.

Food Center du MBK – ศูนย์อาหารมาบุญครอง *(plan détachable, D3,* ***107****) : au 6e étage du Mah Boonkrong, Thanon Phaya Thai. ☎ 620-92-49. Tlj 10h-21h.* Le plus grand centre commercial du pays (plus de 100 000 visiteurs par jour) abrite un *food center* à sa taille. Même principe de paiement que le *food court* du *Siam Paragon*. Ici, aussi tous les restos ne sont pas éligibles à la carte magnétique.

Café 1912 – สมาคมฝรั่งเศส *(plan détachable, E4,* ***108****) : 29 Thanon Sathorn Tai –* ถนนสาธรใต้. *☎ 670-42-81. Au sein de l'Alliance française. Lun-sam 7h-19h, dim 7h-14h. Fermé j. fériés.* Bel espace lumineux et climatisé pour une cuisine locale bon marché et à prix moyens pour la française. Petite terrasse.

Prix moyens (de 150 à 300 Bts – 4,30 à 8,60 €)

Reno Café – ร้านอาหาร เรโน คาเฟ่ *(plan détachable, D3,* ***54****) : 40 Rama Rd, Soi Kasamsan 1. ☎ 215-00-26. Tlj 6h-minuit. CB acceptées au-dessus de 500 Bts.* Petite terrasse, ou salle climatisée, sans grand charme, mais parfaite pour se poser entre deux balades. Plats variés, pour tous les goûts. *Smoothies.*

Chic (de 300 à 600 Bts – 8,60 à 17,20 €)

Once Upon a Time – ร้านอาหารวันส์อะพอนอะไทม์ *(plan détachable, E3,* ***109****) : 32 Petchaburi Pratunam Rd, Soi 17. ☎ 252-86-29. Tlj 11h-23h. CB acceptées.* En plein centre de Bangkok et pourtant au calme, une vieille maison tout en bois, bien patinée. On mange dans un jardin tropical planté de grands manguiers (attention aux moustiques), ou dans la maison de style colonial bien climatisée, où virevolte une escouade de serveurs costumés. Ambiance début du XXe s assurée. La cuisine thaïe s'avère de qualité, plats simples ou élaborés. Bien pour un dîner à deux.

T. Pochana (T Restaurant) – ที โภชนา *(plan détachable, E2,* ***110****) : 78 12/16 Rajprarop Rd, env 50 m à l'est de la passerelle qui enjambe la rue. ☎ 247-10-61 à 62. Tlj 11h30-minuit. Crabe et langouste 1 800 Bts/kg, Gambas 1 200-1 600 Bts/kg selon type (Normal, King ou Tiger).* Un des meilleurs restos de fruits de mer de Bangkok. Il y a une trentaine d'années, toutes les compagnies aériennes en escale à Bangkok en avaient fait leur cantine. De cette époque, reste une photo de Michel Platini sur la carte. La roue tourne, les « PNC » se sont envolés vers d'autres horizons mais les produits de la mer sont bien là, ultra frais et à un tarif tout à fait compétitif. Compter 600 Bts pour un crabe au curry *(fried crab with curry powder).* À la carte sinon, pétoncles sautés *(fried baby clams),* soupe de coquilles Saint-Jacques à la sauce rouge *(sheel meat),* etc. Tout est bon, préparé et grillé à la minute.

Achats

Pratunam Petchaburi – ประตูน้ำและถนนเพชรบุร *(plan détachable, E3) : au pied de la tour Baiyoke. Fermé dim.* C'est l'équivalent du quartier du Sentier à Paris. On y vend de la fripe et du tissu à tous les prix. Nombreux restos.

BANGKOK QUARTIER PAR QUARTIER

Notez aussi qu'au 4e étage de la tour *Baiyoke II (accès gratuit)* vous trouverez de jeunes créateurs proposant un choix impressionnant de T-shirts, souvent drôles ou originaux... Citons par exemple les boutiques *Melting Pot (☎ 656-30-80. 📱 089-788-77-56 ; tlj sf dim 10h30-18h)* et *Immortal (☎ 656-34-92. 📱 081-565-0568 ; tlj sf dim 10h-18h).*

Les ***shopping centers*** *(ouv généralement jusqu'à 22h)* proposent des articles intéressants. On peut y acheter des tas de choses (lingerie, produits de beauté, tissus, grandes marques – authentiques ! –, etc.). On peut même obtenir une retouche sur un vêtement en moins de 30 mn. En voici quelques-uns : ***Siam Square*** – ศูนย์การค้าสยามสแควร์ *(plan détachable, D3, 205)*, le plus important ***MBK, Rāma 1 Siam*** *(plan détachable, D3)*, très prisé des étudiants et des touristes *(Zone 4, 5e étage du MBK, une aire de repos climatisée pour touristes ouv 11h-21h, on peut même y prendre une douche à condition de dépenser minimum 5 000 Bts en achats divers)* ; ***Siam Paragon*** *(plan détachable, D-E3)*, avec toutes les grandes marques de mode, de l'habillement à l'automobile (2e étage) ; ***Central World*** *(plan détachable, E3)*, immense, et ***Zen*** et ***Isetan,*** juste à côté, sur 8 étages. Tous les *shopping centers* proposent des *food courts* pour bien manger sans se ruiner (voir « Où manger ? » plus haut). Voir aussi dans le quartier de Sukhumvit.

À voir. À faire

La maison de Jim Thompson – บ้านจิมทอมป์สัน *(plan détachable, D3)* **:** *6 Soi 2 Kasemsan* – ซอยเกษมสันต์, *Rāma I Rd* – ถนนพระราม 1, *tt près du National Stadium.* ☎ *216-73-68.* • *jimthompsonhouse.com* • Skytrain : *National Stadium. Bus nos 11, 15, 47, 73, 93, 113 ou 204. Tlj 9h-18h. Entrée : 150 Bts ; réduc. Visite guidée obligatoire, possible en français, départ quand un groupe de 16 pers est constitué.*

Dans un magnifique jardin luxuriant, voici parmi les dernières vraies maisons thaïes en teck qui subsistent à Bangkok. En fait, elles ont été démontées dans leur région d'origine et reconstruites en pleine ville. Maisons en trapèze, sur pilotis, adossées à un *khlong* qui servait de voie d'approvisionnement des soieries.

Jim Thompson était un architecte qui fut agent de l'OSS (ancêtre de la CIA) en mission dans le Sud-Est asiatique au moment de la capitulation du Japon. Séduit par le pays, il revint en 1946 s'installer à Bangkok. Il relança l'industrie de la soie, moribonde dans ce pays, en créant la *Thaï Silk Company,* la fit connaître à New York, fit fortune et fit déplacer et remonter ces maisons traditionnelles, vieilles de plus de deux siècles pour certaines, occidentalisées par ses soins (ajout de salons, salle à manger...), avant de disparaître mystérieusement. De salle en salle, on y découvre une collection d'objets d'art de toute beauté : vaisselle, sculptures,

L'ÉTRANGE DISPARITION DE L'EX-ESPION

En 1967, Jim Thomson se rendit dans les monts Cameron en Malaisie. Lors d'une promenade solitaire, il disparut à tout jamais. Son corps ne fut jamais retrouvé. Son passé d'ex-espion en pleine guerre du Vietnam alimenta les hypothèses les plus folles. L'explication la plus probable se trouve tout simplement dans une mort accidentelle : un camion malais l'aurait renversé et son corps aurait été enterré aussitôt pour dissimuler le drame, ou alors un tigre affamé de passage... Allez savoir !

porcelaine Benjarong (à cinq couleurs), panneaux de tissus peints et, bien sûr, de magnifiques bouddhas, provenant de toute l'Asie. Un vrai émerveillement ! En revanche, n'espérez pas en apprendre plus sur le personnage, la visite n'est consacrée qu'à la maison.
Jardin touffu apaisant. Boutique chic pour faire des emplettes et très bon resto avec produits de la ferme, pour reprendre des forces.

Bangkok Arts & Culture Center (BACC) – หอศิลปวัฒนธรรมแห่งกรุงเทพมหานคร *(plan détachable, D3)* **:** *939 Rāma I, Wangmai.* ☎ *214-66-30.* ● *bacc.or.th* ● *Tlj sf lun 10h-21h. GRATUIT.* Dans un vaste bâtiment dont l'architecture fait référence au Guggenheim Museum de New York (rien de moins !), le centre abrite quelques galeries d'art, petites boutiques de créateurs, ainsi que des expos de photos, céramiques, peintures... Rien d'incontournable, mais peut valoir le coup d'œil selon les expos en cours.

Sealife Ocean World – ซีไลฟ์ แบงคอก โอเชี่ยน เวิลด์ *(plan détachable, D-E3)* **:** *991 Rāma I Rd, au sous-sol du centre commercial* Siam Paragon. ☎ *687-20-00.* ● *sealifebangkok.com/en* ● Skytrain : *Siam. Tlj 10h-21h (dernière entrée à 20h). Entrée : 990 Bts ; réduc (faibles). 200 Bts de plus pour le coupe-file. Billet combiné avec le musée de cire de Mme Tussaud possible.* Un aquarium assez bien pourvu en espèces animales : méduses phosphorescentes, anguilles, pingouins, raies et autres bébêtes du même genre. Rien en ce qui concerne la flore, tout est en plastique (pas de lumière naturelle). On vient surtout pour l'immense tunnel de verre, et pour faire risette aux requins qui passent négligemment au-dessus de nos têtes. En supplément, balades en bateau à fond de verre, cinéma en 4D... Très cher tout de même.

KidZania – เมืองคิดส์ซาเนีย *(plan détachable, D3)* **:** *au* Siam Paragon Shopping Center, *991 Rāma I Rd. Au 5e étage, tt au bout du centre commercial, ascenseur nord* (north lift). ☎ *683-18-88. Lun-ven 10h-17h, sam-dim 10h30-20h30. 2-3 ans, 690 Bts ; 4-14 ans, 1 150 Bts ; adulte, 690 Bts. Un peu moins cher en sem.* Si vous avez besoin d'occuper les enfants, un ensemble d'activités regroupées en pleine ville. De quoi jouer au pilote d'avion, au réparateur de voitures, au barbier, au banquier, à l'esthéticienne, le tout dans un décor plus vrai que nature. Assez cher quand même pour une famille.

La tour Baiyoke II – อาคารใบหยก 2 *(plan détachable, E3,* **56***)* **:** *222 Ratchaprarop Rd, Rajthevee. Bus nos 16, 23, 60, 79, 99, 511 ou 512. Accès par le Soi 3 de l'av. Ratchaprarop et les rues commerçantes et encombrées qui traversent le quartier des magasins de textiles et de vêtements. Pour réserver le restaurant :* ☎ *656-39-39 ou* ● *baiyokebuffet.com/Home.aspx* ●
En fait, il y a deux tours, très proches l'une de l'autre : la tour *Baiyoke I* et la tour *Baiyoke II*. Celle-ci est la plus futuriste (309 m). Elle ressemble à un grand stylo coiffé d'une sorte de rotonde. On grimpe à l'assaut de la tour par un ascenseur vitré. Sujets au vertige, s'abstenir. De là-haut, vue panoramique sur la capitale, à découvrir au coucher du soleil si le temps le permet. Fondations à près de 65 m sous terre (équivalent en taille d'un immeuble de 22 étages) pour assurer sa stabilité.

La visite
Accès payant. Soit vous montez pour la vue (env 400 Bts avec 1 conso comprise dans le prix), soit vous optez pour un billet cumulé qui couvre l'ascenseur et les différents resto-buffets des 75e (Floating Market), 76e et 78e étage (Bangkok Sky), 79e étage (Stella Palace, resto haut de gamme), 81e (en intérieur ou en extérieur)

BANGKOK QUARTIER PAR QUARTIER

et 82e étage (forfaits à acheter au lobby de l'hôtel, au 19e étage). Compter 800 Bts pour déjeuner (11h-15h) et 960 Bts pour dîner (17h30-23h), boissons comprises pour les restos d'entrée de gamme et jusqu'à 1 500 Bts pour les tables des 79e et 81e étages qui sont les plus chères. Avec ce même billet, vous pouvez accéder librement à la terrasse d'observation au sommet de la tour. Le mieux c'est de réserver par internet car on peut choisir sa table. Si vous en avez les moyens, réservez en extérieur, au 81e. Le w-e, s'y prendre au moins 2 j. à l'avance. Tenues correctes exigées au resto.

– *Aux 75e, 76e, 78e étages :* cuisine de qualité et, bien que ce soit un peu cher, ça vaut quand même la peine d'y venir à la nuit tombée. Buffet à volonté. Petits plats thaïs et internationaux, sushis...

– *Au 77e étage :* terrasse d'observation en intérieur *(tlj 10h30-minuit ; 22h pour les tickets).*

– *Au 79e étage :* le *Stella Palace*, resto gastronomique.

– *Au 81e étage :* le *Bangkok Balcony*, en intérieur ou en extérieur (plus cher).

– *Au 82e étage :* le *Crystal Grill*, buffet de grillades.

– *Au 83e étage : Rooftop Bar (tlj 17h-2h, dernier ticket vendu à minuit)*, un bar où prendre sa conso incluse dans le billet d'entrée. Le soir, des groupes y reprennent des standards.

– *Au 84e étage :* terrasse tournante d'observation en extérieur *(tlj 11h-minuit ; 23h pour les tickets).*

– Voir aussi le *Baiyoke Sky Hotel* plus haut, dans « Où dormir ? ».

IL EST TOMBÉ SUR UN OS...

... ou plutôt sur un tesson, enfoui là depuis des centaines d'années. C'est en trébuchant lors d'une balade dans le nord de la Thaïlande, en 1966, que Stephen Young, un jeune étudiant américain, a mis au jour le site archéologique de Ban Chiang. De nombreuses pièces sont exposées aujourd'hui au Suan Pakkad Palace.

Suan Pakkad Palace – วังสวนผักกาด *(plan détachable, D-E2) : 352 Sri Ayutthaya Rd –* ถนนศรีอยุธยา *(non loin de l'angle avec Phaya Thai Rd). ☎ 245-49-34. ● suanpakkad.com/main_eng.php ● Skytrain : station Phaya Thaï. Tlj 9h-16h. Entrée : 100 Bts, avec un éventail offert ! Visite guidée gratuite (en anglais).* Ancien « jardin planté de choux » qui cache un bel ensemble de huit maisons thaïes traditionnelles, véritable bouffée d'oxygène dans ce quartier dévoré par les immeubles modernes. Ancienne demeure d'un prince, petit-fils de Rāma V.

Au nord du quartier de Siam

Chatuchak Market – สวนจตุจักร *(hors plan détachable par E1, **200**) : sur Phahon Yothin Rd (route de l'aéroport de Don Muang), pas très loin du* Northern Bus Terminal. *Desservi rapidement par le* Skytrain *(arrêt Mo Chit), le métro souterrain (arrêt Chatuchack ou Kamphaeng Phet), ou par les bus nos 3, 29, 34, 39 et 44 entre autres. Sam, dim 8h-22h. Pas trop de touristes sam mat. Plan donné à l'entrée pour se repérer.* L'un des plus grands marchés du monde, comptant pas moins de 10 000 stands ! On y trouve à peu près tout : vêtements, matériel de cuisine, alimentation, animaux, tissus, outils, artisanat, meubles, plantes, etc. Visite et marchandage obligatoires. Ne manquez pas le *Sunday Market*. Quelques boutiques d'antiquités. Nombreux éventaires, autant de restos. prévoir une bonne journée pour tout faire, surtout si on enchaîne avec le ***JJ Green Market*** – จตุจักร กรีน *(hors plan détachable* *par E1, **200** ; 1 Kamphaeng Phet 3, en bordure du parc ; BTS : Mo Chit ou MRT : Chatuchak ; jeu-dim 18h-2h),* un superbe marché aux puces avec tout plein de créateurs et d'exposants plus ou moins déjantés. De vraies affaires à faire, sur la fripe notamment. Petit *food court* pour casser la croûte. Incontournable pour les chineurs.

MOCA พิพิธภัณฑ์ศิลปะไทยร่วมสมัย *(hors plan détachable par E1) : 499 Vibhavadi Rangsit Frontage Rd (sur la gauche de la voie rapide qui va à l'aéroport de Don Muang). ☎ 016-56-66. • mocabangkok.com • Du centre-ville se rendre à Chatuchak par le Skytrain, ensuite compter 15 mn de taxi. Mar-ven 10h-17h, sam-dim 11h-18h. Entrée : 250 Bts ; réduc ; supplément possible en cas d'expo temporaire.* Inauguré en 2012, le musée d'Art Contemporain de Bangkok regroupe sur 5 étages, la collection privée du magnat thaïlandais des télécoms. Au total, pas moins de 20 000 m² d'exposition. Les 800 créations sont pour la plupart l'œuvre de plasticiens natifs du pays. Un étage entier est même consacré à Thawan Duchanee. Au dernier étage, quelques œuvres d'artistes asiatiques et européens.

DANS LE QUARTIER DE SILOM

• Plan détachable, C-D-E4-5

Au sud de Bangkok, Silom Road est une très longue avenue qui part de Charoen Krung et se termine à l'intersection de Rāma IV Road, en face du Lumphini Park. Les stations du métro aérien les plus proches : Sala Daeng et Chong Nonsi. Également le métro souterrain avec Silom Station, Sam Yan et Hua Lamphong (pratique pour rejoindre le quartier de Sukhumvit). Cette vaste zone se divise grosso modo en 2 parties, les quartiers d'affaires et des représentants diplomatiques au sud et à l'ouest (s'y alignent buildings et ambassades), plus populaire à l'est, autour de Patpong, haut lieu des nuits chaudes de la capitale. Un quartier qui, s'il a connu ses heures de gloire, perd petit à petit de sa clientèle au profit de Sukhumvit. Pas grand choix pour poser son sac au sortir de la gare de Huan Lamphong. Vu le prix bon marché des *taxi-meters*, on a tout intérêt à filer vers des horizons plus rieurs.

Où dormir ?

Studios et appartements *(serviced apartments)*

Centre Point Silom – โรงแรมเซนเตอร์ พอยต์ สีลม *(plan détachable, C5, **57**) : 1552/2 Soi 50, Charoen Krung Rd. ☎ 630-63-45. • centerpointsilom.com • Compter 3 100-7 000 Bts la nuit pour 2. Réduc sur Internet.* Vous ne pouvez pas la louper : la résidence fait 26 étages ! On entre par une petite impasse. Le bon plan pour les familles qui resteraient quelque temps dans la capitale. Bien située, près du fleuve, des embarcadères et du métro aérien (Saphan Taksin). Des studios joliment décorés, spacieux et propres, avec kitchenette, machine à laver (dans certains sites) et AC. Accès direct au *shopping mall* Robinson. Accueil serviable.

Bon marché (moins de 500 Bts – 14,30 €)

Silom Art Hostel – สีลม อาร์ท โฮสเทล *(plan détachable, D5, **58**) : 198/19-22 Soi Silom 14. ☎ 635-80-70. • silomarthostel.com •* Aménagé dans un vieil immeuble customisé, un *hostel* loufoque, lumineux et coloré, dédié (plus ou moins) à l'art graphique. Grande salle commune aux sièges marrants, chambres à la hauteur (dortoirs mixtes ou non, 3 à 5 personnes, mais service minimum (matelas posés par terre). Des doubles et même familiales 4 personnes) mais pas bien grandes. Les filles s'entasseront dans le dortoir de 10 lits. Billard, *roof garden* (on s'assoit dans un baril customisé), hamac, salle TV. Bonne ambiance pour trekkeurs urbains.

The Train Guesthouse – เดอะ เทรน เกสต์เฮ้าส์ *(plan détachable, C4, **59**) : 426-430 Rong Muang Rd. ☎ 215-30-55. 084-542-19-46. • trainguesthouse.com • Juste en face de la sortie de la gare. Les chambres les plus chères en « Prix moyens ». CB refusées.* Pour les pas-trop-regardants qui voudraient poser leur fardeau directement en sortant du train. Déco kitschounette, petit salon bariolé, fausse herbe au sol. Une vingtaine de chambres au diapason dont les salles d'eau sont plus ou moins bien entretenues. Sols moquettés en gris, portes laissant passer l'humeur de la chambre, clim assez vieillotte et ventilo sur pied à décoiffer Marilyn. Éviter celles donnant sur la rue, très bruyante. Pas de petit déj. Vous n'y passerez pas vos vacances.

Prix moyens (de 500 à 1 000 Bts – 14,30 à 28,60 €)

Lub*d Silom – โรงแรม หลับดี สีลม *(plan détachable, D5, **60**) : 4 Decho Rd. ☎ 634-79-99. • lubd.com/silom • Chambres privées dans la catégorie « Un peu plus chic à plus chic ».* Une AJ bien dans l'air du temps, avec un gros cul d'éléphant à l'entrée pour un selfie rigolo, tubulures colorées, grand escalier central, et sur les murs en béton brut, les noms des rues principales de Bangkok en guise de numéro de chambres. Au choix, 6 dortoirs de 8 personnes (attention, 2 d'entre eux sont aveugles), mixtes ou exclusivement féminins, salles de bains à partager, ou chambres doubles et *twin* (lits superposés) avec sanitaires privés ou non. On aime bien la *theatre room* avec ses gros poufs pour visionner quelques films et où l'on peut faire plein d'autres activités cool. Coffres-forts, AC, laverie. Petit déj possible et café au rez-de-chaussée. Micro-ondes, frigo mais pas de cuisine. Une dont les prix peuvent flamber en cas de demande.

Un peu plus chic (de 1 000 à 1 500 Bts – 28,60 à 43 €)

@Hua Lumphung Hostel *(plan détachable, C4, **61**) : 326/1 Rāma IV Rd. ☎ 639-19-25. • at-hualamphong.com • Dortoirs de 4 lits en catégorie « Bon marché ». Petit déj compris.* En face de la gare, on ne peut pas faire plus proche ! Un ascenseur escargot se hisse vers les étages pour desservir une trentaine de chambre et de dortoirs mixtes de 4 lits super clean. Les chambres donnant sur la rue bénéficient d'un double vitrage appréciable (gros travaux dans le quartier). Sinon, elles sont toutes confortables et bien pensées avec une déco plutôt design et des salles de bains avec douche-cabine. Les dortoirs sont du même acabit, avec armoires métalliques comme à l'usine, liseuse, prise électrique individuelle et une clim qui vous promet des nuits polaires si on choisit mal sa couche. Bon accueil.

LUXX XL – โรงแรมลักซ์ เอ็กซ์แอล *(plan détachable, E4, **62**) : 82/8 Langsuan. ☎ 684-11-11. • staywithluxx.com • À deux pas du parc Lumphini (Skytrain, arrêt Ratchadamri). Petit déj optionnel.* Une fois poussée la lourde porte en bois qui défend l'accès à cet hôtel branché, de souriants visages vous souhaitent la bienvenue. Ici, on joue franchement la carte de l'épure. Place à la verticalité et aux lignes de fuite, à travers le bois des parquets et du mobilier, ainsi que la pierre ou le métal. Jeux de claustras, de fenêtres, pour oublier les limites de l'intérieur et de l'extérieur. Les chambres, tout confort, sont distribuées par de long couloirs moquettés. Elles sont agréables et bien conçues, malgré quelques odeurs venues des salles de bains. Certains balcons ne disposent d'aucune vue. Bar, piscine à débordement, et beaux livres à disposition. Pour une halte sereine à un prix tout à fait raisonnable.

Très chic (plus de 3 000 Bts – 86 €)

Tarntawan Place Hotel – ทานตะวัน เพลสโฮเต็ล *(plan détachable, D4, **63**) : 119/5-10 Surawong Rd –* ถนนสุรวงศ์. *☎ 238-26-20. • tarntawansurawong.com • Face au Tawana Palace. Petit déj inclus.* Hôtel au fond d'une impasse calme, dans le quartier gay de Bangkok. Aux chambres standard, assez désuètes, préférez les supérieures, plus vastes, plus confortables (moquette, minibar, AC, TV, lecteur de DVD dans certaines...), et décorées avec plus de soin. Notez que les prix sont assez négociables, condition sine qua non pour choisir l'établissement selon nous. Chose appréciable pour les fêtards, le petit déj est servi jusqu'à midi. Accueil courtois.

The Siam Heritage – เดอะสยามเฮอริเทจ *(plan détachable, D4, **63**) : 115/1 Surawong Rd (réception au 1er étage). ☎ 353-61-01. • thesiamheritage.com • Petit déj compris.* À deux pas de Patpong, élégant boutique-hôtel de 70 chambres au décor thaï raffiné. De l'espace, du bois, de belles salles d'eau et, sur le toit, une petite piscine, une salle de fitness et un spa, enfouis dans un jardin tropical. Excellent accueil. Organise des excursions.

Spécial folie

Pour celles et ceux qui voudraient s'essayer à la vie de diplomate en déplacement, voici quelques adresses très appréciées de ces derniers :

The Sukhothai – โรงแรมสุโขทัย *(plan détachable, E5, **64**) : 13/3 South Sathorn Rd. ☎ 344-88-88. • sukhothai.com • Double env 155 € sans petit déj.* Disons-le tout net : voici le plus bel hôtel de Bangkok. Tout le charme de l'Asie et de la Thaïlande semble contenu en ses murs. Raffinement des décors, élégance des matières (teck, soie, etc.), service impeccable, en français qui plus est... de quoi passer un moment divin. Les toits des différents bâtiments rappellent l'architecture des vieilles demeures siamoises. Les fleurs de lotus se languissent négligemment dans les bassins des jardins... Chambres au nombre de 210, évidemment très confortables, calmes, aménagées avec soin (on aime beaucoup les salles de bains). Piscine, restos, salle de fitness et spa pour votre confort. Pas moins de 7 restos et une chanteuse de jazz américaine qui enflamme le bar du jeudi au samedi à partir de 20h. Ne boudons pas notre bonheur !

Anantara Bangkok Riverside อนันตรา กรุงเทพฯ ริเวอร์ไซด์รีสอร์ท *(hors plan détachable par C5) : 257/1-3 Charoennakorn Rd. ☎ 476-00-22. • bangkok-riverside.anantara.com • En face de l'Asiatique Riverfront. Doubles à partir de 170 €, petit déj compris.* Un très bel hôtel, en dehors du centre, au bord de l'eau, relié au cœur de la capitale par une navette fluviale gratuite *(ttes les 15-30 mn).* Grande piscine, bassin pour les enfants, danse de la nuit à la tombée du jour, plusieurs restos (grill, *seafood*, italien, japonais, sur le pouce). Ambiance conviviale et familiale sous les palmiers. Chambres confortables, chic et sobres, certaines avec balcon, vue sur le fleuve ou sur l'arrière de l'hôtel, moins glamour, réparties de part et d'autre d'un petit canal. Petit déj riche et varié. Accueil sympathique.

So Sofitel Bangkok – โซฟิเทล โซ บางกอก *(plan détachable, E5,* ***65****) : 2 North Sathorn Rd. ☎ 624-00-00. • accorhotels.com • Face au Lumphini Park. Double à partir de 180 €.* Conçues par cinq créateurs thaïlandais, des chambres contemporaines au summum du confort et du design, chacune faisant référence à l'un ou l'autre des quatre éléments. Toutes embrassent la vue sur le Lumphini Park et les toits de Bangkok. Piscine. Comme tous les hôtels du quartier, l'environnement immédiat, avec ses artères saturées de circulation et bruyante, vous incitera à dîner sur place.

The Metropolitan – โรงแรมเมโทร โปลิแทน *(plan détachable, E5,* ***66****) : 27 South Sathorn Rd. ☎ 625-33-33. • metropolitanhotelbangkok.com • Double à partir de 270 €.* Dès la porte franchie, la réception parfumée annonce un hôtel de charme, où le blanc domine dans une déco épurée et minimaliste. Le mobilier est ultra design, les lignes droites et la luminosité extrême. C'est vaste et beau. Chambres avec TV, lecteur CD et DVD, clim et salles de bains cosy. Restos (voir notamment le *Nahm* dans « Où manger ? » ci-après), piscine, bar, salles de fitness et spa.

Où manger ?

Très bon marché (moins de 80 Bts – 2,30 €)

Étant donné le monde qui travaille dans le quartier, Silom Road est une des plaques tournantes de la cuisine de rue à Bangkok. Dès l'aube, les charriotes s'installent pour la journée et sur les coups de 7h on y vient prendre son petit déj. Les points stratégiques se trouvent : à l'est aux abords immédiats de la station BTS de Sala Daeng et à l'ouest au déboucher sur Charoen Krung Road.

Bon marché (de 80 à 150 Bts – 2,30 à 4,30 €)

Cantines de rue *(plan détachable, D4-5) : au coin de Silom et Convent Rd* – ร้านค้าเล็กๆมุมถนนสีลมและคอนแวนต์. Plats thaïs sur le pouce frais et savoureux, cuisinés dans une multitude de petits stands et servis sur des tables improvisées. À l'heure du déjeuner, tous les employés du quartier s'y précipitent, et, en soirée, de nombreux noctambules s'y arrêtent pour recharger leurs batteries. Rencontres authentiques.

Dee's Silom – สวนอาหารดีส์สีลม *(plan détachable, D4,* ***111****) : 19 Silom Rd, Soi 6. ☎ 634-22-00. Tlj 8h-1h voire 2h.* Dans ce *soi* qui compte surtout des restos chic *(Aoi, Mango Tree)*, voici un beau petit *food court* sans prétention. Vaste terrasse couverte avec du mobilier de jardin en plastique bleu. Ambiance populaire extra. Il suffit de pointer du doigt les gamelles en inox où mijotent curries et soupes. Beaux morceaux de poulet cuits à l'étouffée dans des feuilles de palme, *green curry* très pimenté à calmer d'urgence avec du riz. Service à l'image du lieu, sans fioritures.

Prix moyens (de 150 à 300 Bts – 4,30 à 8,60 €)

Nalin Kitchen – ครัวนลิน *(plan détachable, C5,* ***112****) : 1463 Charoen Krung Rd. ☎ 630-71-70. Face au mall Robinson. Tlj 11h-23h ou minuit.* Petit resto de quartier, très propre et bien climatisé. Il propose une cuisine typique du nord et du nord-est de la Thaïlande. Service rapide, plats goûteux et bien présentés.

Harmonique – ร้านอาหารฮาร์โมนิค *(plan détachable, C5,* ***113****) : 22 Charoen Krung, Soi 34. ☎ 237-81-75. Repérez la porte monumental située à droite du 7 Eleven (entre les nos 1170 et 1178), elle marque l'entrée du Soi 34, c'est à 50 m à droite. Tlj sf dim 11h-22h.* Dans une maison thaïe pittoresque décorée avec goût, pleine de chinoiseries évoquant l'Indochine. Tonnelle agréable où pendent mollement les racines filaires des banyans. À la carte (avec photos pour se faire une idée), fruits de mer et plats thaïs (proposés en 2 formats) bien ficelés, comme le poulet au sésame ou au lait de coco. Service aimable avec un petit plus, les serviettes rafraîchissantes.

Chic (de 300 à 600 Bts – 8,60 à 17,20 €)

Mango Tree – เดอะมงโกทร *(plan détachable, D4-5,* ***114****) : 37 Soi Tantawan, Surawong Rd. ☎ 634-39-11. Tlj 11h30-minuit. Venir tôt ou réserver.* Dans une ruelle calme, une de nos meilleures adresses. Cadre soigné, intime et élégant dans une maison siamoise centenaire posée au pied d'un magnifique manguier, avec ses loupiotes, et devant lequel jouent souvent des musiciens en soirée. On s'y régale d'une excellente cuisine thaïe en provenance des 4 coins du pays. Les prix sont certes un brin élevés. Longue carte avec photos particulièrement évocatrices. Dilemme ! On aimerait tout goûter : salades copieuses, soupes raffinées, nouilles délicates...

Ban Chiang – ร้านอาหารบ้านเชียง *(plan détachable, C5,* ***115****) : Si Wiang Rd* – ถนนศรีเวียง *(dans une rue parallèle, entre Sathorn et Silom Rd). ☎ 236-70-45. Tlj 11h30-14h, 17h30 22h30.* Au cœur du quartier des antiquaires, dans une maison de charme à l'ambiance années 1930, délicieusement patinée par le temps et dissimulée derrière un jardin luxuriant. On y sert une exquise et authentique cuisine thaïe. En vedette, un *roast duck curry* mémorable. Choix de vins satisfaisant. Excellent accueil.

Breizh Crêpes *(plan détachable, E5,* ***116****) : 459/59 Suanplu, Soi 8, Sathorn Tai Rd. ☎ 679-33-93. Tlj 11h-23h.* Un îlot de résistance en terre siamoise ! À l'abri, à l'ombre des arbres, une petite terrasse qui jouxte d'autres restaurants à touche-touche. C'est ici qu'on peut déguster d'authentiques crêpes, galettes, ainsi que des salades et des croquemonsieurs. Un peu chérot faut bien en convenir, mais on ne boude pas le plaisir d'une bolée de cidre bien frappé en provenance directe de Pouldreuzic ! Accueil gentil de Damien.

The Corner – ร้านอาหาร เดอะคอนเนอร์ *(plan détachable, E5,* ***117****) : 27/39 Soi Si Bamphen. ☎ 679-84-38. Tlj 7h-23h.* Petit resto d'angle bien climatisé ou micro-terrasse ouverte sur la rue. C'est le rendez-vous des expats français. Petits déj bien de chez nous (baguette, croissants, beurre). La carte est présentée à la manière d'un quotidien, elle offre une cuisine méditerranéenne et asiatique. Couscous royal certains jours. Ricard pour l'apéro et armagnac en dijo !

Très chic (plus de 600 Bts – 17,20 €)

Aoi – อ๋อย *(plan détachable, D4-5,* ***119****) : 132/10-11 Silom Rd, Soi 6.*

BANGKOK QUARTIER PAR QUARTIER

☎ 235-23-21. Fait l'angle avec le soi qui part juste en face du salon de massage The Green. Tlj 11h30-14h30, 19h30-22h (dernière commande 45 mn avant fermeture). Cadre fait de bois, de pierre et d'alcôves en étage pour ce temple de la gastronomie japonaise. Les *soba* et *udon* sont bien cuisinés et amplement suffisants pour un repas. Les amateurs de sushis et sashimis devront ouvrir leur portefeuille. Sinon, s'en tenir aux « plats du milieu » : *nimono* (bouillon), *agemono* (tempura) ou encore *yakimono* (grillade). Accueil en tenue traditionnelle, tout en sourire et déférence.

I●I ***Eat Me*** – ร้านอาหาร อีท มี *(plan détachable, D5,* ***120****) : Soi Pipat 2, à 20 m de Convent Rd. ☎ 238-09-31. Tlj 15h-1h. Plats 350-650 Bts. Résa conseillée.* Dans une belle bâtisse enfouie sous la végétation, un resto-galerie sur 2 étages, où le verre et le métal font bon ménage avec des teintes chaudes et les nappes bien blanches. Cuisine respectant la tradition thaïe tout en mêlant quelques touches occidentales. Volaille, fruits de mer et wagyu australien tiennent le haut du pavé. Produits de qualité, venus des quatre coins de la planète, et délicats accompagnements. Service très prévenant. Belle carte des vins et des cocktails. Parfait le soir en amoureux. Clientèle *gay friendly.* Une adresse racée.

I●I ***Osha*** – ร้านอาหาร โอชา *(plan détachable, E4,* ***121****) : 99 Wireless Rd. ☎ 256-65-55. Tlj 11h-14h30 et 18h-minuit. Plats 550-750 Bts, formule lunch un seul plat à 290 Bts pour déjeuner.* Passé la porte où une girafe n'aurait même pas la peine d'incliner sa tête, on découvre un resto ultra chic comptant parmi les plus courus de la capitale. Tablées rondes, à plusieurs, aux assises fleuries, ou petits recoins plus intimes. Le soir, les lumières se tamisent, et les lieux deviennent magiques. Dans les assiettes, joliment mises en scène, les classiques de la cuisine thaïe revisités, associés à des émulsions, préparations et condiments tout aussi mystérieux. Réservation et tenue correcte exigées. Bar pour patienter ou terminer en beauté. Attention à la marche en sortant.

Spécial folie (minimum 2 000 Bts – 57 €)

I●I Pour le déjeuner, tenter le buffet-lunch des grands hôtels. Le soir, dans la même catégorie, on vous recommande particulièrement le ***Sala Rim Naam*** – ภัตตาคารศาลาริมน้ำ *(plan détachable, C5,* ***122****)*, resto du très prestigieux *Mandarin Oriental Hotel* – โรงแรมแมนดาริน โอเรียลเต็ล, de l'autre côté de la rivière Chao Phraya. Une navette gratuite effectue régulièrement l'aller-retour de l'hôtel au resto *(résa recommandée : ☎ 659-90-00 ; tlj 12h-14h, 19h-22h30 ; menu dégustation 14 plats env 1 800 Bts ; dîner-spectacle env 2 000 Bts).* Nourriture de qualité et à volonté, ou à la carte sur l'extension en terrasse au bord de l'eau. Un cadre magique, très luxueux (faites un effort vestimentaire), cuisine enchanteresse, hyper variée et copieuse. Prix à l'avenant, bien sûr. Propose également des cours de cuisine, excessivement onéreux.

I●I ***Nahm*** *(plan détachable, E5,* ***66****) : resto de l'hôtel Metropolitan (voir « Où dormir ? »). ☎ 265-33-33. Lun-ven 12h-14h, 19h-23h (le soir slt le w-e). Résa obligatoire. Menu 1 700 Bts (qui peut suffire pour 2) ; plats env 500 Bts.* L'hôtel *Metropolitan* s'est offert les services de David Thompson, le chef australien étoilé dans son resto londonien, qui propose ici une cuisine thaïe de haute volée. Le menu, et sa farandole de petits plats, offre un délicieux aperçu des talents de l'équipe. Allez-y donc les yeux fermés et faites confiance au Chef, et n'oubliez pas que la cuisine thaïe, même revisitée, ce sont des épices et du piment ! Terrasse.

I●I ***Gaggan*** – ร้านอาหารอินเดียเกกกาน *(plan détachable, E4,* ***123****) : 68/1 Soi*

Lang Suan, Ploenchit Rd. ☎ 652-17-00. Tlj 18h-23h. Menu unique 25 à 28 plats suivant l'humeur du Chef 5 850 Bts, taxes comprises mais hors boisson. Premier service à 18h, second service à 21h30. Réserver à l'avance. Au calme dans une petite ruelle, c'est ici, dans un cadre de bois blanc presque clinique, que Gaggan a installé son temple (sa petite usine ?) de la « cuisine indienne progressive ». Après 1 an d'apprentissage sous la férule du chantre de la cuisine moléculaire Ferrán Adria, Gaggan a posé ses valises à Bangkok, la tête en ébullition. Compter bien 2h30 à 3h de dégustation pour venir à bout des sollicitations qu'il entend offrir à vos papilles. Plats végétariens ou non. Avec 60 couverts quasi quotidiens, on peut dire que c'est une affaire qui marche !

Où boire un verre ? Où écouter de la musique ? Où sortir ?

Maggie Choo's – ร้านแม็กกี้ ชูวส์ *(plan détachable, C5, **160**) : sous-sol du Novotel Silom, 320 Silom Rd. 091-772-21-44. Tlj 19h30-2h.* Un bar à thème extra : nous voici dans l'antre imaginaire de Maggie Choo, chanteuse de Shanghai, abandonnée par son militaire japonais, réfugiée à Bangkok dans les années 1920, dans cette salle des coffres réaménagée en salon rétro-chic, avec ombrelles, statues, canapés en cuir et velours, et belles sur balançoires. Concerts live plutôt pop-rock tous les soirs. Belle carte de cocktails. Tenue correcte exigée.

Revolución Cocktail Bar – เรฟโวลูชั่นคอกเทล *(plan détachable, D5, **161**) : 50, Suksawittaya, Soi Sathorn 10 (pratiquement au pied de la tour genre « Rubick's Cube »). ☎ 235-48-23. 0847-09-96-30. Tlj 17h-2h.* Une révolution qui essaime bientôt dans toute l'Asie (plusieurs enseignes en Chine, notamment). La recette tient la route, elle allie l'indéboulonnable portrait du Che à un cocktail-signature travaillé avec amour. Rajoutez à cela un DJ au summum de son art et un son particulièrement bien étudié quoiqu'un peu fort et la *revolución* est en marche ! Soirée salsa tous les mercredis *(cours gratuits de 21h30 à 22h30).* On peut aussi y casser la croûte (résa conseillée).

Le Café des Stagiaires – เลอ คาเฟ่ เดส์ สตาชิแอรส์ *(plan détachable, D5, **162**) : 142/21 Satorn, Soi 12. 081-207-30-77. Tlj sf lun 11h30-2h. DJ le w-e.* Dans un coin où les buildings semblent tenter des records d'altitude, un bar de quartier ouvert par une bande de jeunes franco-belges qui ont déjà fait leurs preuves à Shanghai. Déco de bric et de broc, mobilier de récup', ambiance chaleureuse alimentée par les habitués et une belle sélection musicale soul, funk et jazzy. Parfait pour siroter un cocktail, une bière belge... ou un Ricard, tout en grignotant quelques tapas ou des cuisses de grenouille !

After Hours – อาร์ฟเตอร์ บาร์ *(plan détachable, D5, **163**) : 132/15 Silom Rd, Soi 6. ☎ 634-09-03. Juste à côté du resto* Aoi. *Tlj 10h-1h.* Happy Hours *17h-20h. Musique live tlj sf dim 19h-21h30.* Une terrasse agréable pour boire un verre à l'heure de l'apéro, quitte à prolonger un peu pour écouter quelques notes de musique folk.

Vertigo Bar *(plan détachable, E5, **164**) : 21 South Sathorn Road (au 59e étage de l'hôtel* Banyan Tree*). Tlj 17h-1h.* Ambiance ultra chic (shorts et sandales restent à la porte) et prix qui vont avec, mais panorama à 360° exceptionnel sur la ville illuminée. On adore la carte des cocktails rétroéclairée.

Cabaret et spectacles

– ***Les « go-go bars » de Patpong*** *(plan détachable, D4)* **:** attention ! attrape-touristes ! Lire attentivement la rubrique « Prostitution » dans « Hommes, culture, environnement » en fin de guide. Patpong I et Patpong II sont 2 ruelles composées essentiellement de bars à go-go girls spécialisés dans l'art et la manière de faisander le pigeon. Filles astiquant sans relâche de jolies barres en inox ou dansant à moitié nues sur la piste, Musique live ou pas. Bien demander le prix des consos avant d'entrer. Le but étant de faire chauffer votre carte de paiement car les filles ne quittent le bar qu'à la fermeture, il vous faudra d'ici là rincer le patron !

Achats

La soie : relancée par Jim Thompson, l'industrie de la soie est aujourd'hui florissante. Tissée à la main, avec des motifs splendides et des tons très vifs et colorés, la soie thaïlandaise est considérée comme l'une des plus belles du monde. Faites donc un détour par la ***boutique Jim Thompson*** – ร้านจิม ทอมป์สัน *(plan détachable, D4,* ***201*** *; 9 Surawong Rd ; ☎ 632-81-00 ; tlj 9h-21h, 9h-19h pour le tissu d'ameublement).* Il y a beaucoup de choix, de la simple pièce de tissu aux chemises en passant par les cravates, robes, foulards, etc. C'est beau, c'est cher, mais tout de même moins qu'en Europe. D'autres boutiques à travers Bangkok. Les fans iront au ***Jim Thompson Factory Outlet*** *(hors plan détachable par G5,* ***202*** *; 153 Sukhumvit, Soi 93 ; ☎ 332-65-30 ; tlj 9h-18h)* ; un magasin d'usine sur 5 étages où vous ne saurez plus où donner de la tête. Petit resto sur place pour prendre un verre (à soi).

Tailleurs : le grand truc, pour vous, monsieur, c'est de vous faire tailler un costard sur mesure, et pour vous, madame, un beau tailleur (découpez les photos des modèles dans vos magazines préférés). Des centaines d'adresses pour cela. En voici une de très bonne qualité : ***A. Song Tailor*** – เอสองเทลเลอร์ *(plan détachable, C5,* ***203*** *; 8 Charoen Krung, Soi 38 –* หน้าโรงแรมโอเรียลเต็ล *; ☎ 235-27-53 ; CB acceptées ; tlj 10h-19h).* Ne pas confondre avec *Ah Song Tailor,* 1203 Charoen Krung Rd. Petite boutique ne payant pas de mine dans le quartier (musulman) de l'ambassade de France. Jolies coupes, beaux tissus, magnifiques cachemires, bon rapport qualité-prix et extrême gentillesse. Compter 3 essayages minimum pour un 3-pièces. Très peu de choix de tissus pour les femmes. Cela dit, si vous devez aller à Chiang Mai, patientez pour faire confectionner vos fringues, c'est beaucoup moins onéreux là-bas.

Patpong Night Bazaar – พัฒน์พงษ์ไนท์บาร์ซาร์ *(plan détachable, D4,* ***204****)* **:** Patpong I Road n'est pas seulement un grand marché à viande ! Le soir, les rues sont envahies de stands qui vendent de tout et au prix le plus fort. Babioles, CD, DVD, montres, T-shirts... Ne vous fiez pas aux marques, tout est archi faux, bien sûr !

Asiatique The Riverfront – เอเชียติค ริเวอร์ฟร้อนท์ *(hors plan détachable par C5,* ***207****)* **:** *2194 Charoenkrung Rd, Soi 72-76. • chatuchakmarket.org/news/asiatique • Bateau-navette gratuit ttes les 15 mn 17h-23h pour y aller comme pour y revenir, depuis l'embarcadère Tha Sathorn (BTS : Saphan Taksin). Tlj 16h-minuit.* Un immense *night market* installé dans des docks réhabilités, le long du fleuve. Profusion de boutiques élégantes de souvenirs ou de créateurs, de fast-foods, de restos-bars branchés, en plein air pour la plupart. Il y a même une grande roue, pour zieuter Bangkok d'en haut. Vous l'aurez compris, ce n'est pas le coin le meilleur marché ni le plus pittoresque pour faire ses achats. Atmosphère sympathique cependant, très prisée des touristes asiatiques.

À voir. À faire

Lumphini Park – สวนลุมพินี *(plan détachable, E4) :* Rāma IV Rd. Un endroit agréable pour se mettre au vert. Composé de deux plans d'eau où l'on peut louer des barques et des embarcations à pédales, une activité appréciée des ados locaux. Le matin à l'aube, des centaines de vieux Chinois viennent y pratiquer leur tai-chi. Autre génération, autre style : les jeunes bodybuilders ont maintenant leur aire de musculation... Et en fin de journée, cours de gym collectif vers 18h ! Le parc est très fréquenté le dimanche ; idéal pour faire des rencontres. Nombreux cerfs-volants à la saison chaude.

M. R. Kukrit's Heritage Home – บ้าน ม.ร.ว. คึกฤทธิ์ *(plan détachable, D5) : 19 Soi Prapinit, South Sathorn. ☎ 286-81-85. • kukritshousefund.com • Bien montrer la transcription en thaï à votre chauffeur de taxi car ce n'est pas facile à trouver. Tlj 10h-16h. Entrée : env 50 Bts ; réduc. Visite guidée en anglais sur rdv.* Dans un quartier résidentiel, bien agréable, voici une belle maison traditionnelle en bois entourée d'un jardin, qui fut la propriété de Mom Rajawongse Kukrit Pramoj. Issu d'une branche de la famille royale, d'abord employé de banque et professeur d'université, il créa *Siamrath,* le plus grand quotidien de son époque, puis devint écrivain et homme public en fondant le premier parti politique du pays en 1945. Pour l'anecdote, il joua le rôle du Premier ministre dans le film *The Ugly American,* avec Marlon Brando, en 1963. C'était 12 ans avant qu'il ne devienne... le 13e Premier ministre du pays ! Il fut aussi un ardent défenseur de la danse et du théâtre traditionnels. Ici, 5 pavillons meublés d'objets anciens. Belle collection de masques *khon* utilisés lors du *Râmakien,* l'épopée thaïlandaise qui réinterprète à sa manière le *Rāmāyana* indien.

– ***Matchs de boxe,* Thai Boxing** – มวยไทย *: au* ***Ratchadamnoen Stadium*** – สนามมวยราชดำเนิน *(zoom détachable, B2), sur Ratchadamnoen Nok Rd, près du* TAT. *☎ 281-42-05. • rajadamnern.com • Seulement 4 j./sem : lun, mer, jeu et dim ; ouverture à 18h. Trois classes :* ringside *(class 1, où sont généralement parqués les touristes qui achètent leur billet sur place, accès au bar possible),* class 2 *(majoritairement des Thaïs, pour l'ambiance) et* class 3 *(moins bien car derrière un grillage et/ou un peu loin du ring). Compter 1 000-1 500 Bts pour une place debout, 2 500 Bts assis. Si vous achetez en ligne, n'oubliez pas d'imprimer votre confirmation afin de récupérer votre entrée au guichet e-ticket. Nous vous déconseillons d'acheter vos billets à des revendeurs à la sauvette. Des spécialistes nous ont affirmé que les meilleurs*

LA HOLLANDE, L'AUTRE PAYS DU *MUAY THAI*

La Thaïlande n'est plus la seule à fournir des champions de muay thai. L'art martial local compte désormais des combattants de haut niveau dans le monde entier. Et une nation brille plus que les autres : les Pays-Bas. C'est d'ailleurs un Hollandais, Peter Smit, qui fut le premier étranger, en 1990, à mettre K.O. un boxeur thaï devant son public au légendaire Lumphini Stadium. Il décrocha alors le titre de champion du monde.

combats étaient ceux du jeu soir. D'autres matchs de boxe au nouveau stade Lumphini Stadium (hors plan détachable par E1) en dehors de la ville, mar et ven à 18h30 et sam à 16h et 20h15. Pour y aller, BTS *jusqu'à station Mo Chit, puis taxi collectif ou taxi. Taxis en sortant.* Le *muay thai,* c'est le grand spectacle de Thaïlande, où presque tous les coups sont permis, sauf les morsures. Une soirée dure environ 4h, avec en alternance de jeunes et d'adultes. Le combat commence par une bizarre danse rituelle au ralenti, destinée à montrer son savoir-faire et à s'attirer les faveurs des esprits. Un orchestre accompagne les boxeurs et joue pendant tout le combat, augmentant d'intensité avec les coups. Les spectateurs parient de grosses sommes selon un système incompréhensible : ambiance délirante. Tous les coups portés (surtout les coups de genou) sont accompagnés d'un « di ! » du public, qui en gros veut dire « bats-toi ! ». Lire également la rubrique « Sports et loisirs. La boxe thaïlandaise – *muay thai* » dans « Hommes, culture, environnement » en fin de guide.

AU SUD-EST DE BANGKOK

• Plan détachable (les environs de Bangkok) en fin de guide

ANCIENT CITY ET MUSÉE ERAWAN – เมืองโบราณ ET พิพิธภัณฑ์ช้างเอราวัณ

➢ ***Pour se rendre à Ancient City*** (à 30 km au sud-est de Bangkok, sur l'ancienne route de Pattaya) **:** en face du bureau *Mercedes* sur Democracy Monument, prendre le bus nº 511 jusqu'à Paknam (le terminus), puis un minibus qui s'arrête à Muang Boran (nom thaï d'Ancient City). En tout, compter environ 2h de trajet. Pour le retour, on fait pareil, après avoir longé l'autoroute à pied sur la droite puis emprunté la passerelle qui l'enjambe. Autres solutions : louer un taxi à plusieurs, ou suivre une excursion organisée par une agence.

Sur la route, ne manquez pas le ***Erawan Elephant Museum*** – พิพิธภัณฑ์ช้างเอราวัณ *(desservi par le bus nº 511 – voir ci-avant ; sinon BTS jusqu'à Bearing puis taxi, compter 50 Bts ; tlj 9h-18h ; entrée : 400 Bts).* Ce gigantesque éléphant à trois têtes ne mesure, depuis la base jusqu'au sommet, pas moins de 43,60 m, soit l'équivalent d'un immeuble de 14 étages ! Et encore, le dieu Indra, qui chevauche normalement sa monture Erawan, n'a pas été ajouté à l'édifice. Quand on sait que le projet d'origine devait avoir la taille d'un bâtiment de 70 étages, on se dit que cet édifice est finalement modeste ! C'est M. Lek (le bâtisseur de Muang Borang) qui a eu l'idée de bâtir ce géant, mais c'est son fils qui l'a mis en œuvre. L'abdomen d'Erawan abrite un temple dédié au Bouddha. Dans ce lieu de recueillement, vous pourrez contempler six bouddhas, dont le plus ancien date du VIIIe s. La fresque symbolisant le système solaire, d'un esprit très moderne, est due à Jacob Schwarzkopf. On accède au ventre de l'éléphant par un escalier grandiose à double révolution meringué, intégralement recouvert d'une mosaïque de bols et de cuillères en céramique. Un remarquable travail de « marqueterie ». Enfin une pièce montée que l'on peut escalader ! Les soubassements de l'édifice abritent un musée (pas toujours ouvert) présentant la collection de M. Lek : sculptures, jades, mobilier et benjarong – de magnifiques pots couverts de porcelaine. La technique a été importée de Chine pour la cour royale à l'époque d'Ayutthaya. Dans le pavillon extérieur, vous pourrez observer les sculpteurs au travail. Chacun des quatre piliers principaux représente une religion : hindouisme, judaïsme, christianisme et islam.

Ancient City (Muang Boran) – เมืองโบราณ *: ☎ 323-40-99. • ancientcity.com • Accessible en env 2h de Democracy Monument par les bus nos 511 puis 36. Bus no 25 aussi, de Sukhumvit, puis Paknam. Ou Skytrain jusqu'à Bearing, puis navette gratuite à 19h, 11h et 13h, ou taxi (env 300 Bts). Tlj 9h-19h. Entrée : 700 Bts ; réduc (50 % de réduc à partir de 16h). Audioguide en anglais. Compter 3 ou 4h de visite pour cette excursion souvent ignorée par les voyageurs. Prêt de vélos et loc de voiturettes électriques (150 Bts/h pour 2 pers).*
Il s'agit d'une « folie » du concessionnaire Mercedes pour la Thaïlande. Milliardaire nostalgique et cultivé, celui-ci y a laissé la quasi-totalité de sa fortune. Sur plusieurs dizaines d'hectares, il a reconstitué 110 grands monuments (à taille réelle ou au tiers) de ce que l'on appelait le Siam. Le travail est superbe. Un site à visiter de préférence au début du voyage pour se donner une idée de l'architecture du pays. Quelques monuments exceptionnels :
– le *Khao Phra Wihan* (no 72 sur le plan donné à l'entrée), magnifique temple khmer bâti sur une gigantesque colline artificielle gagnée par la jungle ;
– l'empreinte des pieds du Bouddha (no 33 sur le plan) à Saraburi. L'un des endroits les plus sacrés de Thaïlande. L'empreinte est dans une pagode, creusée dans une pierre ;
– autre chef-d'œuvre, le *Sanphet Prasat* (no 27 sur le plan). Ce palais d'Ayutthaya, entièrement détruit par les Birmans, a été reconstruit selon des documents d'époque, au tiers de sa taille originale. Sachez que dans le vrai temple, le roi reçut la visite du chevalier de Choisy, envoyé de Louis XIV...
Possibilité d'y déjeuner pour pas cher.

KO SAMET – เกาะเสม็ด

IND. TÉL. : 038

• Plan *p. 141*

Voici une petite île tout en longueur (à peine 10 km dans son axe nord-sud et moins de la moitié en largeur), qui attire avant tout ceux qui n'ont pas le temps d'explorer les îles plus au sud et qui souhaitent se mettre un peu à l'horizontale sur l'une de ses 14 plages. À 2-3h de Bangkok selon le trafic (4h parfois, en comptant le bateau), elle accueille pour le week-end et les vacances des vagues de citadins en mal d'oxygène, de soleil et de flots bleus. Par endroits, l'impression de surpopulation, pour ne pas dire saturation, ne sera pas au goût de tous. Sans parler du problème écologique qui va avec. Cela dit, quelques belles surprises, comme ses plages de sable blanc, très fin, qui comptent parmi les plus jolies de l'est du golfe de Siam. Autre atout, on peut découvrir l'île facilement en deux-roues (si l'on est bon pilote) ou en taxis pick-up qui la sillonnent du matin au soir.

Arriver – Quitter

Les bateaux pour Ko Samet partent tous du port de ***Ban Phe.*** Plusieurs embarcadères occupent le front de mer (les minibus arrivent à celui du centre). Environ 200 m plus loin, on trouve la gare routière. Arrivé sur l'île, on acquitte (en principe) la taxe de 200 Bts pour le parc national. Pour le retour, demandez conseil à votre hébergement sur Ko Samet.

➢ ***Bangkok :*** bus AC depuis l'*Eastern Bus Terminal* (Ekkamai ; voir « Quitter Bangkok ») en principe ttes les heures 5h-19h, mais fréquences irrégulières en fonction de la demande. Trajet : 2h30-3h30 selon le trafic, pour env 220 km, et env 200 Bts. Minibus depuis Khao San et d'autres quartiers touristiques (billets 50 % plus cher en agences que ceux du bus public). Depuis Ban Phe, plusieurs bus ou minibus tte la journée, aux horaires fluctuant selon la demande.

➢ ***Pattaya :*** dans les 2 sens, en moyenne 3 minibus/j. directs (env 10h-17h). Trajet : 2h et 300 Bts. Sinon, des *songthaew* transitent par la gare de Rayong.

➢ ***Ko Chang :*** combinaison scabreuse de taxi collectif, bus public (avec changement probable à Chantaburi) et re-*songthaew* de Trat au port de départ vers Ko Chang. Tout cela prend des plombes. Notre conseil : recourir aux minibus d'agences, qui font le trajet direct jusqu'au bateau pour Ko Chang. Départs de Ban Phe à 9h30 (en hte saison) et 11h30 (tte l'année). Trajet : 3h et env 350 Bts, incluant le bateau et le minibus vers le port de Laem Ngop.

Traversée depuis Ban Phe – บ้านเพ

Bureau d'information au ponton principal *(Pier Phe).* Procurez-vous le plan de Ko Samet pour repérer votre hôtel et choisir le meilleur trajet en bateau. La majorité des bateaux débarque à Na Dan. Pour les autres plages, liaisons bien moins fréquentes. La seule solution est alors de louer les services d'un *speed-boat* (mais les tarifs sont prohibitifs !).

➢ ***Bateaux de Ban Phe vers le terminal de Na Dan :*** ttes les heures env 8h-18h (dans les 2 sens). Traversée : 30-40 mn selon bateau et 50 Bts. À Ban Phe, rien ne sert de courir d'un ponton à l'autre (il y en a plusieurs), autant suivre le mouvement général en sortant du bus. Si vous avez pris un billet bus-bateau, on vous conduira directement sur le bon quai de départ. Nos horaires ne sont qu'indicatifs. Ne pas acheter un billet A/R : même prix, et contrainte de revenir avec la même compagnie.

➢ ***Autres liaisons :*** vers les autres baies en hte saison, selon affluence. Par exemple :

– ***Ao Wongduen*** *(à mi-hauteur de la côte est)* **:** 2 liaisons/j., généralement à 9h30 et 13h30 (retour à 8h et 16h). Trajet : 45 mn-1h selon bateau et env 70 Bts ;

– ***Ao Wai*** *(sud de l'île)* **:** 1 seul bateau, mais pas tlj. Trajet : 80 Bts ;

– ***Ao Kiu*** *(tout au sud)* **:** uniquement des *speed-boats* (très cher) ;

– ***Ao Phrao*** *(côte ouest)* **:** en principe, 3 bateaux, à 11h, 13h30 et 16h ; retour à 10h, 12h30 et 15h. Ces bateaux privés sont affrétés par les hôtels occupant cette plage. Le transfert est compris dans le prix de la chambre.

– ***Speed-boat :*** ces bateaux-taxis coûtent une fortune. Oubliez !

Où dormir ? Où manger à Ban Phe ?

Ville sans charme, mais si vous êtes bloqué là dans l'attente d'un bateau ou d'un bus, voici 2 adresses en dépannage. Sinon, quelques gargotes sur la rue principale pour caler un p'tit creux.

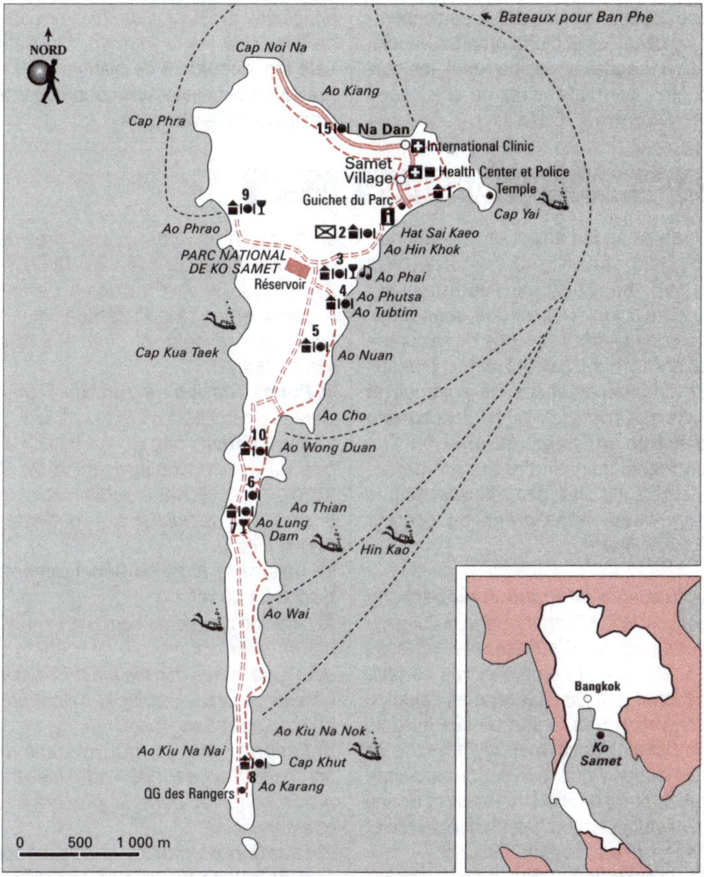

KO SAMET

Où dormir ? Où manger ?

Où sortir ?

1 Laem Yai Hut Resort
2 Tok's Little Hut et Jep's Bungalows
3 Bamboo Restaurant, Silver Sand Resort et Samed Villa Resort
4 Pudsa Bungalows and Restaurant et Tubtim Resort
5 Nuan Kitchen
6 Keang Talea Restaurant
7 Apache, Candle Light Resort et Jelly Fish
8 Nimmanoradee Boutique Resort and Restaurant
9 Lima Coco, Buzz, Ao Prao et Le Vimarn
10 The C Samet Beach Resort et Vimarn Samed
15 Baan Ploy Samed Restaurant

Christie's : *face au ponton principal (Pier Phe), sur la rue principale, à côté du 7-Eleven. ☎ 038-651-976. Doubles 600-900 Bts.* Bien placée, dans une rue perpendiculaire à la route principale et proche de l'embarcadère, une *guesthouse* très simple, aux chambres carrelées et plutôt propres. Ventilo, AC, TV, coffre et minibar dans les plus chères. Bar-resto au rez-de-chaussée.

Coconut Café : *sur la rue principale, à 150 m à droite du débarcadère. Ouv tte la journée.* Un petit café thaï débordant de plantes vertes, pratique pour avaler une soupe ou une pizza avant d'embarquer.

Adresses et infos utiles sur l'île

L'arrivée se fait à Na Dan. Aucun intérêt. De là, une petite route se dirige vers le sud. 1 km plus loin, on trouve sur encore 1 km environ une concentration de *guesthouses* (pas de raison de séjourner par-là), petits restos, bureaux de change, agences de voyages et salons de massage. Au bout, le ***bureau d'entrée du parc national*** où l'on s'acquitte du droit d'accès au « parc ». Même s'il n'en a pas officiellement le nom, nous appellerons ce secteur ***Samet Village.***

Bureau d'information du parc : *au croisement, à Samet Village, à 2 km du débarcadère.* Distribue une carte de l'île et délivre le droit d'entrée au parc national *(200 Bts).* La zone en question comprend tout le sud de l'île au-delà de Samet Village, mais il y a lieu de se demander à quoi servent cette délimitation et ce droit d'entrée, étant donné le développement anarchique de l'île et l'environnement plutôt malmené.

International Clinic : *tt de suite à la sortie du débarcadère, sur la gauche. 086-094-05-66. Tlj 8h-20h, mais avec service d'urgences 24h/24.*

Health Center – ศูนย์สุขภาพอยู่ระหว่างหน้าด่านและทางเข้า ด้านตะวันออกของสวนสนุก **:** *à gauche sur la route entre le port et Samet Village, près du poste de police. ☎ 644-123. Tlj 8h30-21h (16h30 w-e). En dehors de ces horaires et en cas d'urgence, mieux vaut vous renseigner directement à votre hôtel.*

Police Station : *à côté du* Health Center. *☎ 921-921 ou 651-111.*

Post Office : *plage d'Ao Hin Khok, géré par* Naga Bungalows *(plan,* ***2****). Tlj 8h30-21h30. Boîtes postales au port et à la plage de Sai Kaeo, à l'entrée de Samet Village.*

@ ***Internet :*** tous les hébergements disposent du wifi.

Change : *plusieurs banques et ATM, notamment au niveau du débarcadère, et d'autres dans la rue principale. Change aussi sur les plages d'Ao Wong Duan et d'Ao SangThian.*

Laverie : *on en trouve dans ts les hameaux de l'île, ouv jusqu'à pas d'heure et dans la plupart des* guesthouses.

Location de motos, quads, scooters et vélos : *les loueurs foisonnent sur ttes les plages. Pour un scooter, compter 400-500 Bts/j. avec assez d'essence pour 1 journée de balade ; env 200 Bts/j. pour un vélo.* Bien vérifier les pneus et les freins. Si vous n'êtes pas à l'aise en scooter, laissez tomber !

Circuler dans l'île

À l'exception d'Ao Phrao, toutes les plages se trouvent sur la côte est. Vu la petite taille de l'île, elle se parcourt facilement grâce aux pick-up qui la sillonnent toute la journée. Même si elle n'est pas bien grande, il est difficile de découvrir l'île à pied (et même à vélo !), car ça monte et ça descend en permanence et la chaleur est vite accablante. Vous ne verrez aucun véhicule privé, il faut emprunter les taxis-pick-up qui vont conduiront d'un point à l'autre. Les tarifs vont de 200 à 600 Bts par pick-up (capacité de 10 personnes), selon la destination. Mieux vaut donc ne pas être seul ! Possibilité de louer des scooters (voir « Adresses et infos utiles sur l'île »). À l'exception d'une portion de piste tout au nord de l'île, la route principale est asphaltée, mais il faut faire gaffe au sable dans les virages. En revanche, les petites perpendiculaires qui partent de cette route sont des chemins souvent ravinés et en sale état, rendant l'accès aux plages assez scabreux. Attention, les accidents sont fréquents !

Où dormir ? Où manger ? Où sortir ?

Les bungalows pour routards sont plus nombreux au centre-est de l'île. En descendant vers le sud, l'affluence diminue et les prix augmentent. Ao Phrao est réservée à ceux qui sont à l'aise côté porte-monnaie. Bon à savoir : les prix varient parfois du simple au double entre la semaine et le week-end. Plus l'établissement est cher, plus son prix fluctue.
Prévoir une lampe de poche pour les sorties nocturnes. Ceux qui recherchent un peu d'animation éviteront de loger trop au sud, au-delà de Ao Thian.
Nous démarrons la visite en partant de Samet North, à droite du débarcadère en venant de Ban Phe.

Plages d'Ao Noi Na et d'Ao Kiang

Ambiance villageoise de pêcheurs, avec quelques concentrations de logements affectés aux Birmans qui viennent travailler sur l'île. Mais pas vraiment de plage dans ce coin, donc peu de raison d'y séjourner.
Depuis le village, comptez 150 Bts en taxi pick-up.

De prix moyens à plus chic (à partir de 300 Bts – 8,60 €)

Baan Ploy Samed Restaurant – ร้านอาหารบ้านพลอยซี *(plan,* **15***) : en bordure de la plage d'Ao Kiang. ☎ 644-355. Plats env 400 Bts.* Grande et haute paillote ouverte sur la mer. Avant de s'installer sur des coussins au ras du sol bordant les tables en verre posées au-dessus d'un vide découpé dans le sol, on va jeter un coup d'œil aux poissons et crustacés qui barbotent dans des cuves. Ils n'attendent que votre verdict avant de passer à la casserole. Carte variée, et cuisine très honorable. Service attentionné.

Plage de Hat Sai Kaeo – ชาดหาดของหาดทรายแก้ว

La première plage en venant du port, après avoir traversé Samet Village. Au carrefour, prendre l'allée pavée et couverte juste en face de la petite route ; elle mène à la plage.
C'est l'une des favorites des groupes de vacanciers, et donc plutôt celle à éviter. Ses abords ont été aménagés en une promenade desservant une rangée continue de pensions et de restos sans intérêt. La plage, souvent saturée (jet-ski, bouées banane, parachute ascensionnel, etc.), est souvent assez sale... mais le sable reste cependant magnifique, d'où son nom signifiant « plage de diamant » en raison de sa forte teneur en silice. La qualité de l'eau souffre elle aussi de l'affluence, évidemment. Quelques gargotes sur la rue principale du village, et animation nocturne.

Plus chic (à partir de 1 500 Bts – 43 €)

Laem Yai Hut Resort (plan, **1**) *: à l'extrémité est de la plage. ☎ 644-282. 087-597-02-18. Accès par la plage ou en traversant le* Sae Kaew Beach Resort *(très chic) ; prendre à gauche* *au niveau du guichet du parc puis à droite au temple.* Un peu à l'écart des *resorts* à touche-touche, une vingtaine de bungalows colorés dispersés sous les arbres, avec salle d'eau, AC et même TV pour certains. Confort très variable, selon qu'ils sont rénovés ou plus anciens. Et puis un auvent, pour siroter une bière, avaler un morceau. Resto de plage.

Plage d'Ao Hin Khok – หาดอ่าวหินคก

La petite sœur de la précédente, séparée par une saillie rocheuse surmontée d'une statue d'un prince et d'une sirène bien kitsch. Plage relativement longue, ourlée de sable blanc et facilement accessible en pick-up depuis le port, mais dont la beauté naturelle a peine à s'exprimer compte tenu du laisser-aller général. Les hébergements, plutôt meilleur marché qu'ailleurs, s'étagent tous de l'autre côté de la piste assez passante, sur le relief côtier. Ceux qui souhaitent s'éloigner de l'animation nocturne choisiront plutôt un bungalow un peu sur les hauteurs, mais se priveront, la plupart du temps, de la vue sur la mer...

Un peu plus chic (de 1 000 à 1 500 Bts – 28,60 à 43 €)

Tok's Little Hut – ต๊อก ลิตเติล ฮัท (plan, **2**) : *en bord de plage, le 1er groupe de bungalows en venant du nord.* ☎ 644-073. • toks-littlehut.com • Une cinquantaine de bungalows (avec AC et TV) accrochés à flan de colline, sans fantaisie mais propres, contrairement au « jardin » qui mériterait un meilleur traitement. Les plus calmes sont ceux qui sont les plus éloignés de la petite route (assez passante), mais pas de vue. Resto de plage correct, entre la rue et la mer.

Jep's Bungalows – เจบส์บังกาโล (plan, **2**) : *proche du précédent.* ☎ 644-112. • jepbungalow.com • *Variation de prix assez notable selon sem ou w-e.* Géré par une équipe dynamique, seulement 6 bungalows, modestes mais propres, un peu proches de la route cependant. Le resto, au bord de l'eau, propose une bonne cuisine thaïe et indienne, généreusement servie, dont un excellent *green curry very spicy* !

Plage d'Ao Phai – หาดอ่าวไผ่

Une autre petite plage très populaire, devant un minivillage touristique très fréquenté.

Prix moyens (autour de 300 Bts – 8,60 €)

Bamboo Restaurant – ครัวแบมบู (plan, **3**) : *sur la plage, entre le resto du Sea Breeze et le complexe du Silver Sand.* 080-634-76-75. Une petite paillote-cuisine surveillant une file de tables et chaises en bambou aux pieds enfoncés dans le sable. Plats meilleur marché qu'ailleurs, qu'on se contente de riz sauté ou de fruits de mer et poissons. Le soir, à partir de 18h, c'est barbecue. Service sympa, prodigué depuis des lustres par la même famille.

Juste à côté, le **Noodle Soup** prépare, comme son nom l'indique, d'excellentes soupes pour trois fois rien.

Chic (de 1 500 à 3 000 Bts – 43 à 86 €)

Silver Sand Resort – ซิลเวอร์ แซนด์ (plan, **3**) : *en plein milieu de la plage.* ☎ 644-300 ou 301. • silversandsamed.com • Lieu un peu patchwork ne convenant pas si l'on recherche l'isolement. Bungalows assez joliment décorés et bien équipés (belles salles de bains, TV et coffre), mais tout de même un peu entassés et sans vue sur la mer. Certains donnent sur un bras d'eau un tantinet fétide (moustiques).

Grand resto en terrasse, supermarché et ATM juste à côté. Sur la plage, transats disposés comme à la parade, ce que semble apprécier une importante clientèle russe. Héberge aussi le seul bar-disco de l'île digne de ce nom... Autant dire que le lieu n'est pas des plus calmes, notamment lors des *Full Moon Parties* endiablées. *Fire show* vers 22h.

Samed Villa Resort – เสม็ดวิลล่า (plan, **3**) : *sur les rochers de l'extrémité sud de la baie ; accès par la plage (dépasser le* Silver Sand*).* ☎ 644-094. 081-761-55-78. • samedvilla.com • *Tarifs variables selon saison, petit déj inclus.* Au calme, bien en retrait de la piste. De vastes chambres, dans des villas en dur ; les plus agréables sur le promontoire. Toutes avec AC et ventilo, frigo et coffre. Efficacement équipées, décorées et entretenues, elles peuplent une belle végétation. La plupart des terrasses donnent vers la mer. Cuisine copieuse, un poil plus chère que chez les voisins.

Plages d'Ao Pudsa (ou Phutsa) et d'Ao Tubtim – ชายหาดอ่าวพุทราและอ่าวทับทิม

Longer la mer depuis Ao Phai, franchir le passage rocailleux (Ao Phutsa), et voici Ao Tubtim. Un parfait croissant de sable doré souligné d'une flore généreuse, qui forme un joli cadre à quelques bouquets de bungalows. En taxi, compter 200 Bts depuis le débarcadère.

De prix moyens à plus chic (de 500 à 3 000 Bts – 14,30 à 86 €)

Pudsa Bungalows and Restaurant – อ่าวพุทรา บังกาโล (plan, **4**) : *Ao Pudsa.* ☎ 644-030. Les premiers bungalows en venant d'Ao Phai, alignés face à la mer turquoise. La bonne affaire côté budget (pour ceux avec ventilo), et même pour la catégorie juste au-dessus. Ceux avec vue sur mer sont à peine plus chers que ceux situés sur l'arrière, insistez pour les obtenir. Visitez avant de vous décider car l'état général est aléatoire et l'entretien des espaces communs laisse à désirer. En revanche, on y mange plutôt bien.

Tubtim Resort – ทับทิมรีสอร์ท (plan, **4**) : *à l'extrémité sud de la plage.* ☎ 644-025 ou 026. • tubtimresort.com • Bien à l'ombre, dans un jardin luxuriant, une centaine de bungalows élégants en bois ou en maçonnerie, dont une trentaine climatisés. Les premiers prix proposent ventilo (sans petit déj) et sont très corrects, et ceux avec AC disposent de tout le confort (petit déj compris). Ensemble bien tenu et équipement sans défaut. Choisir de préférence les bungalows situés sur la colline au bout de la plage (sur la droite quand on regarde la mer), plus tranquilles. Agréable resto de plage également, avec tables plantées dans le sable.

Plage d'Ao Nuan – อ่าวนวล

Suivre le chemin côtier et ouvrir l'œil afin de découvrir, lovée dans une adorable crique bordée de rochers, cette minuscule plage croquignolette et charmante, qu'il serait dommage de manquer ! Un îlot de sérénité, notre outsider dans le tiercé gagnant.

De prix moyens à plus chic (de 500 à 3 000 Bts – 14,30 à 86 €)

Nuan Kitchen – นวลคิทเช่น (plan, **5**) : *l'unique hôtel de la plage. Accès malaisé par la route.* ☎ 644-334. Une poignée de petits bungalows en bois et toit de paille, avec terrasse et moustiquaire, discrètement posés sur les escarpements rocheux plantés d'une végétation exubérante. Certains sont très simples, avec ventilo et salle de bains à partager, d'autres tout aussi rudimentaires mais avec salle de bains privée. Enfin, les climatisés, chers pour le confort proposé... mais on paie ici la rareté de l'isolement, un vrai luxe à Ko Samet ! Excellente cuisine à prix doux, à déguster sous les arbres, quasi les pieds dans l'eau. Ambiance bien cool, accueil extra. En résumé, simple mais très bien tenu, calme (pas de TV !) et assez magique. Notre adresse préférée sur l'île.

Plages d'Ao Cho et d'Ao Wong Duan – ชุยโฆมยโฮ๋ย วช๋ฮ ฉลธฆมยโฮ๋ย ววงฌโฮ์ฯชายหาดของอ่าวโชวและอ่าววงเดือน

Ao Cho, assez étendue, manque cruellement de charme : bien trop fréquentée (cohue assurée le week-end), et les coraux y ont été détruits par la pêche à la dynamite (le réchauffement climatique a bon dos !). Ao Wong Duan, largement ombragée mais coupée en 2 par un embarcadère, accueille un complexe touristique complet : laverie, distributeur de billets, supérette et restos. Elle conviendra donc à ceux que ni l'animation, ni les jet-skis, ni les *speed boats,* ni la litanie des transats alignés comme à la parade n'effraient. Bref, pas notre tasse de thé. On peut rejoindre la plage d'Ao Thian et le cap de Lung Dam par un petit chemin, en 5 mn de marche. Compter 300 Bts en pick-up taxi depuis le village.

De plus chic à très chic (à partir de 2 000 Bts – 57 €)

Vimarn Samed – วิมานเสม็ด รีสอร์ท *(plan,* ***10****) : ☎ 633-040-02. • vimarnsamedresort.com • Sur les rochers au nord de la plage. Doubles 2 200-2 900 Bts selon confort, petit déj inclus.* Posés sur les rochers, à l'écart de la trop forte animation, les bungalows sont astucieusement disséminés, offrant tous une vue extra sur la baie. Sur une structure en dur, ils sont joliment habillés à la thaïe, rehaussés de toits traditionnels. Tous disposent de l'AC. Ici et là, des petits pontons avec transats juste au-dessus de l'eau et un chouette petit resto en terrasse, avec coussins colorés. Ensemble très agréable.

The C Samet Beach Resort – เดอะซี เสม็ด บีช รีสอร์ท *(plan,* ***10****) : ☎ 644-260. 081-863-98-68. • thecsamet.com • À l'extrémité sud de la plage de Wong Duan. Doubles 2 500-6 000 Bts, petit déj inclus.* Une cinquantaine de maisonnettes en bois blanc qui essaiment à flanc de colline et à l'abri de la végétation, jusqu'à atteindre un promontoire isolé offrant un agréable panorama sur la côte. Et la plage est à deux enjambées. Confort et déco fluctuent en fonction des rénovations progressives, allant des chambres assez basiques aux plus mignonnes, colorées et plus douillettes. Resto agréable, au bord de l'eau, installé sous les arbres, avec tables basses et petits lampions.

Plage d'Ao Thian et cap de Lung Dam – อ่าวเทียนและแหลมลุงดำ

Suivent Ao Thian (au nord), appelée aussi *Candelight Beach* – une petite plage cernée de rochers et fermée par une colline à l'arrière où s'étagent les hébergements (dommage que le chemin d'accès soit si sale). Puis le cap de Lung Dam (au sud) qui dessine une petite portion de côte assez agréable, à l'ambiance gentiment baba, malgré un front de mer bordé d'une ligne ininterrompue de bungalows. Plusieurs affleurements rocheux isolent des miniplages. De là, la côte ouest est à peine à 200 m en traversant la péninsule. Le pick-up taxi s'affrète ici à 350 Bts pour aller au village principal.

Prix moyens (autour de 500 Bts – 14,30 €)

Keang Talea Restaurant – ร้านอาหารแกงทะเล *(plan,* ***6****) : Ao Thian, à côté du Sang Thian Beach Resort. Tlj 7h-21h.* Un petit resto familial et bon marché installé sur plusieurs terrasses couvertes en surplomb de la mer. Des simples riz sautés aux poissons grillés et fruits de mer en passant par les soupes et les curries, il y en a pour tous les goûts. Excellent *fried shrimp thaï style* et goûteux *green curry with vegetable.* Simple et bon.

D'un peu plus chic à plus chic (de 1 000 à 3 000 Bts – 28,60 à 86 €)

Apache – อาปาเช่ *(plan,* **7***) : à l'extrémité sud, avt la pointe. 081-452-94-72 ou 081-208-23-20. Doubles 800-1 800 Bts. (réception).* Côté hébergement, des bungalows en bois brut avec ventilo ou AC, minisalle d'eau et terrasse devant la plage. Dans tous les cas, confort assez spartiate. Côté plage, le vieux ponton de bois plein de charme, rafistolé à grands coups de planches cloutées, s'observe des petites alcôves flanquées de tables basses, où l'on s'installe en tailleur pour déguster des plats vraiment pas dispendieux. Atmosphère relax, parfaite pour les apaches du coin en quête de robinsonnade. Accueil adorable.

Candle Light Resort – แคนเดิล ไลท์ บีช รีสอร์ท *(plan,* **7***) : au centre de la plage d'Ao Thian. 098-979-79-10. Doubles 1 200-1 500 Bts. Pas de petit déj.* Petits bungalows en bois peints en blanc, alignés face à la mer. Si certains sont vieillissants, ceux qui ont été rénovés, bien que très simples, sont impeccables et d'un excellent rapport qualité-prix sur cette plage. Pour tous, AC, eau chaude, frigo et petite terrasse. Accueil attentionné.

Jelly Fish – ที่พักและร้านอาหารแมงกะพรุนไฟ *(plan,* **7***) : à Lung Dam. 644-331. 081-652-80-56. Doubles 800-2 300 Bts.* Des petits bungalows en dur, avec ou sans AC, répartis à flan de collinette ou quasi les pieds dans l'eau, face à une bande de rochers. Pas le grand luxe, confort modeste, mais tous disposent d'une terrasse, et la bonne tenue de l'ensemble en fait une étape simple mais agréable.

Plage d'Ao Wai – ชายหาดของอ่าวไหว้

Loin de la foule, sur une crique isolée entre deux promontoires, jolie plage de sable bordée de « palétutu », palétuviers roses... Accès par un sentier tracé dans la jungle. Parfait pour la bronzette, le kayak et le *snorkelling,* à tenter dans les rochers qui ferment cette microbaie. Coucher de soleil garanti sur la côte ouest par un petit sentier qui coupe la piste centrale.

➢ Pick-up de/vers Bab Phe : 300 Bts.

Plage d'Ao Kiu Na Nok

À un petit kilomètre plus au sud, cette plage est vraiment superbe : sable blanc ultra fin et courbure langoureuse. Ko Samet étant ici aussi mince qu'un trait de calligraphie, le soleil se couche à 200 m de là, de l'autre côté de la piste. Ces mensurations n'ont pas échappé au plus gros opérateur de l'île, *Samed Resorts,* qui y a bâti le ***Paradee,*** un « 5-étoiles » naturellement paradisiaque à des prix... stratosphériques ! Un agent de sécurité se charge d'éconduire les baigneurs fauchés. Le taxi vous coûtera 400 Bts. On peut aussi la rejoindre en bateau.

Plage d'Ao Karang

Les dernières criques de sable avant la pointe sud. La baignade n'est pas des plus aisée (peu de fond et galets), mais on y fait quelques rencontres agréables avec masque et tuba. Le tarif du pick-up monte à 650 Bts.

Très chic (plus de 3 000 Bts – 86 €)

Nimmanoradee Boutique Resort and Restaurant – ร้านอาหารนิมมานนันรดี *(plan,* **8***) : sur Ao*

Karang, devant la plage. ☎ 644-271 à 274. • nimmanoradee.com • 081-437-85-65. De quoi se requinquer avant ou après le chemin côtier. Assez isolé, voici un groupe d'une trentaine de bungalows hexagonaux et colorés, avec terrasse, situés dans un beau jardin. Chambres spacieuses et plaisantes, toutes avec AC, DVD, frigo... Au resto, les tables ont les pieds dans le sable, à l'abri d'arbres bienfaiteurs, face aux îlots. Pour digérer, quelques balançoires. Nourriture thaïe classique, moins savoureuse que la beauté du site, dommage. Location de kayaks, équipement de *snorkelling,* massage...

Plage d'Ao Phrao – หาดอ่าวพร้าว

Baie parfaite lovée dans le plus bel écrin de verdure de l'île, la seule vraie plage de la côte ouest est célèbre pour LE coucher de soleil de Ko Samet. Elle est aussi beaucoup plus propre qu'ailleurs, et les transats moins nombreux. Seule nuisance, les *speed boats* qui font hurler leurs moteurs à marée basse pour se désensabler. À 1,5 km d'Ao Phai, on s'y rend facilement par la piste en longeant le réservoir d'eau destiné à l'alimentation de l'île. Ao Phrao, autrefois chic mais décontractée, a été livrée tout entière aux *resorts* de luxe. Morale de l'histoire, il est plus malin (et gratuit) de s'y rendre pour une partie de farniente-baignade que d'y résider. Un pick-up taxi prend 250 Bts pour vous y conduire.

– Locations de scooters juste à la sortie de la plage (à gauche quand on regarde la mer, dans la montée). Un peu plus cher qu'ailleurs.

Très chic (plus de 3 000 Bts – 86 €)

Lima Coco – ลิมา โคโค *(plan, **9**) : ☎ (02) 212-911-40 ou 41 (à Bangkok). Sur place, 089-545-47-33 ou 038-644-06-78. • limasaresort.co.th • Doubles 2 600-7 300 Bts, petit déj inclus. (réception).* Le plus abordable des 3 *resorts* de cette plage. Bungalows ou chambres s'étagent sur la colline, séparés par des bandes gazonnées. Cher bien sûr (on paie le cadre !), mais excellent confort et humblement intégré au site. Grandes baies vitrées, dont certaines donnent sur la mer. Petite piscine à débordement pour barboter. Transfert (compris) en bateau spécial depuis Ban Phe (embarcadère de Chokrisada). Resto très abordable proposant une bonne cuisine thaïe, et internationale pour les estomacs susceptibles.

Buzz *(plan, **9**) :* attenant au Lima Coco. *☎ 644-104. Tlj 11h-22h30. Menu thaï 1 900 Bts pour 2, verre de vin compris.* Lieu ultramoderne, reposant et plaisant, offrant une belle terrasse et quelques transats les pieds dans le sable. Un peu cher bien sûr, mais on peut se contenter d'y boire un verre ou opter pour les snacks à prix encore doux.

Spécial folie (à partir de 250 €...)

Ao Prao – อ่าวพร้าวรีสอร์ท *(4 étoiles)* ***et Le Vimarn*** – วิมานรีสอร์ท *(5 étoiles ; plan, **9**) : ts les 2 gérés par Samed Resorts. • samedresorts.com • Rien en dessous de 10 000 Bts... Parfois, des promos importantes sur Internet les rendent presque accessibles.*

À faire

Pas grand-chose et c'est tant mieux !

➢ ***Rando le long de la côte :*** jusqu'à 6 km de promenade, sans risque de se perdre, sur le sentier côtier plutôt mignon, bien que moyennement propre, d'Ao Phai jusqu'à Ao Karang. Quelques minigrimpettes à pinces dans les rochers à crabes après le cap de Lung Dam, mais aucune difficulté. Pour rejoindre le cap sud formé de rochers pelés, il faut passer par le QG des rangers. Emporter une torche, toujours utile si l'on s'est attardé (pas d'éclairage entre les plages), mais mieux vaut de débrouiller pour rentrer avant la nuit. On peut entrecouper la balade de pauses baignade et buvette. Pour remonter en taxi (qu'il faut faire descendre du nord), compter 600 Bts.

– ***Location de kitesurf, canoës, ski nautique, jet-ski :*** sur les plages les plus populaires, de Hat Sai Kaew à Ao Phai, ainsi qu'à Ao Wong Duan.

– ***Plongée sous-marine :*** intérêt limité, sauf à Laem Yai, sur le spot de Hin Kao, où l'on peut observer des requins, et au large du cap Khut (tortues), tout au sud.

– ***Sorties en mer :*** organisées par la plupart des hôtels, ou repérer les panneaux des agences sur la plage, il y en a partout. Tour de l'île, *snorkelling,* pêche aux calamars de nuit, excursions vers les îlots environnants (Ko Thala, Ko Kudee, Ko Plateen, Ko Kham ou Ko Man Nai, qui abrite une réserve de protection des tortues de mer).

– ***Assister à un match de muay thai :*** *soirées combats (plusieurs dizaines à la suite, chacun compte 5 rounds) organisées régulièrement à Ao Hin Khok. Entrée : 800-1 000 Bts.* En plein air, posé sur de la terre battue derrière des bâches tendues, un ring où s'affrontent gamins, ados, adultes (dans l'ordre). Autour, l'orchestre traditionnel, et le public en partie debout qui parie, qui rit, qui crie, qui scande les coups. Intense.

LA PROVINCE DE TRAT

Située la plus à l'est du pays (320 km de Bangkok), bordant le Cambodge, la province de Trat, c'est quasi la Thaïlande d'il y a 40 ans !
Sur la côte vers le Cambodge, longues plages désertes, très peu de béton, pittoresques gros villages de pêcheurs comme *Klong Yai,* magnifique plage de *Ban Chuen,* quelques *resorts* horizontaux bien dissimulés dans les cocotiers, et une nature de rêve, intacte, propice à de magnifiques balades... Seule l'île de *Ko Chang* connaît un fort développement touristique. Dans les terres intérieures, on extrait les plus beaux rubis et saphirs du pays (commercialisés dans la ville de Trat). Le rubis est d'ailleurs royalement fêté fin mai, début juin, en même temps que le *rakam,* (une sorte de datte délicieuse, douce et légèrement acidulée). À noter un épisode peu connu de l'histoire locale où la France est totalement impliquée et qui se révèle l'occasion de grandes festivités : dans la dernière semaine de mars, *fête de l'Indépendance de Trat* commémorant la fin de l'occupation française et la libération de la ville en 1906 (tiens, tiens, on aurait voulu grappiller un peu de territoire au Siam et l'annexer au Cambodge ?)...
De même, commémoration de la *bataille de Ko Chang* du 17 au 23 janvier où les forces thaïes remportèrent une victoire navale contre la flotte française vichyste en 1941 (bien fait !)... Enfin, moins guerrière, la *fête des Fruits* de Trat qui se déroule fin mai, début juin... Haute en couleurs et en senteurs, vous vous en doutez !

Vers le Cambodge, superbe route (la 318). Au niveau de *Klong Yai,* elle sinue sur une bande étroite de 500 m à peine entre mer et montagne. Dans le même coin, une route pittoresque mène à *Bo Raï* où se tient un célèbre marché aux pierres précieuses. Dans les environs de Bo Raï, on peut admirer la belle cascade de *Namtok Klong Kaeo* qui tombe sur sept niveaux… et tant d'autres choses !

Où dormir chic dans la région de Klong Yai ?

Mango Beach Resort : *61/5 Moon 2, Mai Rd, Llong Yai, Trat 23110 (Ban Khlong Muang). ☎ 0395-10-900. 0918-19-4618. • reservation@mangobeachresort.com • mangobeachresort.com • Selon saison, doubles 2 750-5 000 Bts, petit déj inclus ; bungalows 3 850-7 000 Bts.* Face aux îles *Ko Mak, Ko Kood* et *Ko Chang,* à environ 25 km de la frontière cambodgienne et 60 km de Trat, dans un coin totalement sauvage, un élégant et horizontal complexe hôtelier noyé dans les cocotiers, entouré de mangroves, avec accès direct à une plage déserte. L'endroit idéal pour se ressourcer, tranquillité et intimité garanties ! Bungalows et chambres disséminées dans un parc bucolique de 2 ha. 13 bungalows et 20 chambres de charme, spacieuses, bénéficiant de tout le confort rêvé : clim, TV cable écran plat, mini bar, coffre, toilette indépendante de la douche… Savoureuse cuisine (spécialités thaïes et françaises avec les meilleurs produits locaux, le poisson a été livré la veille ou à l'aube !). Très belle piscine à débordement et un riche programme d'excursions dans les îles en face et les villages de pêcheurs alentour. Barman, roi des cocktails. Enfin « lychee sur le *sticky rice* à la mangue » : un accueil très pro et un personnel disponible et attentif au bien-être des clients. Difficile d'en rajouter !

KO CHANG – เกาะช้าง

IND. TÉL. : 039

• Plan *p. 153*

Ko Chang, avec ses 650 km², est la deuxième île de Thaïlande après Phuket, et donne son nom au parc national maritime qui englobe un archipel d'une cinquantaine d'îles. L'île est surnommée *chang,* à cause de sa forme rappelant celle d'un éléphant (ah bon ?). Elle est bordée de mangroves et aux trois quarts couverte d'une des plus denses forêts pluviales du pays, toujours peuplée de singes, d'oiseaux colorés et de reptiles. Culminant à 745 m avec le sommet du Khao Jom Prasat, ses montagnes dominent majestueusement le golfe du Siam.

Ça, c'est pour la carte postale. Les autorités en ont fait une zone « parc national » avec de nombreuses activités destructrices pour l'environnement. Quelques hôtels de la côte ouest sont ici plutôt moches et déplacés. Le trafic aérien vers l'île, via le tout proche aéroport de Trat, sur le continent, garantit quant à lui un accès plus facile… Sur fond de superbes couchers de soleil, partons à la pêche aux trésors encore présents, se rafraîchir dans les chutes d'eau, s'étourdir de virages et de montagnes russes spectaculaires, parcourir (avec guide) les sentiers de montagne, et dénicher les derniers villages sympas. Ko Chang a une

beauté à elle, un cœur vert, des rivages au sable fin et aux eaux émeraude qui incitent au farniente, à la baignade, au *snorkelling* et à la plongée. Chaque plage a son style, choisissez donc votre point de chute en fonction de vos attentes.

Arriver – Quitter

En bus et minibus

Tous les bus depuis la capitale (Ekkamai et Mochit 2) transitent par l'aéroport international de Bangkok.

➢ ***Bus depuis Ekkamai (Bangkok) vers Ao Thammachat Ferry Pier :*** 320 km. Trajet : 5h30-6h. 2 bus/j. avec AC, départs à 7h45 et 9h45. Compter 270 Bts.
Sinon, bus avec AC ttes les 1h30-2h env d'Ekkamai à ***Trat,*** 6h-23h30. Compter 270 Bts.

➢ ***Depuis Trat*** *(gare des bus)* **:** 20 km. Trajet : 30 mn. Service continu de *songthaew.* Compter 60-80 Bts selon nombre de passagers. Pas mal d'hôtels organisent le transit.

➢ ***Minibus AC + ferry :*** plusieurs formules au départ de votre hôtel. Vendues en agence (dans les quartiers touristiques de Bangkok ou sur Ko Chang). Trajet : env 6-7h, traversée comprise. Compter 900-1 200 Bts selon agence. Gare aux arnaques, bien se faire préciser par écrit sur le billet que le trajet en ferry est inclus.

➢ ***Ko Samet :*** compliqué en bus, avec plusieurs changements, même si c'est 2 fois moins cher. Autant réserver une place en minibus (1 ou 2 départs/j.) auprès de son hôtel ou d'une petite agence. Elles proposent toutes ce service, à réserver en général la veille. Trajet : 3h30, incluant les traversées, pour env 700-800 Bts. En taxi privé, compter 2 500-3 000 Bts pour Ban Phe (sans compter la traversée).

➢ ***Cambodge :*** une flottille de minibus fait la navette entre Trat et le poste-frontière de Had Lek (tlj 7h-21h). Départs ttes les 45 mn 6h-18h. Prévoir 1h30 (de Trat) de route et 500 Bts pour se rendre à la frontière. Partir très tôt de Trat, sinon il faut passer la nuit sur l'île de Ko Kong (Cambodge), avant de pouvoir continuer vers Sihanoukville à bord d'un ferry bruyant et secouant, ou d'un taxi collectif. Attention, côté khmer, préférer les taxis collectifs aux motos-taxis (arnaques fréquentes).
– Certaines agences et pensions de Ko Chang vendent des formules tout compris (ferry et minibus) jusqu'à Sihanoukville (env 1 500 Bts), Siem Reap (env 900 Bts) ou Phnom Penh (env 1 500 Bts). Là aussi, petites embrouilles rapportées : véhicules non conformes aux promesses, retards importants... Bien se faire préciser tous les détails au moment de la réservation.

Bateaux pour Ko Chang

Les 2 quais les plus fréquentés :

➢ ***Ao Thammachat-Ao Sapparot :*** ferries pour véhicules. Ttes les 45 mn 6h45-19h. Traversée de 30-40 mn. Compter 80 Bts le billet aller ; 150 Bts/véhicule. C'est par là que transitent la majorité des transports de/vers Bangkok et aussi les navettes de/vers l'aéroport de Trat. Distributeur au port et petites cantines.

➢ ***Center Point :*** ferries mixtes véhicules et piétons. Ttes les heures 6h-19h30. Mêmes fréquences pour Leam Ngop. Traversée de 40-50 mn. Billet A/R 140 Bts (80 Bts l'aller simple) ; 180 Bts pour une voiture.

En avion (et minibus)

✈ ***Aéroport de Trat :*** *mignon petit aéroport à env 30 km au nord des quais d'Ao Tammachat.* ☎ *525-76-78.* Géré par *Bangkok Airways.* Distributeur de billets. En cas de retard de l'avion, on vous sert une collation. Classe ! Mais taxe d'aéroport élevée.

AU SUD-EST DE BANGKOK

➢ ***De et vers Bangkok :*** 2-3 vols/j. selon période avec *Bangkok Airways.* Trajet : 1h. Compter 3 000-3 500 Bts selon les saisons.

➢ Pas de vols depuis ***Phuket*** et ***Ko Samui*** vers Ko Chang.

➢ ***Entre l'aéroport et l'île :*** minibus affrétés par l'aéroport de Trat. Prévoir env 500 Bts (900 Bts par A/R) selon plage d'arrivée, ferry compris. Souvent, dans le cas de package, ce trajet est inclus dans la réservation.

Adresses et infos utiles

– ***The Ko Chang Guide :*** *• koh-chang-guide.com •* Magazine gratuit disponible un peu partout. Bien fait et utile. Horaires des transports, plans, listings des restos et des hôtels. Couvre également Trat et les autres îles du coin.

■ ***Banques :*** *lun-ven 8h30-20h.* Présentes sur toutes les plages de la côte ouest et les routes principales de l'île. Forte concentration à White Sand Beach. Sinon, des distributeurs 24h/24 un peu partout.

✉ ***Post Office :*** *au sud de White Sand Beach (sur la route principale), à droite en allant vers le sud. Lun-ven 10h-12h, 13h-18h ; sam 10h-13h.* Assure le service Western Union.

✚ ***Ko Chang International Clinic :*** *au sud de White Sand Beach, sur la route principale. Urgences : ☎ 551-555. 📱 081-863-36-09 (24h/24).* Clinique privée, succursale du Bangkok-Trat Hospital. Personnel soignant anglophone et germanophone.

✚ ***Ko Chang Medical Clinic :*** *entre Klong Phrao et Kai Bae, à gauche de la route principale en allant vers le sud. Urgences : 📱 085-600-04-40. Tlj 9h-22h. Presque en face, un bon dentiste à la* ***Ko Chang Dental Clinic.*** *📱 086-320-07-02.*

– On trouve par ailleurs des ***postes médicaux*** et des ***pharmacies*** sur chaque plage de la côte ouest et dans la rue principale qui traverse l'île.

■ Sur la côte ouest, derrière chaque plage s'alignent les boutiques. On trouve donc l'essentiel ***(supérettes, laverie, gargotes...)*** et le superflu, partout.

■ ***Location de motos, scooters et voitures :*** nombreux loueurs sur toutes les plages. On peut aussi passer par sa pension. *Compter 200-250 Bts/j. pour un deux-roues (selon cylindrée) et env 1 300 Bts/j. pour une voiture.* Et voir nos avertissements ci-après.

➢ Sur le site *• iamkohchang.com •* pas mal d'infos pratiques, sur les transports notamment.

Circuler dans l'île

La seule route de l'île parcourt le périmètre côtier sans toutefois en faire le tour complet. Au sud-est, le voyage finit au village de Ban Salak Phet. Au sud-ouest, cul-de-sac (payant) au niveau du grand-guignolesque *Ko Chang Grand Lagoona.*

Un service de *songthaew* (taxis pick-up, fréquents le jour) circule entre les pontons de débarquement et le village de Bang Bao, desservant toutes les plages au passage. Prévoir 60-120 Bts/pers selon distance. Le soir, desserte irrégulière en dehors de la portion Hat Sai Khao-Kai Bae ; il faut alors souvent chartériser (cher) ! Une solution est de louer moto ou voiture, mais attention ! Si la route est bitumée, le ruban assez étroit se tord dans tous les sens, avec des pentes vertigineuses par endroits, et se transforme en patinoire quand il pleut. Au sud-est, la piste menant à Long Beach est à réserver aux bons pilotes. Quelques règles de conduite : automobilistes, gaffe aux motos et piétons ; motos, attention aux autos et piétons ; piétons, méfiez-vous des deux...

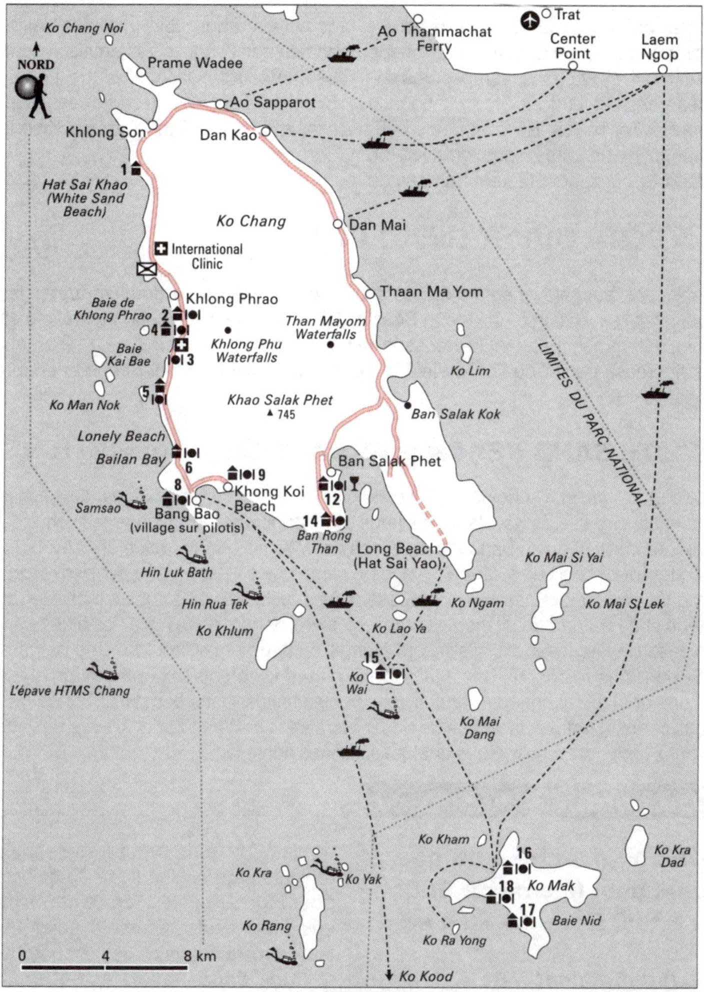

KO CHANG

Où dormir ? Où manger ? Où boire un verre ?

1 Independent Bo's, Rock Sand Resort et Star Beach Bungalows
2 KP Hut, Tiger Hut, Baan Rim Nam et Chumnan Restaurant
3 Food Market
4 Kati Culinary, Blue Lagoon et Centara Ko Chang Tropicana Resort
5 Porn's Bungalows, KB Resort, Kai Bae Beach Resort et KB @ Seaside
6 Lisca Beach, Bailan Bay Resort et Sundown
8 Bang Bao Paradise Homestay, Koh Chang Sea Hut, Ruan Thai Restaurant et Baracuda
9 Bang Bao Beach Resort et Chivapuri Beach Resort
12 Baan Yemaya et Mangrove Hideaway
14 Salakphet Seafood and Resort et Island View Resort
15 Koh Wai Paradise et Good Feeling Bungalows
16 Koh Mak Resort, Prom Pakdee Resort et Seavana Beach Resort
17 Ao Kao White Sand Beach Resort
18 Monkey Resort

Ceux qui louent un deux-roues mettront un casque, à demander au loueur. Ne franchissez pas les rampes très raides à deux et, surtout, testez la bécane pour éviter pneus lisses et freins déficients. Et ne roulez pas qu'avec un maillot pour tout vêtement : en cas de gamelle, ça peut faire mal. Bien avoir en tête que l'engin n'est jamais assuré. Les secteurs périlleux : entre Lonely Beach et Bang Bao au sud-ouest, et au nord entre White Sand Beach et Khlong Son.

LA CÔTE OUEST DE KO CHANG

95 % des bungalows sont installés sur la côte ouest, où se trouvent toutes les plages à l'exception d'une (Long Beach). Attention ! Gare aux courants traîtres en mer, notamment pendant la mousson, la baignade pouvant alors devenir vraiment dangereuse (rester où l'on a pied), en particulier à White Sand Beach et Lonely Beach.

WHITE SAND BEACH (HAT SAI KHAO) – หาดทรายขาว

La plus longue et à l'origine la plus belle plage de l'île, Hat Sai Khao est devenue la véritable capitale de Ko Chang. La large route principale qui la longe sur l'arrière y concentre boutiques, banques, agences de voyages, restos, dans un tohu-bohu incessant de véhicules. Cette « plage de sable blanc » est bordée par des *resorts* alignés comme des corons qui proposent des hôtels ou maisonnettes fabriqués en série et de l'*international food* convenue. L'extrême nord reste l'une des plus belles plages de l'île, avec sa falaise qui plonge dans une mer limpide. Une poignée de pensions-restos, un brin alternatives, offrent ici refuge aux routards en quête d'une cool robinsonnade. Sauf si vous voulez résider dans ces petits bungalows pas chers, à notre avis, inutile de poser votre sac sur White Sand. Au cas où vous seriez tenté, on vous indique quelques bonnes adresses.

Où dormir ? Où sortir ?

De bon marché à un peu plus chic (moins de 500 à 1 500 Bts – 14,30 à 43 €)

Independent Bo's – อินเดเพ็นเด้นท์ โบว์ *(plan, 1)* : *accès au niveau du 7-Eleven, au nord de la plage, puis remonter le rivage sur 300 m à droite.* ☎ *551-165.* Entassement improbable d'une vingtaine de cahutes multicolores accrochées à la pente au-dessus des flots, les moins chères se situant sur les hauteurs. Une chatte n'y retrouverait pas ses petits ! Et pourtant, décorée avec totems et sans tabous, l'adresse a un charme fou. Chaque chambre est personnalisée, jusqu'aux sanitaires (parfois rustiques) avec eau froide ou chaude selon le prix, mais toujours propre. Une sorte de colonie post-hippie, où les règles du vivre ensemble sont clairement édictées. Pas de resto ni service de petit déj.

Rock Sand Resort – ร็อค แซนด์ รีสอร์ท *(plan, 1)* : *juste à côté de l'Independent Bo's.* *084-781-05-50.* • *rocksand-resort.com* • Qu'ils soient équipés d'un simple ventilo ou de l'AC, ces bungalows offrent un petit confort bienvenu. Les chambres s'alignent le long d'un bâtiment en dur sans charme, avec terrasse et vue plus ou moins dégagée sur la mer. Évidemment, pas le côté un peu anar de l'adresse voisine, mais bien situé dans un coin tranquille de cette plage. Resto en terrasse au-dessus des flots pour compléter agréablement le tableau.

Star Beach Bungalows – สตาร์บีช บังกะโล *(plan, 1) : à côté de l'Independent Bo's. 089-574-94-86. • starbeach-kohchang.com • Pas de réservation.* Voici la 3e adresse qui tient bon la rampe face aux hôtels de luxe voisins, avec son lot de bungalows tout simples, équipés d'un ventilo et d'une petite salle de bains. Sur la colline ou directement sur la plage, ils profitent tous d'une vue sur la mer. Resto-bar tout en longueur, avec ses lourdes tables de bois. Tenu par Mitchel, un sympathique Néerlandais.

LAEM CHAI CHET CAPE ET KHLONG PHRAO BEACH – แหลมไชยเชญ และหาดคลองพร้าว

Notre coin préféré pour ses kilomètres de sable blanc, ses îlots touffus au loin, et ses quelques ensembles de bungalows confortables perdus dans les cocoteraies. Plage pas idéale pour la baignade en revanche (mer peu profonde). Au nord, dans un entassement de restos et commerces, le cap de Laem Chai Chet manque cruellement de charme avec sa saturation de chalets. Au-delà de l'embouchure du Khlong Phu (voir plus loin « Les cascades de Ko Chang » dans la rubrique « À voir. À faire à Ko Chang »), traversable à pied (et en maillot !) depuis la plage à marée basse, la partie sud de Khlong Phrao reste la plus séduisante.

Où dormir ? Où manger ?

De prix moyens à un peu plus chic (de 500 à 1 500 Bts – 14,30 à 43 €)

KP Hut – เค พี ฮัท *(plan, 2) : Khlong Phrao sud, à env 2 km de Chai Chet. 084-077-59-95. Accès par une longue piste de ciment (embranchement indiqué au niveau du panneau « Panviman ») qui se termine dans une cocoteraie.* Face à une mer à 180°, des paillotes sur pilotis en bois et bambou au toit de paille, avec petite terrasse, sous une vaste cocoteraie. Confort très rudimentaire (matelas pas toujours nets et sanitaires communs style camping) pour les moins chères. Celles avec salle d'eau sont nettement plus agréables, mais rien de bien douillet tout même ! En résumé, c'est du rustique, mais l'ambiance routarde y est bonne, et le coin plutôt tranquille. Le grand resto-paillote propose une intéressante et modique cuisine thaïe et internationale, mais tout est bouclé à 20h !

Tiger Hut *(plan, 2) : mêmes indications que pour le KP Hut. Le Tiger Hut se situe un peu plus au nord de la plage. 084-109-96-60.* Les huttes les moins chères sont vraiment très spartiates (ventilo tout de même), mais incroyablement bon marché. Sinon, bungalows en bois avec parois en contreplaqué, un peu plus confortables. Ensemble modeste donc, mais tranquillou. Resto proposant une bonne cuisine thaïe, quelques burgers, sandwichs et autres snacks à avaler avec une bière bien fraîche.

Baan Rim Nam – บ้านริมน้ำ *(plan, 2) : à env 1,2 km de la route principale, au delà du Tiger Hut, après le Panviman Resort, sur la droite. 087-005-85-75. • iamkohchang.com • Double jusqu'à 1 900 Bts, petit déj inclus.* Une étroite passerelle, enjambant la mangrove, conduit à cette maison en bois toute simple mais nickel, aux pilotis plantés dans la rivière. Seulement 5 chambres, agréables, avec eau chaude, AC (mais pas de TV, merci pour ça !), dont 4 donnent sur une large terrasse au-dessus de l'eau. On y prend le petit déj ou on s'y prélasse dans la journée, en observant la vie tranquille de la rivière. Les restos situés sur l'autre rive peuvent venir vous chercher en barque... le luxe ! Prêt de kayaks pour aller faire une balade dans la mangrove, observer les éléphants qui se baignent à proximité, ou rejoindre la plage *(5-10 mn à pied).* Accueil adorable de Ian, qui a quitté la grisaille de l'Angleterre pour s'installer dans ce coin bien séduisant. Une de nos adresses préférées à Ko Chang !

Blue Lagoon – บูล ลากูน *(plan, **4**) : au sud de la plage de Khlong Phrao, au bout d'une allée carrossable. 089-515-46-17. • bluelagoonlazyday@hotmail.com • Double jusqu'à 2 000 Bts, petit déj inclus. (réception).* Sur un terrain arboré, une vingtaine de bungalows comme on en voit partout, mais à l'intérieur peint en blanc, joliment dynamisé par quelques touches de couleurs. Les plus chers sont alignés au bord d'une paisible petite rivière, à contempler de sa terrasse, dans son hamac. Top ! Et la plage de sable blanc n'est qu'à 3 mn. Excellent resto étalé sur plusieurs terrasses dominant le lagon. Cours de cuisine, de yoga parfois, pétanque, sauna thaï aux herbes, petite boutique de dépannage, location de vélos et scooters. Ambiance bon enfant très sympa et excellent accueil.

Chumnan Restaurant – ร้านอาหารชุมมานโตรกูล 2 *(plan, **2**) : sur le chemin cimenté qui mène à KP Hut et Tiger Hut, sur la droite. Tlj en continu.* En bord de cette petite route, une paillote de poche au nom imprononçable, quelques tables et chaises en bambou, et une minuscule cuisine d'où sortent de bonnes soupes et des petits plats familiaux goûteux pour trois fois rien. On n'y vient pas exprès, mais pratique et bienvenu quand on se trouve dans le coin.

Kati Culinary *(plan, **4**) : 48/7 Khlong Phrao, sur la route principale, devant le Centara Ko Chang. 081-903-04-08. Lun-sam 11h-22h ; dim 18h-22h. Menu complet 300 Bts ; plus cher à la carte.* Nint maîtrise ses classiques thaïs et pousse même la passion jusqu'à organiser des cours de cuisine dans son joli resto de bois, en bord de route. Grande affluence le soir pour s'essayer aux saveurs de ses petits plats bien travaillés, qui donnent la part belle aux produits de la mer, comme il se doit. Mieux vaut s'installer près du bar où la musique de fond, plutôt bien choisie, fait oublier le bruit de la route assez passante.

Très chic (plus de 3 000 Bts – 86 €)

Centara Ko Chang Tropicana Resort – เซ็นทารา เกาะช้าง ทรอปิคาน่า รีสอร์ท *(plan, **4**) : à l'extrémité sud de Khlong Phrao. ☎ 557-122. • centarahotelsresorts.com • Compter 4 800 Bts, petit déj compris. Promos intéressantes sur Internet.* Un immense complexe hôtelier (plus de 150 chambres) en bordure d'une plage magnifique mais aux eaux peu profondes. Dans l'aile gauche, des chambres classiques mais très plaisantes, dans des petits bâtiments de 2 étages autour d'une large piscine. Dans l'autre partie, des bungalows luxueux (avec douche balinaise à l'extérieur) disséminés dans un superbe jardin tropical ponctué de plans d'eau jusqu'à la piscine et les rangées de transats face à la mer. Resto proposant une cuisine locale et internationale. Buffet thaï à volonté le mardi soir, avec spectacle de danse. Le samedi soir, barbecue de fruits de mer (à volonté toujours) et *fire show.* Spa, fitness, tennis de table, yoga, kayak, billard, etc. Un hébergement à envisager surtout par agence ou via Internet (sinon c'est 50 % plus cher) très apprécié d'une clientèle russe plutôt familiale.

KAI BAE BEACH – หาดไก่แบ

Au nord et au centre de la baie se situent essentiellement les hôtels un peu chic. C'est au sud, sur une plage sablonneuse, qu'on trouve d'agréables « bungalow-teraies », sous une cocoteraie convenablement engazonnée. Le « village » est quant à lui plutôt une rue où s'alignent bars, restos, boutiques de fringues et salons de massage, rien de bien exaltant. En revanche, un très sympathique *food market* vient donner un peu d'âme à cet univers tout dédié au tourisme, et là, on se régale !

Où dormir ?

De prix moyens à un peu plus chic (de 500 à 1 500 Bts – 14,30 à 43 €)

Porn's Bungalows – พร บังกาโล *(plan,* **5***) : au sud de la plage. 084-892-73-45 ou 080-613-92-66. • pornsbungalows-kohchang.com • Accès par la plage, après le* Kae Beach Grand Villa *(à plat), ou par la route (ça grimpe sec pour redescendre aussi sec !). Compter 800-1 500 Bts selon emplacement ; discount pour un séjour de 1 sem.* Accueillant groupe de bungalows vraiment pas chers, un peu paumés au bout de cette jolie plage agrémentée d'un majestueux banian. Pas le grand luxe, attention. Certains sont même assez rustiques (les éviter !), avec eau froide et moustiquaire. Ceux qui traîneront leurs tongs jusqu'ici apprécieront l'aspect communautaire, qui s'organise autour d'une grande paillote-resto à l'étonnante architecture sur plusieurs niveaux, avec poufs et billard. Bon resto thaï. Petite précision : *Porn* est le diminutif du nom du proprio, très courant en Thaïlande (tant au masculin qu'au féminin). Donc pas de méprise sur l'activité du lieu...

De plus chic à très chic (de 1 500 à plus de 3 000 Bts – 43 à plus de 86 €)

KB Resort – เค บี คิทเช่น *(plan,* **5***) : sur la plage de Kai Bae. ☎ 557-125. • kbresort.com •* Dans ce beau *resort* au cœur d'un grand jardin soigné, en bord de plage, 2 types d'hébergements. Bungalows bordés de bambous, élégants et impeccables, avec ventilo pour les plus simples, AC pour les autres, mais tous très plaisants. Puis un édifice sur 3 niveaux, un peu sur l'arrière, aux chambres tout aussi confortables et jolies. Piscine. Au bord de l'eau, la grande terrasse de bois abrite un resto de qualité (voir « Où manger ? »).

Kai Bae Beach Resort – ไก่แบ้ บีช รีสอร์ท *(plan,* **5***) : sur la plage de Kai Bae. 063-669-54-16. • kohchangkaibaebeach.com •* Bungalows de bord de plage, en dur, organisés dans un style Pueblo, certains avec une terrasse en étage. Tous avec AC, moustiquaire, coffre. Un peu au-dessus, une structure en longueur abritant quelques chambres. On aime moins, mais l'ensemble ne manque pas charme. Petit déj à oublier.

Où manger ?

Food Market *(plan,* **3***) : sur la route principale, dans le centre. Tlj 11h-22h.* Bol d'authenticité sans fard dans cette rue hyper touristique, ça fait du bien ! On choisit une salade de papaye dans un stand, un poisson grillé dans un autre, une soupe par ci, un curry par là... Quelques tables de fortune pour

AU SUD-EST DE BANGKOK

se poser en observant les mamies qui cuisinent avec trois fois rien, les locaux qui ont leurs petites habitudes, et les touristes qui en prennent plein les mirettes. Tout est simplement bon, frais, et coûte une pincée de baths... Rien à envier aux nombreux restos plus sophistiqués de la rue, et ambiance garantie !

KB @ Seaside – เค บี คิทเช่น *(plan, 5) : resto du KB Resort. ☎ 557-125. Tlj 9h-22h.* Même si vous n'y séjournez pas, n'hésitez pas à traverser l'hôtel pour aboutir à cette agréable terrasse les pieds dans le sable, ouverte sur le large et 4 ravissants îlots. Cuisine thaïe soignée très abordable, et barbecue tous les soirs. Et n'oubliez pas le maillot pour profiter de la jolie plage !

LONELY BEACH – โลนลิบีช ET BAILAN BAY – หาดใบลาน

Au sud de Kai Bae, la route joue aux montagnes russes dans une végétation superbe, avant de plonger sur Lonely Beach. Hélas, cette jolie baie a été abîmée par les hôtels dont certains n'obtiendront pas un prix d'architecture !

On vous conseille donc d'y venir pour la trempette, d'autant que la plage reste l'une des plus belles de l'île, qu'il y a peu de rochers et que la mer y est toujours haute. Mais attention, elle n'a plus rien de *lonely* depuis longtemps ! Poursuivre ensuite vers le sud en direction de Bailan Bay. Peu ou pas de plages, mais un rivage de galets ponctué de mangroves.

ON A JOUÉ LA MARSEILLAISE À TRAT...

Ben oui, La Marseillaise *a retenti à Trat et sur les îles du coin. C'était en 1904, du temps de l'Empire, quand la France avait posé ses godillots en Indochine. Mais le coq gaulois s'effaça vite face au dragon siamois, et le 23 mars 1906 scella le retour pacifique de la région dans le royaume de Rāma V. Une date encore célébrée ici comme « Jour de l'indépendance ».*

Où dormir ? Où manger ?

Prix moyens (de 500 à 1 000 Bts – 14,30 à 28,60 €)

Bailan Bay Resort – ใบลาน เบย์ รีสอร์ท *(plan, 6) : ☎ 558-022. 081-782-17-10. Accès par la butte qui annonce Bailan Bay. Petit déj en sus.* Accueil dans le petit café-resto en bord de route qui surplombe flots et forêt, offrant un joli point de vue. La partie hébergement, située en contrebas sur le bord de mer (escaliers et passerelles de béton assez raides, parfaits pour la gym quotidienne), n'est pas en reste. *Roots* mais propres, très mimi et bien espacés, une quinzaine de bungalows, aux toits de paille, dotés de lits corrects sous moustiquaire. Salles de bains rustiques. Le seul vrai hic, c'est qu'il n'y a pas de plage, ou si peu, autant le savoir. Au petit resto, le ***Sundown,*** sympathique cuisine familiale et jolie vue, mais au bord de la route.

Lisca Beach – ลีสกา บีช *(plan, 6) : à l'extrême sud de la plage, à côté de l'hôtel Mercure. 083-086-27-54. • liscabeach@gmail.com • Tentes 1 600-1 900 Bts, petit déj compris.* Bien planqué au bout d'un long chemin cabossé, voici un adorable repère pour hédonistes. Selon l'heure et l'humeur, on se régale d'un plat thaï ou italien (tout sauf des pâtes), sirote un bon cocktail, pique une tête dans la mer azur, se vautre dans un gros coussin en sac de jute après s'être fait masser... Simplicité élégante, un chouia branchouille, et sacrément plaisante. Loue aussi 2 petites tentes posées au bord de l'eau, mignonnes comme tout, avec salles de bains attenantes. Cher pour le confort qui reste modeste, mais vraiment sympa.

BANG BAO – บางเบ้า

Village-ponton s'enfonçant dans la mer, Bang Bao est une attraction touristique à part entière avec ses multiples restos de fruits de mer, des hébergements allant du très rustique au 2-étoiles, et des boutiques à touche-touche qui lui donnent un aspect de Khao San diurne sur pilotis. La première partie du ponton est une série de boutiques sans intérêt. Les hébergements et restos se trouvent plus loin. D'ici partent la plupart des bateaux d'excursion vers les îles alentour. Le soir, autre visage. C'est bien plus calme, alors pourquoi ne pas y poser son sac pour une nuit ?

– Banque, ATM, poste, *Western Union* et toilettes sur place, juste à l'entrée du ponton. Quelques jolies plages tranquilles à proximité, notamment au sud de Bang Bao (la plage de *Khong Koi* est extra).

Où dormir ? Où manger ?

Sur le ponton de Bang Bao

De bon marché à plus chic (moins de 500 à 3 000 Bts – 14,30 à 86 €)

Bang Bao Paradise Homestay – บางเบา พาราไดซ์ โฮมสเตย์ *(plan, **8**)* : *au milieu du ponton, sur la droite. 088-838-00-40. • bbparadise88@gmail.com • Compter 500-1 000 Bts, sans ou avec AC, sdb privée ou à partager ; petit déj en plus.* Adorables et peints couleur bleu lagon, hyper propres, voici une poignée de minuscules bungalows en bois sur une terrasse au-dessus de l'eau, tenus avec soin et amour par Den. Location de vélos et de kayaks pour faire un tour dans la baie.

Koh Chang Sea Hut – บางเบ้า ซีฮัท *(plan, **8**)* : *à l'extrémité du ponton, sur la droite. 081-285-05-70. • kohchang-seahut.com • Compter 2 000-2 800 Bts, avec petit déj.* Pour les amoureux, une grappe de huttes de forme octogonale, plantées dans l'eau face au port et accessibles par un réseau de pontons façon village lacustre. Agréables terrasses privatives avec transats où l'on vous sert le petit déj. À l'intérieur, jolie déco à dominante de bois, AC, TV, moustiquaire... Navette vers les plages. La classe !

Ruan Thai Restaurant – ร้านอาหาร เรือนไทย *(plan, **8**)* : *le 1er grand établissement sur la droite en venant de la terre ferme. 089-883-51-17. Tlj 9h-21h.* Un des plus anciens restos de fruits de mer du village. Sur des tables en bois, large choix de plats, de bon marché (riz sautés, nouilles, etc.) à prix moyens (fruits de mer). Tout au fond du resto, petite terrasse avec table basse et vue sur le ponton. Pour se conformer aux coutumes locales, un petit laïus en français enseigne comment manger comme un vrai Thaï.

Baracuda – ร้านอาหารบาราคูด้า *(plan, **8**)* : *après le resto Ruan Thai. Tlj 8h-22h (cuisine jusqu'à 21h).* Un petit bout de ponton perpendiculaire au principal, qui mène à une terrasse hyper soignée et coquette, où l'on concocte une jolie cuisine familiale, préparée à la demande. Cuisine thaïe, quelques plats européens et bons cocktails.

Dans les proches environs de Bang Bao

Bang Bao Beach Resort (plan, **9**) : *sur la plage de Khong Koi, 500 m après Bang Bao. 093-327-27-88. • bangbaobeachresort.com • Doubles 800-2 800 Bts selon saison avec AC, sdb et eau chaude.* Avec son dessin en croissant de lune, cette plage est une des plus belles de l'île. Le *resort* offre une douzaine de chalets en bois vernis, avec petite terrasse et double toit pointu, couleur turquoise. Bonne literie, chouette atmosphère et agréable resto de plage. Hamacs tendus sous les cocotiers et transats sur la plage, de quoi cultiver le farniente les orteils en éventail. Location de kayaks et matériel de *snorkelling.*

Sur la même plage, juste avant, le ***Klong Kloi Cottages*** *(☎ 558-169)* propose des bungalows moins chers *(500-800 Bts)* mais nettement moins confortables (sauf pour ceux avec AC). Quelques gargotes à proximité sur la plage.

Chivapuri Beach Resort – ชีวาปุรี บีช รีสอร์ท (plan, **9**) : *sur la plage de Khong Koi, après Klong Kloi Cottages. ☎ 203. 081-366-88-83. • chivapuriresort.com • Doubles 2 500-9 000 Bts selon saison et confort.* Un complexe particulièrement réussi, installé dans un vaste et beau jardin longeant une jolie plage. Différents types de chambres dans des bungalows en dur de style traditionnel thaï, sur 2 étages pour certains, terrasse donnant sur la mer pour la plupart. Belle piscine, agrémentée de petites fontaines, face aux flots bleus. Resto à l'unisson. Ensemble raffiné, épuré, chic et reposant. Une des plus belles adresses de l'île.

AU SUD-EST DE BANGKOK

LE SUD-EST DE L'ÎLE

BAN SALAK PHET – บ้านสลักเพชร

Le plus pittoresque village de pêcheurs de Ko Chang, situé au centre de la grande baie en forme de fer à cheval qui découpe l'extrémité sud de l'île. Il abrite la plus ancienne communauté de l'île. Un grand temple ceinturé de serpents, avec divinités bariolées, marque l'entrée de ce village un peu fouillis, moitié sur terre, moitié sur pilotis via un enchevêtrement de pontons de béton. Bougainvillées en pot, canaux boueux où sont échouées les embarcations, poissons qui sèchent au soleil, équipages aux visages mats et burinés s'activant à l'entretien des engins de pêche, petites maisons ouvertes où hurle une télé, où piaille un bébé... S'y promener gentiment, en respectant les habitants, est un vrai plaisir.

Où dormir ? Où manger ? Où boire un verre ?

Prix moyens (de 500 à 1 000 Bts – 14,30 à 28,60 €)

Baan Yemaya – บาน เยมายา (plan, **12**) : *dans le village de pêcheurs, au bout d'un ponton. 081-922-84-87.* À l'enseigne de la déesse brésilienne des eaux, une ancienne maison de pêcheurs aménagée en *guesthouse*-resto-bar pleine de charme, avec terrasse donnant sur le port, entourée de plantes vertes. Seulement 2 chambres, petites mais agréables et soignées, avec ou sans clim (on choisit de la prendre ou pas). Sur la minuscule terrasse transformée en resto, l'ardoise propose de succulents plats thaïs. Superbe curry et excellente *tom yam seafood.* Et si vous n'y mangez pas (ce qui serait ballot !), venez y prendre un verre (super jus de fruits frais et excellents cocktails), car le lieu est ravissant. Accueil prévenant de votre hôtesse, pleine de douceur.

Plus chic (de 1 500 à 3 000 Bts – 43 à 86 €)

Mangrove Hideaway – เดอะ แมนโกรฟ ไฮด์อเวย์ *(plan,* ***12****) : dans le village de pêcheurs, devant un bras d'eau. 080-133-66-00. • the mangrovehideaway.com •* Bien belle maison en dur, donnant directement sur la rivière, pensée et architecturée avec intelligence et sensibilité. Le respect de l'environnement n'est pas un vain mot pour nos deux Français qui se sont installés ici, au plus proche de la nature, dans ce village traditionnel qu'on apprécie bien. Les 4 chambres (on est presque en famille) proposent un excellent confort (AC, frigo, lecteur DVD), au luxe épuré, toutes de bois revêtues. À l'étage, un salon de relaxation, l'*Attic relax zone.* On y lit, on s'y étend, on y prend un verre, on n'y fait rien... Quand on aura précisé que la cuisine concoctée est de tout premier ordre, on aura presque tout dit. Accueil de qualité.

BAN RONG THAN – บ้านร่องธาร

Plus loin sur la côte, au milieu de la mangrove. Prendre la route à droite, juste avant d'atteindre Ban Salak Phet. Le village maritime de Ban Rong Than reste à l'écart du tourisme de masse. Un lieu plein de bonhomie.

Où dormir ? Où manger ?

De prix moyens à très chic (de 500 à plus de 3 000 Bts – 14,30 à plus de 86 €)

Salakphet Seafood and Resort – ซีฟู้ด รีสอร์ท *(plan,* ***14****) : accès depuis le parking puis prendre le ponton.* ☎ *553-099. 081-821-27-06. • kohchangsalakphet.com • Resto (tlj 8h-20h) à prix moyens.* Sur un immense ponton qui donne directement sur la ferme piscicole où frétillent les bestioles destinées à vous régaler, le resto fait l'unanimité pour la fraîcheur des produits. On vient de loin pour y faire de véritables orgies de poissons, calamars et coquillages. Tout autour, un petit complexe hôtelier propose des chambres à tous les prix : de la sans vue, à prix doux, aux superbes chambres toutes boisées à la déco raffinée et aux larges baies vitrées, des *deluxe* jusqu'aux magnifiques « villas VIP » avec vue imprenable sur la baie. Le lieu lui-même n'est pas propice à la baignade (fonds vaseux), mais sorties en mer vers les plages avec équipement de *snorkelling* à la journée ou moins.

Island View Resort – ไอส์แลนด์ วิวย์ รีสอร์ท *(plan,* ***14****) : 300 m après le parking par le sentier qui longe la côte et la mangrove. 089-155-26-69. • islandviewresort-kohchang.com • Doubles 1 200-1 600 Bts, ttes avec AC et vue sur mer.* Un long ponton mène à cette bâtisse assez banale, aux airs de motel qui trempe le béton de ses pilotis dans la mer, dans un site tranquille. Quant aux chambres, plus confortables et fonctionnelles que charmantes, elles mirent en majorité la baie. Également une maison à deux pas, à flanc de colline avec apparts pour 4 personnes, mais sans grand intérêt. On préfère les chambres au bord de l'eau. Prêt de kayaks pour aller vers la belle plage de l'îlot juste en face ou pour explorer la mangrove. Resto avec les grands classiques de la cuisine thaïe et quelques excursions culinaires outre-Rhin. Normal, le patron, Dieter, est allemand. Accueil charmant.

LONG BEACH (HAT SAI YAO) – หาดทรายยาว

Une très jolie crique encore vouée à l'esprit « Robinson », à l'extrême sud-est de l'île. *Tree House,* la pension qui lança autrefois Lonely Beach, y a d'ailleurs déménagé (pour routards chevronnés). Au-delà de l'embranchement de Salak Khok, la route, tranchée dans une jungle impénétrable (singes et oiseaux y sont encore chez eux), est malheureusement effondrée et les voitures ne peuvent plus passer. Seuls les scooters y ont accès. Mais attention, ce parcours est vraiment dangereux, et on le déconseille. Accès possible en *taxi-boat* *(150 Bts)* depuis Lonely Beach.

À voir. À faire à Ko Chang

Les publications gratuites regorgent de publicités diverses. On n'a que l'embarras du choix.

👣👣 ***Découverte de la partie sud-est de l'île :*** peu développée, c'est l'occasion de voir la vie des pêcheurs et d'apprécier de superbes points de vue donnant sur la mer, des plantations ou la jungle. En profiter pour se baigner à Long Beach (hélas pas très propre) et déguster un repas de poissons à Ban Rong Than (voir plus haut).

👣 ***Les cascades :*** *accès payant au parc national (200 Bts ; réduc). Conservez le ticket, il vous servira pour aller de l'une à l'autre dans la même journée.* Il y en a six, toutes facilement accessibles. La plus fréquentée, ***Than Mayom,*** s'atteint depuis la côte est. Face à elle, mais seulement accessible par la route ouest, ***Khlong Phu Waterfalls,*** haute de 50 m, est l'occasion d'une belle balade dans la jungle et d'un bon bain dans un bassin naturel d'eau limpide et bien fraîche. L'embranchement, fléché, se situe à 5 km au nord de Kai Bae ; arrivé au parking, il reste 600 m de marche facile le long de la rivière, jusqu'à la cascade. Les deux suivantes se trouvent plus au nord, et les deux dernières au sud, vers Ban Salak Phet (où il n'y a d'eau que pendant et juste après la saison des pluies). Renseignez-vous avant de partir pour éviter d'être déçu...

👣👣 ***Randonnées dans la jungle*** – เดินป่า *: excursion à faire obligatoirement accompagné, car les chemins ne sont pas fléchés et il n'y a aucune carte précise de l'île. La plupart des agences vendent cette excursion. Compter 800-1 200 Bts/pers selon la durée, transfert et repas inclus.* Une expérience étonnante au milieu d'une végétation exubérante et bruyante. L'itinéraire le plus couru consiste à gravir le Chom Prasat 2 (626 m d'altitude), au nord de l'île. Superbe vue du sommet, mais grimpette assez difficile. Un autre beau trek, dans le sud de l'île, au départ de Klong Koi, conduit sur de belles collines piquées de quelques cascades cachées. Moins physique que le précédent, mais nécessite tout de même un peu d'entrainement. Au programme, papillons géants, araignées « mastardes », reptiles, varans et jungle luxuriante.

– **Parcours accrobranches :** *084-310-76-00. • treetopadventurepark.com • Tlj 9h-17h. Compter 1 200 Bts (pas de réduc enfant), transfert de et vers votre hôtel compris.* Activité très en vogue, près d'Ao Lai Ban : 2h à jouer au ouistiti au faîte des arbres.

– **Kayak de mer dans la mangrove – Ban Salak Kok** – บ้านสลักกอก **:** *au sud-est de l'île, prendre la route vers Long Beach, puis la piste 300 m plus loin à gauche (fléché). 087-673-17-43.* En 1h, on se faufile dans la mangrove aux racines inextricables et sur les canaux maritimes, muni d'une carte plastifiée du labyrinthe pour ne pas se perdre. Kayakchang *(• kayakchang.com •)* propose différentes initiations.

Excursions en bateau autour de Ko Chang : plusieurs petites agences proposent diverses activités telles *snorkelling,* pêche parmi les îlots et fonds sous-marins avoisinants, journée complète à la découverte des îles de Ko Maak, Ko Wai et l'archipel de Ko Rang (voir plus loin « Dans les environs de Ko Chang »).

– **Parties de pêche :** toutes les agences et les hôtels en proposent. *Compter env 1 500 Bts pour une sortie de 5-7h, repas à bord compris.* En soirée, pêche nocturne aux calamars.

Plongée sous-marine

Malgré sa surexploitation, le parc national de Ko Chang offre aux plongeurs des sites sauvages, riches d'une faune abondante. La saison s'y étend d'octobre à mai. En février, on peut apercevoir des requins-baleines. Ceux qui restent à la surface pourront observer quelques dauphins au large des plages de White Sand et de Khlong Phrao.

Club

■ **Éco Divers** – อีโคไดเวอร์ส **:** *au sud de Khlong Phrao, en bord de route, à droite en venant du nord, après le 7-Eleven. ☎ 557-296. 089-485-23-01. • ecodivers-kohchang.com • Pour un plongeur certifié, compter 2 700 Bts la journée complète avec 2 plongées (transfert, déj et boissons compris). Réduc de 5 % sur les cours sur présentation de ce guide.* Tenu par des Français. Ici, « éco » n'est pas un vain mot, mais un engagement réel. Baptêmes et formations tous niveaux *PADI, ADIP, CEDIP, FFESSM.* Possibilité de formation/brevet écoplongeur. Sorties sur un bateau en bois bien aménagé (repas préparé devant vous). On vient vous chercher à l'hôtel. Antennes sur Lonely Beach, Kai Bae et White Sand Beach.

Nos meilleurs spots

Quelques merveilles sous-marines à découvrir sur cette île. Une des tendances observées depuis quelques années, suite aux modifications du climat, c'est le retour des squales, notamment les requins-baleines (surtout en février-mars). De quoi se donner quelques frissons...

Hin Luk Bath – หินลูกบาท **:** *au sud-ouest de l'île. Pour plongeurs de ts niveaux.* Une plongée sans difficulté sur un plateau corallien (de 12 à 20 m) particulièrement riche en vie sous-marine. Ballet de murènes aux yeux blancs (propres à la mer de

Chine). Également des raies pastenagues, poissons-papillons, poissons-lions, perroquets, trompettes... Aux alentours, quelques beaux fusiliers, barracudas, carangues.

Hin Rua Tek – หินเรือแตก : *au sud de l'île.* Une formation rocheuse impressionnante par son côté « dramatique » : gorges, canyons... et une très grande faune aquatique. Un site où l'on peut descendre jusqu'à 15 m. Pas mal de courant.

Ko Yak – เกาะยักษ์ : *un îlot à l'ouest de Ko Chang. Profondeur maximale 15 m.* Pinacle avec une chaîne de massifs coralliens qui regroupe plus de 350 espèces de coraux. Belle faune très variée.

Samsao – สามสาว : *au nord-ouest. Pour plongeurs de ts niveaux.* Un caillou sympa et peu profond (de 3 à 16 m). De beaux bénitiers, des oursins aux longs piquants et la classique gamme des poissons colorés. Il n'est pas rare de se trouver nez à nez avec de petits requins curieux.

L'épave HTMS Chang : *au sud-ouest, à env 1h de trajet, sur un fond de sable. Pour plongeurs de niveaux 1 et 2. De 5 à 30 m.* Navire de la marine américaine de 100 m de long, donné à la flotte thaïlandaise, puis coulé en 2012 pour créer un superbe site de plongée artificielle. Faune d'une grande richesse (barracudas, caranges, mérous, demoiselles, murènes...), en attendant que les coraux se développent sur la rouille du bâtiment. Bonne visibilité en général, mais courant régulier.

Ko Rang – เกาะรัง : *un îlot à 1h30 au sud de Ko Chang. Pour plongeurs de ts niveaux.* Sur ce bel ensemble rocheux sauvage (entre 5 et 25 m), de flamboyantes gorgones rouges. Également des anémones roses dans lesquelles les poissons-clowns font leur cirque. Ici, les barracudas, poissons-perroquets et autres raies sont de très classiques compagnons de plongée, et les requins à pointe noire font des passages très remarqués. L'une des plongées les plus cotées du coin.

Ko Wai – เกาะหวาย : *île perdue au sud de Ko Chang. Pour plongeurs de ts niveaux.* Un site où les coraux se plaisent particulièrement. Entre 9 et 20 m, imposantes escouades de poissons bariolés. Quelques prédateurs affamés tournicotent avec envie. Quelques raies pastenagues aussi.

LES ÎLES DU SUD

➢ ***Pour s'y rendre en bateau*** **:** rien de plus simple. Le principal point de départ pour ces îles est le village de Bang Bao. Mais ne vous pointez pas sur la jetée de Bang Bao le jour même, il est préférable de réserver la veille. Comparer les offres des nombreuses agences qu'on rencontre partout, selon que vous voulez juste être transporté sur l'une ou l'autre des îles, faire le tour de plusieurs, ou pratiquer des activités comme le *snorkelling,* prendre un bateau *speed* ou *slow,* avec ou sans repas... En moyenne, compter autour de 700 Bts par personne et pour la journée. Les formules incluent généralement le transfert entre votre hôtel à Ko Chang et l'embarcadère.
– L'excursion la plus vendue consiste à aller faire du *snorkelling* sur les ***îlots autour de Ko Rang,*** avec une halte sur l'un d'eux pour le déjeuner.

KO WAI – เกาะหวาย

À 10 km au sud de Ko Chang, un petit coin encore paradisiaque, aux doux vallonnements boisés qui trempent les racines de leurs cocotiers dans des eaux

limpides. Quelques hôtels ont pris pied sur la façade est, là où les bateaux accostent (provenant principalement de Bang Bao). C'est en y logeant qu'on profite le mieux de la beauté du site, avant et après le déversement quotidien de baigneurs et plongeurs venus de Ko Chang pour la journée, ce qui peut d'ailleurs parfois être assez dérangeant. Jadis foisonnants de poissons, les coraux de bord de plage y sont à l'agonie.
La plupart du temps, Ko Wai constitue un arrêt de quelques instants (1h ou 2 selon les agences), dans le cadre d'une journée de *snorkelling* à Ko Rang.

Où dormir ? Où manger ?

De bon marché à prix moyens (moins de 500 à 1 000 Bts – 14,30 à 28,60 €)

Koh Wai Paradise – เกาะหวาย พาราไดซ์ *(plan, **15**) : juste à droite du débarcadère. 081-762-25-48 ou 081-268-61-57. • kohwaiparadise@hotmail.com* • Adresse parfaite pour profiter du site plus que du confort. La trentaine de huttes tout en bois est rustique, avec ventilo et moustiquaires, sanitaires communs (toilettes à la turque très propres), eau froide. Le prix varie selon la taille, mais le confort est grosso modo le même. Pas d'électricité, mais un groupe électrogène qui s'arrête vers 23h. Vos fibres d'aventurier frétilleront de plaisir au seul son du ressac des vagues, aux bruissements de la jungle toute proche et au spectacle du soleil levant qu'on a pour soi tout seul. Bibliothèque. Pour le frichti, resto-paillote pas cher et convivial mais malheureusement hyper saturé le midi quand déboulent tous les passagers des bateaux de passage.

Good Feeling Bungalows – กู้ด ฟีลลิ่ง บังกะโล *(plan, **15**) : juste à l'arrivée du débarcadère. 081-850-34-10. La réception est située au resto.* Les bungalows (sauf quelques-uns) s'étirent sur une très jolie plage à gauche du resto quand on débarque, en empruntant un sentier étroit au-dessus des flots. En tout, une dizaine de petits bungalows sur pilotis, avec petite salle de bains (eau froide), ventilo et moustiquaire. C'est minimaliste, simple et agréable. Resto sympathique.

KO MAK – เกาะหมาก

• *koh-mak.com* • Pour y aller de Ko Chang (depuis le port de Bang Bao), 1 liaison/j. en bateau lent. Départ vers 9h ; durée : 2h. Ce bateau dessert Ko Wai, Ko Kham, Ko Mak, Ko Rayang et enfin Ko Kood. Retour à la même heure le lendemain. Compter 400 Bts. En *speed-boat,* 3-4 liaisons/j., de Bang Bao ou de Kai Bae selon les compagnies. Compter env 600 Bts et 1h de trajet. On arrive par la plage de Ao Suan Yai (au nord-ouest) ou par celle de Ao Kao (au sud-ouest), selon les compagnies. On peut aussi prendre le ferry lent (3h) depuis le continent à Tha Laem Ngop. 1 liaison/j., doublée en hte saison (de mi-nov à avr) ; compter env 400 Bts. Le débarquement se fait alors à Ao Nid, au sud-est de l'île. Où que vous arriviez, l'hôtel que vous avez réservé viendra vous chercher au débarcadère.
À noter que faire l'A/R dans la journée ne présente aucun intérêt. Mieux vaut y passer la nuit.
Île plutôt plate, à 18 km au sud de Ko Chang, moins luxuriante et plus austère que ses voisines, mais qui offre de belles plages encore tranquilles, aux paysages maritimes fort séduisants. On s'y déplace en pick-up taxis (peu nombreux) ou

en deux-roues, à louer un peu partout. Très peu de voitures sur l'île, ce qui rend les déplacements à vélo (un peu sportif quand même) ou en scooter bien agréables. Les hébergements sont principalement situés au nord-ouest, au sud et sud-ouest de l'île, desservis par une route principale et quelques perpendiculaires en terre battue qui filent vers les plages.
– Un peu partout, clubs de plongée, location de kayaks, *paddles*, masques et tuba pour le *snorkelling*.
– **Attention :** pas de banque ni de distributeur de billets sur l'île !

Où dormir ? Où manger ?

Bon marché (autour de 600 Bts – 17,20 €)

Prom Pakdee Resort (plan, **16**) : *plage d'Ao Suan Yai, au nord-ouest de l'île. 083-605-24-13. Juste à gauche du débarcadère.* Une dizaine de cabanes en bois (ventilo) sur pilotis et quelques bungalows en dur (AC), dispersés entre plage (l'une des plus belles de l'île) et cocoteraie. Confort très simple, mais rien à redire sur la propreté. Pour accéder à la réception-bar-resto, on passe un ponton qui enjambe un petit bras d'eau, hélas pas très propre. Restauration traditionnelle servie sur une petite terrasse. Accueil souriant.

D'un peu plus chic à plus chic (de 1 000 à 3 000 Bts – 28,60 à 86 €)

Monkey Resort – มังกี้ รีสอร์ท (plan, **18**) : *sur la côte sud-ouest, à gauche du débarcadère de Ao Kao. 089-501-60-30. • monkeyislandkohmak.com •* Une trentaine de bungalows posés sur la plage, divisés en 4 familles de singes : Baboon hut, Chimpazee hut, Ape huts et Gorilla hut (les plus confortables). Certaines avec ventilo et salle de bains à partager, d'autres sont équipées de la clim et d'une salle de bains. Pour tout le monde, terrasse et hamac pour lézarder ! Pas le grand luxe, mais tenue globale correcte et ambiance sympa. Location de scooters. Musique live au bar-resto le samedi soir.

De plus chic à très chic (de 1 500 à plus de 3 000 Bts – 43 à plus de 86 €)

Koh Mak Resort – เกาะหมาก รีสอร์ท (plan, **16**) : *plage d'Ao Suan Yai, tout de suite à droite du débarcadère. 089-600-95-97. • kohmaak.com •* Une vingtaine de bungalows pimpants et douillets, aux larges baies vitrées coulissantes, sur une bande de gazon bien net planté de quelques arbres. Superbe plage de sable doré lovée dans cette anse harmonieuse, face aux îlots. Piscine. Dommage que la qualité du resto ne soit pas à la hauteur de l'addition... Mais ne boudons pas notre plaisir, l'ensemble est tout de même très agréable.

Seavana Beach Resort – ซีวาน่า บีช รีสอร์ท (plan, **16**) : *plage d'Ao Suan Yai, à 5 mn à pied du débarcadère, à droite quand on arrive. 090-864-56-46. • seavanakohmak.com •* Une réussite architecturale, bien que pas très couleur locale avec ses enduits ocre-rouge, façon pisé. Bungalows en dur donc, contemporains et tout vitrés, déco raffinée, grand confort (jacuzzi extérieur pour les plus chers). Tous profitent de la superbe vue sur la mer azur et la plage avec, de-ci de-là, quelques hamacs tendus entre les cocotiers... Une belle carte postale ! Jolie piscine. Resto circulaire, élégant lui aussi, pour savourer une cuisine thaïe soignée et quelques plats occidentaux. Un hôtel certes pas donné, mais finalement d'un rapport qualité-prix très honnête.

Ao Kao White Sand Beach Resort – อ่าวขาว ไวท์ แซนด์ บีช รีสอร์ท *(plan, **17**) : sur White Sand Beach, au sud-ouest de l'île. 083-152-65-64.* • *aokaoresort.com* • Dans un coin encore peu construit, sur une superbe plage au nom bien choisi, une trentaine de bungalows climatisés en dur, tout vitrés, avec terrasse (parfois sur le toit). Confort somme toute assez simple mais suffisant. Du resto qui avance un peu sur la mer, vue à encadrer sur l'élégante découpe de la baie et les petites îles voisines. Un havre de paix dans un écrin protégé... Super !

KO KOOD – เกาะกูด

IND. TÉL. : 039

• Carte *p. 169*

Ko Kood, aussi appelée Ko Kut, 4e plus grande île de Thaïlande, déborde de charme et cumule les occasions de s'émerveiller. Nature préservée, plages de rêve et cocotiers, forêts touffues peuplées de singes et de reptiles, petits villages de pêcheurs authentiques, cascades rafraîchissantes, gracieuses rivières... On la découvre en scooter (taxis rares et onéreux) sur la seule route de l'île, correctement asphaltée et réservant par endroits quelques petites grimpettes ludiques. Prudence sur les accès aux hébergements côtiers, généralement bien défoncés ! Outre la beauté de l'île, Ko Kood possède une identité bien à elle – probablement par sa proximité avec le Cambodge – et a su préserver un esprit tranquille et bon enfant. Peu de voitures, guère plus de boutiques pour touristes, et quasi rien pour faire la fête jusqu'à pas d'heure... Amateurs de vie nocturne aux décibels survoltés, Ko Kood risque de vous décevoir !

Tous les hébergements se situent sur la côte ouest. La côte est, quant à elle, est quasi déserte et dépourvue de route.

Arriver – Quitter

De Ko Chang

➢ ***En bateau lent :*** 1 liaison/j. Départ vers 11h ; compter env 1h30 de traversée (et 400 Bts), avec un court arrêt à Ko Mak.

➢ ***En speed boat :*** 2-4 liaisons/j., de mi-oct à mi-mai slt. La traversée se fait théoriquement en 1h, mais peut durer jusqu'à 1h30-2h en fonction du nombre d'arrêts dans les différents hôtels. Donc pas forcément plus « speed » que le bateau lent. Compter env 900 Bts. Tous les *speed boats* vous débarqueront devant l'hôtel que vous avez réservé (sur la côte), ou à proximité pour les adresses sur la rivière.

Du continent

Les ***ferries*** partent de Laem Sok (avec transfert en bus compris dans le billet depuis Trat, si vous venez de Bangkok). Compter env 1h30 de traversée et 350-600 Bts. Les bateaux arrivent généralement à Ao Salad Pier, au nord de Ko Kood, où quelqu'un de votre hôtel viendra vous chercher (d'où la quasi nécessité de réserver à l'avance).

➢ ***De Bangkok :*** il faut se rendre à Trat en bus ou minibus (4-5h de route), puis à Laem Sok (env 45 mn) comme dit plus haut. Pratique, la compagnie ***Boonsiri Ferry*** propose des tickets combinés bus + bateau directement de Bangkok. Compter 850 Bts. • *boonsiriferry.com* •

➢ Également 3 vols/j. (en hte saison) de Bangkok à Trat avec *Bangkok Airways*. Compter 3 000-3 500 Bts. **Attention :** seul un départ matinal de Bangkok permet d'assurer le trajet jusqu'à Ko Kood dans la journée !

Adresses et infos utiles

■ ***Destination Ko Kood :*** • *destinationkohkood.com* • Une petite agence de voyages en ligne, tenue par un couple de Néerlandais qui se charge de vous réserver des hébergements adaptés à vos attentes, parfois difficile (voire impossible) à contacter soi-même. Par ailleurs, leur site internet très complet regorge d'infos.

– On trouve un poste de police *(☎ 521-636)*, un petit supermarché, un hôpital *(☎ 521-852)*, et le **seul distributeur de billets** à Klong Him Dam, au dessus du village principal de Klong Chao. Les hôtels pourront toujours vous dépanner, mais à un taux désavantageux.

– Location de **scooters** un peu partout. Compter 300-500 Bts/j.

Où dormir ? Où manger ?

Pour un confort équivalent, les hébergements sont globalement plus chers qu'ailleurs. Tous louent des scooters.

De bon marché à un peu plus chic (de moins de 500 à 1 500 Bts – 14,30 à 43 €)

|●| 🍸 ***View Point Cafe*** – วิว พ้อยท์ คาเฟ่ *(plan, **1**) : klong Chao Beach. 📱 087-886-53-30. Tlj sf dim, 9h-tombée de la nuit.* 📶 Le bien nommé, la vue est à encadrer ! Ce petit resto en bois, aussi simple que croquignolet, a les pieds plantés dans la rivière, qu'une fine bande de sable sépare de la mer. Le lieu idéal pour toutes les faims de la journée, petits plats thaïs, bonnes frites ou spaghettis, sandwichs, gâteaux, *mango sticky rice*... et un vrai bon café. Délicieux cocktails aussi, à siroter tranquillement au coucher du soleil. Superbe !

🏠 |●| ***A-Na-Lay*** – อาณาเล รีสอร์ท *(plan, **2**) : sur la plage d'Ao Tum. 📱 089-141-52-70.* • *analay.com* • 📶 Une aubaine pour routard ! Dans un vaste site de toute beauté, entrelacs de rochers escarpés et de végétation luxuriante, cet hôtel a la particularité d'offrir un large choix d'hébergements, dont des cabanes posées sur une plage magnifique, avec salle de bains à partager. Spartiate, mais quel luxe de profiter du cadre superbe de cet hôtel ! De loin la meilleure option pour les budgets serrés.

Plus chic (de 1 500 à 3 000 Bts – 43 à 86 €)

🏠 |●| ***S-Beach Resort*** – เอส บีช รีสอร์ท *(plan, **3**) : sur la plage de Ngam Kho Bay. 📱 081-949-60-93.* • *saownluk-jy@hotmail.com* • 📶 Les bungalows, étirés sur un vaste terrain gazonné et arboré, font face à une magnifique plage de sable blanc et un petit îlot que l'on rejoint en quelques brasses. Confort simple mais propreté sans faille. Préférer les bungalows à

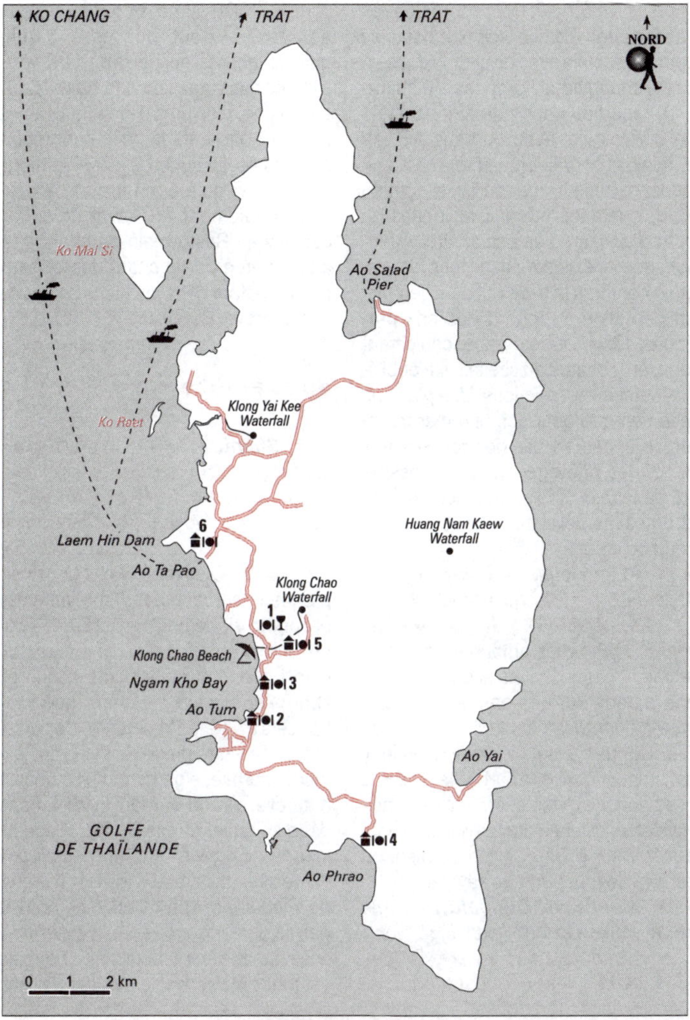

KO KOOD

Où dormir ? Où manger ?
Où boire un verre ?

1 View Point Cafe
2 A-Na-Lay
3 S-Beach Resort
4 I-Lay House
5 Mangrove Bungalow
6 Shantaa

une seule chambre, un peu en hauteur, plus confortables, plus intimes que ceux à 2 chambres, et à peine plus chers. Dans tous les cas, AC, minibar, coffre, et excellent rapport qualité-prix-tranquillité.

A-Na-Lay – อาณาเล รีสอร์ท *(plan, 2)* : *voir les coordonnées ci-dessus.*

Doubles 4 000-6 000 Bts. Outre les cabanes bon marché (voir plus haut), ce complexe, étalé avec discrétion dans un cadre magnifique, propose 70 chambres réparties dans une cinquantaine de bungalows, avec ou sans AC, TV et minibar pour la plupart, et même un jacuzzi extérieur pour certains. Tout au fond, quelques bungalows posés au bord d'un plan d'eau saumâtre. Attention, déco inexistante dans tous les cas, et un confort à la thaïe qui peut sembler un peu juste au regard des prix pratiqués. Mais tout est impeccablement tenu, et la beauté du site fait vite oublier ces petites imperfections. Une plage de rêve rien que pour soi, une mer translucide encadrée par des rochers aux découpes photogéniques, la possibilité de faire du *snorkelling* juste devant, et un calme délicieux. Bon resto. Gros coup de cœur !

I-Lay House – ไอเลเฮ้าส์ *(plan,* **4***) : sur la plage d'Ao Phrao, au sud de l'île. 080-221-44-21. • i-lay.com •* Pour les amoureux de coins retirés, 8 petits chalets alignés comme à la parade sur une bande de gazon, face à l'une des plus belles plages de l'île. Confort simple mais l'essentiel y est : moustiquaire, AC et salle de bains avec douche chaude. Ambiance conviviale et excellent resto familial qui incite à rester sur place. Ça tombe bien, on est loin de tout ! Prêt de kayaks.

Mangrove Bungalow – แมงโกรฟ บังกะโล เกาะกูด *(plan,* **5***) : à Klong Chao, au bord de la rivière. 089-936-20-93. • kohkood-mangrove.com •* On aime beaucoup cette adresse, surtout pour ses 5 bungalows postés au bord de la rivière, simples mais vraiment adorables. Ceux en 2e ligne, plus près de la route (certes très peu passante la nuit), sont moins séduisants. La superbe plage de Klong Chao n'est qu'à 5 mn à pied, accessible également en kayak (location sur place). Resto plein de charme lui aussi, bercé par le chant des oiseaux qui s'ébattent dans les hauts arbres de la mangrove. Reposant.

Spécial folie

Shantaa – ฌานตา รีสอร์ท *(plan,* **6***) : sur la côte nord-ouest, entre Laem Hin Dam et Ao Ta Pao. 081-817-96-48. • shantaakohkood.com • Doubles 4 500-12 500 Bts, petit déj compris.* Quel hôtel ! Les bungalows prennent leur aise dans une immense propriété richement arborée et fleurie, surplombant la mer. Une partie du *resort* donne sur une petite crique où l'on ne se baigne pas, mais quelques transats invitent à la détente. De l'autre côté, une vaste plage de sable fin, joliment courbée, a gardé toute sa beauté naturelle. Grand confort évidemment, déco soignée, et pas de TV ! Place au luxe, au calme et à la contemplation de ce site majestueux. Prêt de matériel de *snorkelling,* spa. Si vous ne pouvez pas séjourner dans ce lieu d'exception, essayez de venir y déjeuner... Le resto est tout simplement le meilleur de l'île.

À voir. À faire

Les cascades : *accès gratuit.* La plus fréquentée, ***Klong Chao,*** dans le centre de l'île, s'atteint facilement en scooter (éventuellement en taxi), puis en 10 mn de marche dans la forêt. La chute d'eau finit sa course dans une charmante petite piscine naturelle où l'on peut piquer une tête, et même se prendre pour Tarzan en se balançant accroché aux lianes ! Possibilité de remonter la rivière en kayak depuis la mer, une super balade. Moins visitée, la ***Klong Yai Kee,*** au nord de l'île, est plus petite mais tout aussi belle. Là aussi, on peut faire trempette et remonter la rivière en kayak (d'Ao Klong Yai Kee Bay). Enfin, ***Huang Nam Kaew,*** plus difficile d'accès (assez sportif même !), est une succession de petites vasques dans les rochers escarpés, au milieu d'une jungle touffue. Pour ces deux dernières cascades, se renseigner avant de partir pour vérifier qu'il a bien de l'eau ! La meilleure période pour les visiter est d'août à janvier.

Les villages de pêcheurs : au sud-est de l'île, ***Ao Yai*** est le plus typique, sur pilotis, lové à l'abri d'une superbe baie. Scènes du quotidien de ces hommes tournés vers la mer, à découvrir le plus discrètement possible. Possibilité de s'attarder dans l'une des gargotes au plancher bringuebalant, pour déguster poissons et crustacés. Un vrai retour dans le temps, une ambiance géniale ! Au nord, le village d'***Ao Salad*** est plus visité, moins pittoresque aussi. Tout près, un grand bouddha doré au sommet d'une colline et un petit temple.

Plongée sous-marine et *snorkelling*

Ko Kood ne possède peut-être pas les meilleurs spots de plongée du monde, mais ses eaux limpides sont beaucoup moins fréquentées qu'à Ko Chang ou Ko Samet et offrent une belle visibilité. Parfait pour un baptême, par exemple. Quant au *snorkelling,* on peut en faire un peu partout, matériel loué ou prêté par les hôtels.

■ ***Koh Kood Divers :*** *à Khlong Chao, en bord de route, à côté du Garden View. 📱 085-698-41-22. • kohkooddivers.com • Compter 1 500-2 000 Bts pour 1 plongée ; 4 000 Bts pour 3 plongées (journée complète, transfert, déj et boissons compris).* Centre *PADI* tenu par un Hollandais et une bande d'instructeurs très sympas, dont certains parlent le français (ça peut servir !). Organise aussi des sorties *snorkelling.*

QUITTER LA THAÏLANDE

PAR VOIE AÉRIENNE

Bangkok est la porte d'entrée principale du pays, et la porte de sortie aussi ! Mais on peut quitter le pays depuis d'autres aéroports, par exemple celui de Hat Yai (vols directs pour Kuala Lumpur et Singapour) ou encore Phuket.

PAR VOIE TERRESTRE

Attention, certains postes-frontières peuvent ouvrir et fermer comme des fleurs ou voir leurs horaires d'ouverture modifiés sans préavis. À vérifier auprès des ambassades concernées à Bangkok ou des consulats de province. Tout dépassement de visa est facturé 500 Bts par personne et par jour. Mais parfois, c'est presque plus avantageux que de repayer un visa pour quelques jours à peine. Faire le calcul.

➢ ***Pour la Birmanie :*** en principe, frontière et autorisation journalière à *Mae Sai* et *Mae Sot*. Possibilité de passage à *Rayong* également (à la pointe sud du pays). Certains postes-frontières birmans sont éligibles à l'e-visa, se renseigner.

➢ ***Pour le Laos :*** 5 postes-frontières permettent aux étrangers de passer au Laos : *Chiang Khong, Nong Khai, Nakhon Phatom, Mukdahan* et *Chong Mek.* Attention, si vous repassez la frontière lao-thaïe pour revenir en Thaïlande, le visa n'est que de 15 jours par la voie terrestre, mais si vous revenez par air et entrez à Bangkok en avion, le temps du visa est celui du visa normal, dans tous les cas de minimum 1 mois. Sinon, dépassement de visa (voir ci-avant).

➢ ***Pour le Cambodge :*** *Aranyaprathet-Poipet* est le poste-frontière le plus usité, tandis que *Had Lek* (via Trat) et *Daung* permettent d'arriver par le sud du pays (respectivement Sihanoukville et Kep). Tous 2 sont desservis par des bus directs depuis Bangkok. Pour Angkor, bus direct pour Siem Reap depuis le *Northern Bus Terminal* (Mochit 2) de Bangkok (compter env 800 Bts). Attention aux arnaques de certaines agences de Bangkok qui vous proposent un trajet à 300 Bts en minivan mais qui vous déposent 5 km avant l'arrivée. Dans la province de Si Saket, poste à *Chong Sa-ngam (Anlong Veng).* Poste également à *Ban Pakard* (Pailin), mais le visa coûte plus cher.

➢ ***Pour la Malaisie :*** en train depuis Bangkok, ou en utilisant l'un des nombreux bus et minibus depuis Hat Yai. Postes-frontières à *Padang Besar, Sadao, Betong* et *Sungai Kolok.* Passage très simple et sans formalités.

PAR VOIE MARITIME

Pas vraiment le bon plan...

HOMMES, CULTURE, ENVIRONNEMENT

BOISSONS

– À moins d'y mettre du Micropur® ou des pastilles d'hydroclonazone (en vente sur place), on vous déconseille de boire l'***eau du robinet,*** même si elle est dite « potable ». De toute façon, on trouve de l'eau en bouteille (plate ou pétillante) partout. Ne jamais oublier que la grande majorité des problèmes sanitaires provient de l'eau (et non pas de la nourriture).
– Le ***thé*** est universel, mais c'est soit du *Lipton* de base, soit un pâle succédané pas très ragoûtant. Quant au ***café,*** il est convenable dans certains hôtels, le matin, à condition d'aimer le café à l'américaine. Dans les lieux touristiques, on trouve aussi de plus en plus de débits de boissons à l'occidentale qui proposent cafés américains, *cappuccini* et autres *mochaccini.*
– Il faut tester le whisky local : le ***mekong*** – แม่โขง, au gentil goût d'éthanol, auquel on ajoute du *Sprite.* Ça ne vaut pas l'armagnac, autant vous le dire tout de suite ! On peut apporter sa propre bouteille pour la boire au resto, mais on gagne peu sur le prix.
– Vous pouvez boire les ***jus de fruits frais*** (on n'en trouve pas partout), sains et délicieux. Les prudents préciseront qu'ils ne veulent pas de glaçons dedans. Goûtez absolument au ***Vitamilk*** – ไวตามิลค์, lait à base de soja, sucre, etc. Délicieux !
– Les ***shakes*** sont des jus frais mixés avec de la glace pilée : attention, qui dit glace pilée dit risque d'amibes ! En revanche, les glaçons de forme cylindrique sont fabriqués avec de l'eau purifiée.
– La ***bière thaïe,*** *Singha Beer* – เบียร์สิงห์, est bonne et pas bien chère. Idem pour la *Leo Beer* ou la *Chang Beer.* Ces blondes légères sont servies soit en canette, soit en bouteille (petite ou grande). Réclamez-la bien fraîche : « *yen-yen* ».
– Signalons encore un vin pétillant sucré à base de riz fermenté du nom de ***sato,*** l'équivalent du saké japonais mais avec des bulles !
Sachez aussi que la consommation d'alcool (bière comprise) est interdite les jours d'élections, et même dans la soirée qui précède, et qu'en principe dans tout le pays il n'en est pas servi avant 11h et de 14h à 17h dans les restaurants.

CUISINE

Aiguisez vos papilles, ami Routard, et laissez-vous envahir par ces nouvelles senteurs, ces parfums inconnus, cette richesse enivrante de la cuisine thaïe. Restaurants de luxe ou stands ambulants sur les trottoirs de Bangkok, plats élaborés ou simple riz frit... l'art culinaire est souvent sublimé, et l'on est rarement déçu. De plus, les restos servent à toute heure de la journée. En revanche, ne pas arriver après 22h, les Thaïlandais dînant en général assez tôt (dès 18h30).

La base de la cuisine est le riz. On le fait frire et on l'accommode de mille manières (avec poisson, bœuf, porc, crabe, crevettes). La plupart des plats sont plus ou moins épicés. Un peu, ou alors beaucoup trop pour un palais occidental. Donc, un conseil : apprenez le terme « *maï phèt* – ไม่เผ็ด », qui signifie « peu épicé ». Certains restos vous servent la sauce au piment à part, dans une coupelle, mais un curry, par exemple, sera toujours servi très épicé. Dans les lieux touristiques, les restaurateurs évitent de mettre le feu à leurs plats, mais certains petits restos familiaux ne se poseront pas autant de questions, alors gare... Sachez aussi que dans la majorité des cas si vous précisez « no spicy », le cuistot rajoutera de l'eau et/ou du sucre pour calmer les ardeurs de son plat, ce qui aura pour conséquence de lui ôter toute vraie saveur. Autant le savoir et commander autre chose à la place. Outre le riz frit, goûtez aux nouilles frites (*phat thai* – ผัดไทย), absolument délicieuses. Vous aurez aussi l'occasion de manger, notamment dans les restos chinois, des plats de légumes locaux frits ou cuits dans des sauces à la viande. Divin !

À L'OMBRE DES FRUITS ET LÉGUMES EN FLEURS

La cuisine royale thaïe est née à la cour d'Ayutthaya, où l'on combinait délicatesse des mets et raffinement de la présentation. L'art de la table agrémenté d'une découpe des fruits et légumes en motifs floraux finement ciselés s'est perpétué jusqu'à nos jours. On peut en apprécier toute la richesse décorative dans les restaurants haut de gamme, qui présentent des plats agencés en de somptueuses et harmonieuses compositions flattant autant l'œil que le palais (royal ou pas).

Ce qui donne sa saveur à la cuisine thaïe, outre la fraîcheur des produits, ce sont les épices et les herbes : coriandre, curry, menthe, citronnelle, piment, curcuma, gingembre. Les sauces de poisson, de moules et d'huîtres, ainsi que celle de soja, sont couramment utilisées pour relever les plats. Ce mélange savant d'épices, d'herbes et de sauces apporte un goût inimitable et mystérieux, assez relevé pour le palais occidental mais très appréciable lorsqu'on prend la peine de s'y intéresser. De nombreuses écoles de cuisine ont d'ailleurs ouvert dans les zones touristiques, pour initier les voyageurs à l'art culinaire thaï.

AU NOM DE LA PÂTE-RIZ

On a le sentiment que le pad thai, *le plat le plus emblématique de la Thaïlande d'aujourd'hui, est une tradition ancestrale. En fait, il n'en est rien. Ce plat date tout juste des années 1940 quand, suite à une récolte de riz désastreuse, le gouvernement de l'époque obligea les commerçants des cuisines de rue à préparer leur tambouille avec des pâtes afin de réserver la production de riz à l'export ! La recette fit florès depuis !*

Si riz et nouilles frits constituent la base de la cuisine thaïe, de plus en plus de restos de Bangkok se mettent à redécouvrir un art de cuisiner ancien et raffiné auquel ils ajoutent le savoir-faire d'aujourd'hui. Les résultats sont surprenants. La cuisine actuelle a subi les influences chinoise et indonésienne, tout en conservant sa personnalité.

Les desserts sont peu prisés. Ceux qui existent sont très chimiques et sucrés. Noter tout de même (comment faire autrement ?) les carrés de gélatine fluo contenant un fruit. Les flans à la noix de coco sont plus recommandables. L'exception qui confirme la règle, c'est le délicieux et très nourrissant *sticky rice with mango* (voir plus loin « Les autres plats »), même s'il n'est pas toujours considéré comme un dessert.

Car, évidemment, la richesse des fruits met l'eau à la bouche : mangue, donc, mais aussi ananas, papaye, noix de coco, ramboutan, pomelo (sorte de pamplemousse), mangoustan, *rose apple,* pastèque, *jack fruit* (jacquier) et le célèbre durian, cher et particulièrement malodorant (voir encadré). À défaut de se goinfrer de fruits frais au restaurant, on s'en procurera auprès des multiples échoppes de rue, qui les vendent déjà découpés.

Nous vous proposons ici quelques plats classiques, histoire de vous repérer dans la carte.

INTERDIT DE TRANSPORTS

Le durian, sorte de ballon de rugby agrémenté de piquants triangulaires, est très prisé par les Thaïlandais. Il est hors de prix pour une famille modeste, et son achat représente un véritable « investissement ». Son odeur alléchante vous rappellera celle d'un vieux container à ordures, et son goût celui de l'échalote pourrie... À tel point qu'à partir d'un certain degré de maturation, il est interdit dans la plupart des lieux publics. Des panneaux d'interdiction lui sont même consacrés : « Durian is not allowed ! » *Et pourtant, ça se mange !*

Les « frits » *(fried)*

– *Khao phat* – ข้าวผัด *:* riz frit, avec poulet, crabe ou crevettes.
– *Phat phak bung* – ผัดผักบุ้ง *:* assortiment de légumes frits.
– *Nua phat nam man hoï* – เนื้อผัดน้ำมันหอย *:* bœuf frit à la sauce d'huîtres aux oignons.
– *Thot man pla* – ทอดมันปลา *:* beignets de poisson frits.
– *Mi krop* – หมี่กรอบ *:* nouilles craquantes accommodées avec de la viande, des crevettes ou autres.

Les soupes

– *Kaeng chut* – แกงจืด *:* soupe de légumes avec crevettes ou porc.
– *Tom yam* – ต้มยำ *:* mélange aigre-doux accompagné de morceaux de porc, poulet ou poisson.
– *Tom yam kung* – ต้มยำกุ้ง *:* soupe de crevettes parfumée à la citronnelle.
– *Khao tom pla* – ขาวตมปลา *:* soupe à la sauce de poisson.

Les nouilles *(noodles)*

– *Pad thai (ou phat thai)* – ผัดไทย *:* nouilles sautées accompagnées de viande ou de fruits de mer, soja cru ou cuit, cacahuètes pilées, noix de cajou, tofu, crevettes séchées, ou encore la traditionnelle sauce de poisson.
– *Kuai tio haeng* – ก๋วยเตี๋ยวแห้ง *:* nouilles agrémentées de viande et de légumes émincés, le tout épicé.
– *Kuai tio phat siu* – ก๋วยเ ตียวผัด ซี่อิ้ว *:* nouilles frites avec sauce chinoise, viande, légumes et œufs.
– *Ba mi krob rat na kung* – บะหมี่กรอบราดหน้ากุ้ง *:* nouilles jaunes craquantes avec crevettes.
– *Suki yaki* – สุกกยาก *:* pâtes sèches avec des fruits de mer et de la viande, préparées avec une sauce assez indescriptible.

Les autres plats

– *Laab* – ลาบ *:* viande de porc hachée avec des épices. Se mange cru (*laab isan,* pas très conseillé pour les Occidentaux) ou cuit *(laab kua).*
– *Kam pu thot* – กามปูทอด *:* crabes frits.
– *Kaï yang* – ไก่ย่าง *:* poulet grillé.
– *Keng pla nam khao* – แกงปลาน้ำขาว *: pomfret* (sorte de poisson) cuit au court-bouillon, servi avec une sauce blanche.
– *Kaï phat phrik* – ไก่ผัดพริก *:* poulet grillé pimenté.
– *Lap* – ลาบ *:* viande hachée avec du citron et des échalotes saisie avec des piments.
– *Pla prio wan* – ปลาเปรยวหวาน *:* poisson à l'aigre-doux.
– *Ho mok pla chonne* – หอหมกปลาชอน *:* poisson à la pâte de curry cuit à l'étouffée dans une feuille de bananier.
– *Sticky rice with mango :* du riz collant nappé de lait de coco et accompagné de fines lamelles de mangue ; on en trouve parfois dans les restos, mais le plus souvent sur les marchés.
– *Les insectes :* scorpions, vers à bambou, fourmis rouges, grillons... 44 espèces d'insectes sont jugées comestibles en Thaïlande ! Et ils n'ont rien d'un plat du pauvre, bien au contraire, leur viande se négocie fort cher. Le top du top, c'est la sauterelle, qui s'échange jusqu'à 300 Bts le kilo. Un marché à part entière, et beaucoup de ces bébêtes sont importées depuis le Laos ou le Cambodge.
– *Le barbecue :* très populaire, le barbecue thaï est servi le soir uniquement, dans des restos spécialisés. On s'y sert à volonté sur un long buffet de viandes et légumes assaisonnés, pas toujours évidents à identifier. On fait ensuite cuire le tout sur un brasero posé à même la table, qui fait à la fois office de gril et de bouillon. Pour accompagner, des pâtes vertes, à faire bouillir.

CURIEUX, NON ?

– En Thaïlande, la tradition veut qu'un tout nouveau lieu de travail soit béni par 9 moines bouddhistes, pas un de moins, pas un de plus (évidemment c'est payant). Cela, afin de charger le lieu en énergie positive. *Attention,* cela doit se faire le mercredi, le jeudi ou le vendredi, à l'exclusion des autres jours.
– Dans le même genre, les chantiers de construction doivent impérativement commencer les lundi, mercredi et vendredi. Pas question de poser la première pierre un autre jour !
– Vous remarquerez que certaines marches de perron sont raides alors que d'autres sont étonnamment basses au regard de leur giron. Eh bien, c'est tout simplement parce qu'en Thaïlande un escalier ne doit jamais avoir 4 marches ! C'est soit 2, soit 3 ou carrément 6.
– Selon la croyance populaire, une femme célibataire ne doit jamais chanter quand elle fait la cuisine. Tout ça pour éviter de se marier avec un vieux.
– Le ***kaomak*** est un dessert très apprécié des Thaïlandais, y compris des personnes de confession musulmane. C'est en fait du riz fermenté dans une feuille d'arbre, que l'on saupoudre de poudre de noix de coco au moment de le consommer. C'est extra, ça a un petit goût de kirch pas piqué des vers, dû à la fermentation, donc à l'alcool produit. Mais de là à se soûler au *kaomak...*
– Suite à de nombreux abus, le gouvernement de Thaïlande a mis en place une police des moines, chargée de surveiller les agissements de ces nombreux adeptes du détachement et de la frugalité. Du faux moinillon abusant de l'aumône, aux détournements de fonds à grande échelle, en passant par les penchants

libidineux de certains d'entre eux, les cas de moines véreux sont légion en Thaïlande ! Phra Wiraphol Sukphol, qui posait avec ses lunettes à la « Blues Brothers » et son sac Vuitton, a détourné plus de 24 millions d'euros, tandis que le bonze Yantra Ammarobikku, lui, a dû avouer quelques entorses à la chasteté monacale, confondu par ses reçus de carte de paiement dépensés dans les bordels australiens !

- Superstitions et pratiques mystiques ont la peau dure en Thaïlande. Depuis quelque temps, certaines Thaïlandaises se sont entichées des *thep de luuk* (littéralement, « les enfants des anges »), des poupées bénies par des moines bouddhistes sensées leur apporter bonheur et prospérité. Les moines ayant prétendument insufflé l'esprit d'un vrai enfant décédé dans leur caboche en plastoc, les nouvelles mamans se doivent d'interagir avec leur progéniture de silicone, comme elles le feraient avec un être vivant ! Une forme de réincarnation *eco-friendly* recyclable à merci sans doute...
- Les Thaïlandais ajoutent du ketchup et de la mayonnaise sur leurs pizzas.
- On retire ses chaussures dans les maisons thaïes.
- On ne touche pas la tête, qui est sacrée.
- Les Thaïlandais peuvent filer droit vers la salle de bains en arrivant chez leurs invités, pour se laver les pieds, la partie la plus impure du corps, qui ne doit jamais être plus haute que la tête, la partie la plus pure, en lien avec les dieux du ciel.
- Les Thaïlandais, comme souvent les Asiatiques, n'ouvrent pas les cadeaux devant vous, mais seulement après votre départ, histoire de ne pas vexer si cela ne leur plaît pas.
- Quand on dort chez un Thaïlandais, il faut souvent demander la permission au *phra pum,* l'esprit des lieux, et le remercier en partant.
- On ne pointe pas du doigt, encore moins les moines ou les portraits de la famille royale. Pour désigner quelque chose ou quelqu'un, on utilise sa main, doigts vers le bas, en les agitant vers soi.

DROITS DE L'HOMME

La mort du roi Bhumibhol Adulyadej (Rāma IX) en octobre 2016 n'aura pour le moment pas eu de conséquence directe sur le paysage politique thaïlandais. Mais il faudra du temps pour que son fils, Maha Vajiralongkorn (désormais Rāma X), connu pour ses frasques passées, ne le remplace dans le cœur des Thaïlandais. D'autant que les clivages entre monarchistes (« chemises jaunes ») et partisans des deux ex-Premiers ministres, le frère et la sœur Shinawatra (« chemises rouges »), sont loin de s'être atténués. De fait, le calme relatif qui a suivi la mort du roi est surtout lié à la chape de plomb imposée depuis la prise du pouvoir par l'armée en mai 2014. Opposition muselée, médias censurés, arrestations de défenseurs des Droits de l'homme : depuis le coup d'État, la junte a solidement conforté ses positions. Et même si le général Prayuth Chan-ocha a troqué son uniforme militaire pour un costume civil sur les photos officielles, c'est bien une dictature qu'il s'est employé à mettre en place. Depuis mars 2016, le Conseil national pour la paix et l'ordre – institution dirigeante –, dont il est à la tête, a encore renforcé les pouvoirs des forces armées, y compris pour les paramilitaires bénévoles. Outre un dispositif législatif extrêmement répressif, le régime s'appuie également beaucoup sur la loi de lèse-majesté pour sanctionner toute forme de critique du gouvernement, et peut conduire à des condamnations très lourdes. La junte s'est également dotée d'une loi extrêmement répressive sur l'utilisation d'Internet, adoptée en

décembre 2016. Des « chemises rouges » ont toutefois pu être libérées sous la promesse écrite de ne plus faire de commentaires publics, de ne plus avoir d'activités politiques et de ne plus voyager à l'étranger. Afin d'asseoir sa légitimité, Prayuth Chan-ocha a fait adopter par référendum une Constitution sur mesure en août 2016. Elle entérine les pouvoirs dévolus à l'armée, l'exempte de tous les crimes commis depuis le coup d'État, et réduit les prérogatives des partis. Même si de nombreuses voix se sont prononcées – non sans difficultés – contre ce projet, les Thaïlandais semblent avoir fait le choix du retour au calme, après 10 ans de crises politiques à répétition. Si les troubles séparatistes qui perdurent dans le Sud depuis plus de 12 ans ont un peu diminué en 2016, avec la poursuite de négociations entre le régime et des groupes armés, des attentats continuent d'y être perpétrés, et l'armée y commet toujours de graves exactions. Les ONG s'inquiètent enfin de la situation des travailleurs migrants et des demandeurs d'asile, victimes le plus souvent de réseaux de trafiquants et d'extorsions de la part des autorités thaïlandaises.
Pour en savoir plus, n'hésitez pas à contacter :

■ ***Fédération internationale des Droits de l'homme (FIDH) :*** *17, passage de la Main-d'Or, 75011 Paris. ☎ 01-43-55-25-18. • fidh.org • Ⓜ Ledru-Rollin.*

■ ***Amnesty International*** *(section française)* ***:*** *72-76, bd de la Villette, 75940 Paris Cedex 19. ☎ 01-53-38-65-65. • amnesty.fr • Ⓜ Belleville ou Colonel-Fabien.*

N'oublions pas qu'en France aussi les organisations de défense des Droits de l'homme continuent de se battre contre les discriminations, le racisme, et en faveur de l'intégration des plus démunis.

ÉCONOMIE

Une situation incertaine

Sur la liste 24e au classement mondial, la Thaïlande est la **2e économie d'Asie du Sud-Est,** derrière l'Indonésie et devant la Malaisie, et ce, malgré ses nombreuses crises politiques et économiques. Cette économie émergente, dont les exportations représentent plus de deux tiers du PIB, affiche un taux de croissance en 2017 de l'ordre de 3,3 %. Cependant, elle est un peu à traîne comparée à ses voisines. Si la nouvelle constitution adoptée en août 2016 a bien renforcé la mainmise des militaires et de leurs alliés sur l'économie du pays, la croissance promise n'est pas au rendez-vous. Plusieurs raisons à cela. La sécheresse d'abord, qui frappe le pays depuis maintenant plus de 20 ans et contraint les récoltes. Le ralentissement de l'économie chinoise tire aussi la consommation vers le bas tandis que l'instabilité de certaines régions freine les investissements et le commerce. Incertitude également sur la capacité du nouveau roi à reprendre en main les affaires de l'État à la suite de son père vénéré. Malgré tout, la pauvreté diminue et la Thaïlande peut s'enorgueillir de flirter avec le plein-emploi puisque le taux de chômage officiel est à peine supérieur à 1 %. Cependant, très endettés, les ménages thaïlandais voient leur pouvoir d'achat se réduire à peau de chagrin, faut dire qu'avec un **salaire minimum** légal est de 7 200 Bts par mois, soit environ **205 euros,** il leur est souvent difficile de joindre les 2 bouts à la fin de mois. En Thaïlande l'augmentation du coût de la vie en laisse plus d'un sur le carreau.

De la riziculture au tourisme en passant par l'industrie

Traditionnellement agricole, l'économie thaïlandaise s'est fortement industrialisée les 60 dernières années. Aujourd'hui, quand bien même le Centre et le Nord restent d'importants producteurs maraîchers et fruitiers, l'agriculture et la pêche, qui occupent 40 % de la population active, ne représentent plus « que » 9 % du PIB. En tête des exportations, le riz, bien sûr, mais aussi le caoutchouc, le maïs, le tabac, le coton mais surtout le scandale écologique et humain que représente la crevette d'élevage, activité qui hisse la Thaïlande au deuxième rang des exportateurs juste derrière la Chine. En revanche, le secteur industriel représente lui 36 % du PIB, avec quelques secteurs de pointe tels que l'extraction minière, l'assemblage électronique (informatique notamment) et l'industrie mécanique (pas de grandes marques nationales, mais d'importants ateliers d'assemblage installés dans le pays : Toyota, General Motors, Nissan). Sans oublier le textile. Jadis atelier de confection des grandes marques du globe, le pays est aujourd'hui déserté par ces mêmes groupes qui s'envolent vers d'autres pays aux salaires misérables plus cléments, tels que le Vietnam. Vive la mondialisation... Reste la grosse part du gâteau : le tertiaire, qui s'octroie plus de 55 % du PIB et emploie plus d'un tiers de la population, dopé en partie par le tourisme, dont la Thaïlande continue de vouloir faire son cheval de bataille. Quant à l'énergie, malgré quelques gisements de gaz, le pays reste très dépendant de l'extérieur. L'État multiplie par ailleurs les investissements en matière d'énergies renouvelables.

ENVIRONNEMENT

> **BOIS MAGIQUE**
>
> *Le bois d'aloès est un arbre rare qui, infecté par un champignon, produit une résine pour se défendre. Son parfum est tellement subtil que les Rois mages en auraient offert à la naissance de Jésus. Le jardin d'Éden en serait rempli. Autre époque, on en trouve aussi chez* Séphora.

Bangkok est une ville engorgée par les voitures. C'est la deuxième ville la plus embouteillée du monde après Mexico. On estime le coût des embouteillages (carburant consommé inutilement) à une perte de près de 100 millions de Bts (2,7 millions d'euros) par jour ! Et c'est sans compter la pollution aux particules fines et autres gaz toxiques ! Rien qu'à Sukhumvit, les relevés effectués régulièrement font état de 300 microgrammes de particules par mètre cube (en France le seuil tolérable est de 50). La capitale thaïlandaise est littéralement asphyxiée dans certains quartiers. Autre fait marquant, l'eau potable qui ne l'est pas. Quant aux canaux qui parcourent la ville, bien souvent, il faut se boucher le nez aux abords de certains *khlong*. L'un d'entre eux a même été surnommé « le canal qui pue ». Faut avouer que les *khlong* servent de tout-à-l'égout : rejets domestiques et industriels, déchets organiques, etc. À cela s'ajoute l'épineux problème de la pluviométrie, dans une ville située en moyenne à 1,50 m au-dessus du niveau de la mer et qui, de surcroît, s'enfonce de l'ordre de 2 cm par an ! La raison ? Le pompage excessif des nappes phréatiques et le poids toujours plus important des constructions sur un sol de nature lacustre. Force est de constater que les mesures prises par le gouvernement, à savoir la protection des zones tampon que représentent les écosystèmes environnant la ville (mangroves, forêts), demeurent bien inefficaces. Les inondations de 2011 ne pourraient être que le prélude d'un scénario bien pire à venir. La métropole fait face à des risques d'inondations qui pourraient être multipliés par quatre d'ici à 2050. Le réchauffement climatique, l'élévation prévue de 10 cm du golfe de Thaïlande, l'érosion des côtes de 3 à 4 cm par an, l'affaissement des sols, l'urbanisation outrancière... Tous ces facteurs fragilisent toujours plus la capitale. Et selon un rapport de la Banque mondiale datant de 2013, Bangkok est même classée parmi les villes de la planète les plus exposées au risque de submersion (même partielle) à l'horizon 2030 ! Évidemment, ce jour-là ce seront les populations qui habitent les quartiers périphériques situés au ras de l'eau qui seront aux premières loges...

L'éléphant : rien de plus trompeur

L'éléphant est l'animal thaïlandais par excellence, respecté et aimé plus que tout autre. Pensez, ces pachydermes ont même droit à la retraite et à la Sécurité sociale (à Lampang – près de Chiang Mai –, un hôpital leur est spécialement destiné, et il est admis qu'ils ne travaillent plus à partir de 60 ans afin de se reposer tranquillement jusqu'à la fin de leurs jours). S'ils sont beaucoup moins nombreux aujourd'hui, on en compte tout de même encore près de 5 000 dans le pays, dont un peu moins de la moitié seraient encore sauvages. Mais la mécanisation du travail agricole (l'éléphant servait surtout au transport du teck, or le teck, surexploité, a presque disparu du pays) et le coût exorbitant de son entretien ont porté un rude coup à l'animal sacré. Le tourisme est aujourd'hui le seul destin de ces animaux qui avalent entre 150 et 200 kg de nourriture quotidienne ! Normal, quand on pèse 2,5 à 3,5 t... D'autres infos étonnantes : la gestation d'une femelle dure 22 mois ; sans transition : avec sa seule trompe, l'éléphant peut transporter jusqu'à 800 kg... et cueillir une fleur ou ramasser une cacahuète ; toujours grâce à cette même trompe – un vrai radar –, il peut détecter un point d'eau jusqu'à 9 km. Malheureusement, passées ces considérations dignes de figurer au *Guinness Book*, l'éléphant thaïlandais est surexploité et maltraité, notamment dans le domaine du tourisme. Aussi, contentez-vous de les regarder. En 2016, la *World Animal Protection* classait les promenades à dos d'éléphant parmi les 10 attractions touristiques les plus cruelles envers les animaux. Car contrairement aux idées reçues, l'éléphant n'est pas d'un naturel placide. Pour le contraindre à le devenir, l'homme doit lui infliger dès sa plus tendre enfance des privations et de nombreuses souffrances. En Thaïlande, le fait d'arracher l'éléphanteau à sa mère pour le soumettre aux caprices de l'homme se dit *Phajaan,* ce qui signifie littéralement « briser l'éléphant ».

PACHYDERME QUE ÇA !

Dans la famille des pachydermes, le plus aimé est l'éléphant blanc : animal sacré du bouddhisme, symbole de paix et de prospérité. La légende prétend qu'il aurait fécondé la mère du Bouddha, qui enfanta ainsi le grand Sage... En Thaïlande, l'histoire de cet animal d'exception a toujours été liée à la nation. Jadis emblèmes du drapeau siamois, les éléphants blancs sont traditionnellement la propriété du roi, qui renforce ainsi sa position divine. Il n'en reste plus beaucoup aujourd'hui et ceux qui restent sont entravés par de courtes chaînes.

FÊTES ET JOURS FÉRIÉS

La plupart des fêtes ont lieu en fonction du calendrier lunaire, leurs dates varient donc. Comme les travailleurs thaïlandais n'ont pas de congés payés, les jours fériés sont très attendus et respectés.

– ***Nouvel An*** (31 décembre-1er janvier) **:** jours fériés. À Bangkok, grosse foule et bousculade sur l'immense place de Sanam Luang (en face du Wat Phra Keoh). Une partie des musées sont alors fermés, ainsi que certains commerces.

– ***Nouvel An chinois*** (fin janvier-début février) **:** fête de famille. Il ne se passe rien, sinon que tous les magasins sont fermés pendant 4 jours et que les bus, trains et hôtels sont bondés.

– ***Magha Puja*** (fin février-début mars) **:** fête bouddhique. Les gens vont dans les temples. Processions aux chandelles.

– ***Les combats de cerfs-volants*** (mars-avril) **:** tous les après-midi à 16h30 sur Sanam Luang. Le jeu consiste à faire tomber les cerfs-volants. Le tout dépend du vent, et attention aux fils électriques !

– ***Le jour des Chakri*** (6 avril) **:** fête de la dynastie actuelle. Cérémonies au temple du bouddha d'Émeraude.

– ***Songkran*** (du 13 au 15 avril) **:** Nouvel an bouddhique. Traditionnellement, le jour le plus chaud de l'année en Thaïlande. Du coup, les gens s'aspergent d'eau mutuellement. Très pratiqué à Phra Pradaeng, dans la banlieue de Bangkok.

– ***Le jour du Couronnement*** (5 mai) **:** jour férié.

– ***La cérémonie du Labour royal*** (début mai) **:** cérémonie hindoue qui marque le début du repiquage du riz.

– ***Visakha Puja*** (fin mai-début juin) **:** anniversaire de la naissance du Bouddha. Dans tous les temples, processions aux chandelles. Une des plus belles fêtes de Thaïlande.

– ***Khao Phansa*** (juillet-août) **:** magnifique festival des Bougies (surtout à Ubon Ratchathani, dans le Nord-Est).

– ***Tak Bat Dok Mai*** (mi-juillet) **:** grande fête à Saraburi, à 136 km de Bangkok, à l'autel de l'Empreinte du pied. On dit que c'est le pied du Bouddha.

– ***L'anniversaire de la reine mère Sirikit*** (12 août) **:** jour férié et jour de la fête des Mères.

– ***Ok Phansa*** (octobre) **:** fin du carême et début de la *saison des kathins,* période au cours de laquelle les gens offrent aux moines bouddhistes leurs nouvelles robes. Processions en musique.

– ***Festival international du Film de Bangkok*** (10 jours en novembre) **:** le rendez-vous des cinéphiles et l'occasion de voir des films qui ne sortiront jamais en France. Une véritable compétition internationale qui fait la part belle au cinéma thaïlandais et asiatique.

– ***Loy Krathong*** (novembre) **:** la plus belle fête de Thaïlande. Elle a lieu la nuit de la pleine lune. Il s'agit d'honorer Mae Kongkha, déesse de l'Eau, d'implorer sa clémence à l'égard des récoltes à venir et de s'excuser de polluer les cours d'eau. Les participants manifestent leur respect en laissant dériver des *flower boats (krathong)* avec bougies et bâtons d'encens, et lâchent des lanternes de papier. Les gens fabriquent ces *krathong,* minuscules bateaux de feuilles de bananier, avec une bougie allumée et de l'encens, qu'ils déposent sur les rivières et les *khlong* pour honorer les esprits

QUI NE TENTE RIEN N'A RIEN !

La lanterne de la chance (krathong) *est une lanterne en papier tendu sur une ossature métallique, avec une mèche en papier imbibée d'alcool au milieu, en usage depuis des siècles dans toute l'Asie du Sud-Est. Dans le nord de la Thaïlande, on en lâche notamment à l'occasion de* Loy Krathong *(mais pas seulement), afin que le ciel envoie la pluie, et on en profite pour formuler d'autres vœux. On ne sait jamais...*

des eaux. À voir particulièrement à Bangkok sur la Chao Phraya, du côté de Memorial Bridge (festival son et lumière, danses).
– ***L'anniversaire du roi*** (28 juillet) **:** fête nationale ; encore un peu plus de photos du roi, déjà partout. Illuminations, villes pavoisées. À Bangkok, la zone comprise entre le Chittlâdâ Palace, l'Assemblée nationale et le Grand Palais est le théâtre d'une multitude de manifestations : films en plein air, danses, concerts... à contrario, beaucoup de sites fermés, ainsi que les banques ; pas de musique dans les bars, etc.
D'ailleurs, si vous voyez beaucoup de gens habillés en jaune un lundi, ne soyez pas surpris, rien que de très normal. C'est tout simplement une façon de célébrer le roi, né ce jour-là. Attention, en revanche, si vous prenez l'avion pour la Chine le même jour avec votre joli T-shirt jaune... là-bas, c'est davantage considéré comme une couleur un peu olé olé...
– ***Noël* :** bien que Noël ne signifie rien en Thaïlande, bon nombre de supermarchés (ainsi que les palmiers) sont enguirlandés comme chez nous. Il devient même possible de réveillonner dans certains établissements très fréquentés ou tenus par des Européens.

HISTOIRE

Un des berceaux de l'*Homo sapiens*

L'histoire des Thaïs remonte certainement à plus de 4 000 ans. Les premiers vrais agriculteurs, et même les premiers hommes à travailler le métal, furent thaïs ! Ces Thaïs de la toute première heure ont proliféré à travers tout le Sud-Est asiatique, jusqu'au sud de la Chine. Dès les IIe et IIIe s av. J.-C., des moines bouddhistes venus des Indes ont migré vers un pays appelé *Suvarnabhumi* (« la Terre d'or »). Ce territoire s'étendait vraisemblablement de la Birmanie, traversant le centre de la Thaïlande actuelle, jusqu'à l'est du Cambodge.

Les âges farouches : la période de Dvâravatî

Une pépinière agitée et changeante de cités-États fut désignée sous le nom de *Dvâravatî* (du sanskrit : « lieux ayant des portes »), durant une période qui s'étira du VIe au XIe s, voire jusqu'au XIIe s de notre ère. Probablement érigées par le peuple môn – des descendants d'immigrants indiens métissés avec les Thaïs originels –, ces cités n'ont livré que peu de leurs secrets. Les Chinois connaissaient cette région sous le nom de *T'o-Lo-Po-Ti,* à travers les voyages du moine Xuan Zang. Il en reste quelques magnifiques œuvres d'art, notamment des représentations du Bouddha, des bustes en terre cuite, quelques bas-reliefs en stuc dans des temples ou des grottes, mais peu d'éléments d'architecture sont demeurés intacts. La culture de Dvâravatî a décliné rapidement à partir du XIe s sous la poussée des conquérants khmers.

Le Moyen Âge : l'apogée de l'influence khmère

Entre les XIe et XIIIe s, l'influence khmère est dominante dans l'art, la religion et le langage. Beaucoup de monuments de cette période, situés à Kanchanaburi, Lopburi et dans d'autres sites du Nord-Est, peuvent être comparés à l'architecture d'Angkor.

C'est aussi à ce moment que les premières peuplades thaïes, qui avaient émigré vers la Chine dans la préhistoire, repartirent dans le sens inverse, de la province du Yunnan vers la Thaïlande. Ces Thaïs furent appelés par les Khmers des « Syams », ce qui signifie « basanés », référence faite à la couleur de leur peau.
Un rameau de cette même souche fondera le royaume de Lan Xang (le Laos, « pays du million d'éléphants ») en 1353.

La Renaissance et le premier royaume de Siam : Sukhothai

Plusieurs principautés thaïes de la vallée du Mékong s'unirent aux XIIIe et XIVe s pour livrer combat aux Môns, et leur prirent Haripunchai pour fonder Lan Na. Ils s'attaquèrent ensuite aux Khmers et récupérèrent toute la région de Sukhothai. Et c'est ainsi qu'en 1238 fut proclamé le premier royaume et État organisé thaï. Cette période vit aussi la naissance et l'épanouissement de la culture, de la politique et de la religion thaïes à proprement parler. *Sukhothai* signifie « l'aube de la félicité », et les Thaïlandais d'aujourd'hui considèrent cette période comme un âge d'or. La prospérité était telle que les sujets étaient dispensés d'impôts ! Un des rois, Ram Khamheng, a permis la mise en place d'un système d'écriture, base du thaï moderne, mais, à sa mort, le royaume éclata en plusieurs États. Cependant, une nouvelle capitale attendait dans les coulisses...

Ayutthaya... capitale de 1 million d'habitants !

Paris n'était qu'un village à l'époque, en comparaison de la puissance et de la richesse d'Ayutthaya. Cette capitale fut fondée en 1350 par le roi Ramadhipati Ier. Bien que les Khmers fussent l'ennemi « héréditaire » et que les batailles fissent rage, la cour d'Ayutthaya adopta leur langage et leurs coutumes. L'un des résultats fut que les rois thaïs devinrent des monarques absolus avec le titre de « roi-dieu ». Sous leurs coups, la capitale khmère, Angkor, tomba en 1431, et pendant quatre siècles, les Thaïs furent craints et redoutés dans toute l'Asie du Sud-Est. C'est en 1498 que Vasco de Gama et ses vaisseaux portugais, ayant contourné le cap de Bonne-Espérance, ouvrirent une nouvelle route commerciale et inaugurèrent l'ère de l'expansion européenne en Asie. La première ambassade portugaise fut établie à Ayutthaya en 1511, suivie par celle des Hollandais en 1605, des Anglais en 1612, des Danois en 1621 et des Français en 1662.

Le royaume de Siam et Louis XIV : regards vers le soleil couchant...

La représentation de la France a mal débuté au royaume de Siam, sous les traits... d'un Grec, Constantine Phaulkon. Aventurier sans scrupule, il avait réussi, grâce à un certain culot et à une « tchatche » imparable, à infiltrer la Cour et se vit nommé Premier ministre. La description de Phaulkon par l'écrivain contemporain Maurice Garçon est tout

LA MAUVAISE RÉPUTATION

Le mot farang, *qui, en thaï moderne, signifie « étranger », est une abréviation de* farangset *qui signifie « français ». Ne gonflez pas le torse, si ce mot* farang *est resté dans le vocabulaire, ce n'est pas pour honorer la France, mais parce qu'il est employé pour traiter quelqu'un de... métèque.*

à fait éloquente : « Levantin d'origine, devenu anglais et converti à la religion anglicane par commodité, catholique sous la direction d'un jésuite, portugais par politique, siamois par accident, marié à une Japonaise par hasard, Constantine Phaulkon devint français de cœur par nécessité et résolut de faire du Siam, qui l'avait imprudemment accueilli, une colonie pour Louis XIV. »
C'est donc grâce à Phaulkon qu'un autre personnage haut en couleur, et de mœurs discutables, fit son apparition au Siam : François Timoléon, abbé de Choisy. Ce prélat extravagant envoyé par le Roi-Soleil aimait, entre autres, se déguiser en femme. Nous, on n'est pas contre, mais on peut s'interroger sur son dévouement religieux. Le roi Narai, sous l'influence de ces deux personnages, dont l'un dirigeait le royaume quasiment à sa place, accepta (un peu à contrecœur, il est vrai) de laisser stationner des garnisons françaises au Siam. Exaspérés par l'insolence de Phaulkon, les dignitaires siamois approuvèrent le coup d'État qui, en 1688, marqua la fin de cette première ouverture vers l'Europe. Le roi Narai perdit son trône, Phaulkon sa vie, et tous les étrangers – Français en tête – furent chassés du Siam.

La chute d'Ayutthaya

Durant tout le XVIIIe s, les principautés du Siam se livrèrent des guerres sans merci. Les Birmans en profitèrent pour envahir le pays et anéantir la splendide capitale Ayutthaya, après 2 ans d'un siège commencé en 1769. Malgré la mise à sac de l'ancienne cité, les Birmans ne réussirent pas à s'implanter au Siam. Le général thaï Phya Taksin (un autre Taksin !) érigea une nouvelle capitale, Thonburi, en face de la future Bangkok, sur les bords de la rivière Mae Nam Chao Phraya, et se fit proclamer roi. Il ne régna pas longtemps : mégalomane et fanatique religieux (il se prétendait presque l'égal du Bouddha !), il fut assassiné (sagement ?) par ses ministres. En 1782, un autre général, Phya Chakri, monta sur le trône sous le nom de Rāma Ier, et fonda la capitale actuelle, Bangkok. Les souverains de la dynastie Chakri, encore au pouvoir aujourd'hui, portent tous le nom de Rāma. Le désir de Rāma Ier était de voir la rivière couler au milieu de sa ville, pour pouvoir, en cas de nouvelle attaque birmane, être protégé par une barrière naturelle et disposer d'un moyen de fuite rapide. Le site choisi est une île enserrée dans une boucle de la rivière et fermée à l'est par des canaux. L'île fut appelée *Rattanakosin* (« demeure du Bouddha d'émeraude ») et accueillit un des premiers temples ainsi que la résidence royale, le tout cerné d'une muraille crénelée. À cette époque, comme dans l'antique cité d'Ayutthaya la lacustre, les déplacements se faisaient par voie d'eau et canaux (les fameux *khlong*).

Les prémices de la modernité

C'est en 1851, avec l'avènement du roi Mongkut qui régna sous le nom de Rāma IV, que les graines de la Thaïlande moderne furent semées. Homme instruit, raffiné et courtois, il vouait à l'Occident une admiration qui l'amena non seulement à entretenir une correspondance soutenue avec le président des États-Unis de l'époque, James Buchanan – il lui avait même proposé des éléphants pour améliorer les transports américains ! –, mais aussi à signer des traités avec, entre autres, la Grande-Bretagne.
Une fois au pouvoir, il s'entoura de nombreux conseillers occidentaux. Malgré toutes ces influences occidentales, Mongkut, tout comme ses successeurs, conserva son goût des traditions thaïlandaises. Il fut un polygame convaincu, reconnaissant

82 enfants de 35 femmes différentes ! Il s'attacha les services d'une gouvernante anglaise, Anne Leonowens, dont les *Mémoires* ont inspiré trois films. Le premier, *Anna and the King of Siam,* date de 1946 ; le plus célèbre, bien que fantaisiste sur le plan historique, fut sans conteste *The King and I,* qui réunit Yul Brynner et Deborah Kerr en 1956. Plus récemment, on a pu apprécier la prestation de la belle Jodie Foster sous les traits de ladite gouvernante dans *Anna and the King.* Un seul hic : le tournage a eu lieu en Malaisie !

Un roi révolutionnaire...

État tampon à l'époque entre la Birmanie britannique et l'Indochine française, la Thaïlande échappa à la colonisation grâce à une diplomatie habile. Fin politicien, l'héritier de Mongkut, le roi Chulalongkorn Rāma V (1868-1910), fit contre mauvaise fortune bon cœur et céda plus de 100 000 km^2 (y compris tout le Laos) à ces pillards de Français et d'Anglais. Ce trait de génie préserva l'indépendance du Siam jusqu'à nos jours. Le roi Chulalongkorn poussa si loin l'introduction des institutions et des mécanismes modernes (abolition de l'esclavage, organisation des postes, du chemin de fer, fondation de la première université...) que son propre fils le traita de révolutionnaire ! En 1873, à son couronnement, il interdit à ses sujets de se prosterner devant lui.

TOUCHÉ COULÉ

Au XIXe s, une des raisons qui poussèrent le roi Chulalongkorn à alléger l'étiquette fut la mort tragique d'une de ses femmes, noyée sous les regards imperturbables de ses serviteurs... car il leur était interdit de la toucher ! Ce genre de mesures draconiennes avait pour but de protéger les membres de la famille royale des assassinats. Le comble !

Exit le Siam

En 1932, un coup d'État fait passer le Siam d'une monarchie absolue à un régime monarchique constitutionnel de façade. Le roi Rāma VII est en exil à Londres, et c'est un prince de 10 ans, Ananda, qui monte sur le trône flanqué d'un conseil de régence. Un des conspirateurs militaires, nommé Phibun, émerge du lot et devient Premier ministre en 1938 en organisant la mainmise de l'armée sur les rouages du pouvoir. Le pays prend définitivement le nom de *Prathet Thai* (« pays des Thaïs »), ou Thaïlande. Cette appellation à coloration nationaliste implique une unité de tous les peuples de langue thaïe incluant les *Lao* du Laos, les *Shan* de Birmanie, mais à l'exclusion des Chinois, dont l'influence économique est contestée. Les fascismes européens servent de modèle à la promulgation de toute une série de lois discriminatoires.

Après les événements de Pearl Harbor, et pour contrer l'influence de la Chine et des Occidentaux, la Thaïlande signe un traité d'amitié avec l'Empire nippon, dont les troupes utilisent le territoire comme base pour attaquer la Birmanie britannique. Le réalisateur japonais Shohei Imamura traita d'ailleurs de ce sujet et du sentiment d'abandon des soldats nippons par leur empereur dans un excellent documentaire, *En suivant ces soldats qui ne sont pas revenus – La Thaïlande.* La Thaïlande déclare même la guerre à la Grande-Bretagne et aux États-Unis. Les troupes thaïes combattent les nationalistes chinois jusqu'au Yunnan. Une partie de la population s'organise en mouvement de résistance (voir l'épisode du pont de la rivière Kwai).

Après les revers du Japon, Phibun est contraint de démissionner. À la fin de la guerre, les Alliés veulent le juger pour crimes de guerre et collaboration avec l'ennemi. Mais l'opinion publique, qui lui est favorable, provoque l'arrêt des poursuites. Les territoires annexés durant la guerre sont restitués aux empires coloniaux français et britannique. Phibun redevient Premier ministre en 1948 et se refait une virginité en engageant des troupes aux côtés des alliés de l'ONU en Corée en 1950. La Thaïlande devient un allié fidèle des États-Unis dans le contexte de la guerre froide en adhérant au traité de l'Organisation du traité de l'Asie du Sud-Est (OTASE). En 1957, Phibun est renversé par un maréchal et contraint à l'exil. De 1958 à 1973, les juntes militaires financées par les Américains tiennent le pays d'une main de fer. La Thaïlande participe activement à la guerre du Vietnam, où elle envoie des troupes (ainsi qu'au Laos), et des bases aériennes concédées aux Américains décollent les B52 qui bombardent le Nord-Vietnam.

La monarchie aujourd'hui

En 1973, la dictature est renversée, après un soulèvement étudiant réprimé dans le sang (300 morts). En 1975 sont organisées les premières élections libres depuis 1946. Mais au cours des années suivantes se succèdent coups d'État et contre coups d'État où les militaires disputent à nouveau le pouvoir aux civils. C'est que la domination des communistes dans les pays limitrophes en 1975 (Vietnam, Laos, Cambodge) renforce l'ancrage à droite des forces politiques de Thaïlande. La répression perdure, notamment durant l'année 1976, avec un nouveau massacre d'étudiants de gauche et de syndicalistes par des forces paramilitaires. Durant cette période troublée, seul un personnage reste inamovible, le roi Bhumibol Adulyadej (1927-2016), qui régna sous le nom de Rāma IX pendant 70 ans et qui fut le plus ancien chef d'État en exercice, tous pays confondus. Décédé en octobre 2016, un deuil national d'un an a été décidé et personne n'y a échappé. Blanc et noir de rigueur, les marchands de tissu ont fait fortune ! Même les sites internet étaient en deuil. C'est son fils Maha Vajiralongkorn qui lui a succédé sous le nom de Rāma X. Intronisé en décembre 2016, il est tout le contraire de son père. Hédoniste et un tantinet play-boy, il tient à s'en démarquer. Son père, adulé mais de nature plutôt taciturne, était un fin politique, adepte du compromis. Il a dû faire face aux nombreuses crises qui ont secoué le pays modifié en profondeur, dans une société où les garants de la stabilité sont le roi, mais aussi le bouddhisme et son éthique (pas forcément son clergé) sans oublier la société civile.

Thaksin entre en scène

En juillet 1997, le pays plonge dans une grave crise économique. En novembre, le Parti démocrate, mené par Chuan Leekpai, se retrouve à la tête du gouvernement. Mais ce changement n'arrange rien : chômage, dévaluation... le FMI vient à la « rescousse » administrer son traitement de cheval ultralibéral. Licenciements massifs, baisse des salaires (de 20 à 30 % dans la plupart des entreprises), expulsion de travailleurs immigrés, exode de Bangkok vers les campagnes, où tout au moins l'on mange... Dur, dur !
Élu une première fois en 2001, l'ancien Premier ministre Thaksin Shinawatra, riche magnat très médiatique, rétablit la situation. Il est sur tous les fronts : politique, économique et social. *Une entreprise, c'est un pays. Un pays, c'est une entreprise.* Telle

est sa devise. Il est réélu début février 2005, puis coup de théâtre en 2006, après avoir réclamé des élections législatives anticipées, et s'être déclaré dans un premier temps vainqueur malgré 20 % de bulletins blancs, Thaksin doit reconnaître sa défaite. Revirement de situation : Thaksin reprend les rênes du pouvoir un mois plus tard, soi-disant pour être en mesure de contrer la rébellion séparatiste qui agite la province de Narathiwat, dans le sud du pays. Au nord, les paysans adorent Thaksin ; dans le sud, il est à l'origine d'exécutions sommaires, de trafiquants de drogue notamment.

DU VIAGRA COMME INCITATIF ÉLECTORAL

À Bangkok, selon le quotidien The Nation, *la petite pilule bleue servirait à convaincre des électeurs indécis. En raison des sanctions encourues pour l'achat de votes, certains candidats auraient distribué des comprimés plutôt que de l'argent liquide. Des boîtes de comprimés seraient remises en douce aux électeurs âgés.*

Les jaunes contre les rouges

Nouveau renversement en septembre 2006. Le général Sonthi Boonyaratkalin renverse Thaksin et prend la tête du pouvoir, adoubé par Rāma IX, tandis que Surayud Chulanont, est nommé Premier ministre par intérim, avec pour mission de restaurer la démocratie et de proposer un nouveau traitement à la crise séparatiste qui ensanglante le Sud. *Bis repetita :* fin 2008, le nouveau Premier ministre récemment élu Somchai Wongsawat (proche de Thaksin Shinawatra) est destitué après un blocage de l'aéroport de Bangkok par les opposants royalistes, les « chemises jaunes ». En avril 2009, vêtus de « chemises rouges » (leur surnom), les partisans de Thaksin réclament le retour de leur leader, bloquent Bangkok et s'opposent aux « chemises jaunes ». Les rouges finissent par battre en retraite. En février 2010, Thaksin est condamné pour corruption aggravée. Sa fortune (environ 1,15 milliard d'euros) est saisie. Les « chemises rouges » descendent à nouveau dans la rue et occupent le centre de Bangkok 2 mois durant pour réclamer la démission du gouvernement. Ils sont finalement chassés par l'armée. La répression fera 92 morts et près de 2 000 blessés. Un mandat d'arrêt est émis contre Thaksin pour... « terrorisme ». En 2011, c'est le parti Pheu Thai, mené par la femme d'affaires Yingluck Shinawatra (sœur de Thaksin), qui remporte les élections législatives. Elle devient la première femme à ce poste. À coups de promesses sociales (iPad pour tous les élèves, deux clés pour les parents, l'une pour la maison, l'autre pour la voiture, ou encore augmentation spectaculaire des salaires), l'ex-parti d'opposition reprend donc la main, profitant de l'aura de Thaksin, très apprécié du peuple, mais beaucoup moins des élites et des militaires, qui l'accusent de manipuler sa sœur dans l'ombre.

Citons également les quatre sièges remportés par le Rak Prathetthai, parti fondé et présidé par Chuwit Kamolvisit. Cet étonnant député s'est découvert une vocation politique bien tardivement, en 2004, après une longue carrière de... proxénète ! Dès son élection,

CHUWIT, UN POLITICIEN HORS NORME

Ancien propriétaire de six salons de massage-bordels, il quitta son métier rémunérateur pour se lancer dans la politique. Populiste, il dénonce la corruption et les pots-de-vin qu'il a bien connus (il versait près de 1 million de bahts par mois et est même passé par la case prison). Son parti « J'aime la Thaïlande » a remporté quatre sièges aux législatives de 2011.

il entame une longue série de dénonciations. Celui qui est surnommé « Super-maquereau » veut également avoir un rôle politique officiel. Son créneau est clair : il connaît mieux que tout le monde les rouages de la corruption, il est donc le plus à même de la combattre ! Malgré son échec aux élections pour le poste de gouverneur de Bangkok en 2008, le playboy revendiqué est toujours là. D'autant plus surprenant qu'avec tous les policiers et hauts responsables politiques qu'il a dénoncés (le chef de la police nationale lui doit la perte de son poste), on peut imaginer que plus d'un crapuleux de Bangkok souhaiterait mettre un terme à la longue série de dénonciations qu'il a engagée...
Dernière avancée concernant Thaksin : en avril 2012, à l'occasion du Nouvel An thaï qu'il célébrait en exil à Siem Reap (Cambodge), ce dernier a annoncé son retour dans les mois à venir en Thaïlande face à des milliers de partisans. Sa sœur profite d'ailleurs de son nouveau statut politique pour tenter de faciliter ce retour. Le parlement est dissous fin 2013. Dans le même temps, Bangkok est prise en otage par les opposants du Premier ministre. Si la Thaïlande a bien voté pour ses représentants parlementaires, le scrutin a été annulé par la Cour constitutionnelle, en mars 2014. Yingluck Shinawatra est toujours accusée d'être la marionnette de son frère en exil. Puis le 22 mai 2014, la Thaïlande renoue avec ses vieux démons. Prayuth Chan-ocha, un général proche de la retraite, fidèle à la famille royale, décrète la loi martiale. La Première ministre est arrêtée, puis relâchée mais écartée des affaires de l'État. Prayuth Chan-ocha, nommé Premier ministre en août 2014, entend remettre le pays en marche...

Une année de deuil

Au lendemain de la mort de son père, Maha Vajiralongkorn Vajiralongkorn hésite à monter sur le trône. Il demande un délai de réflexion. Il est finalement intronisé le 1er décembre 2016. Pendant le deuil, les habitants (y compris les touristes) sont invités à s'habiller en noir. Fini les manifestations de la joie, les fêtes, l'amusement. L'État entend plonger le pays dans la réserve et le recueillement. La vente (et la consommation) d'alcool est mal vue et sa silhouette hiératique en grand uniforme court sur tous les murs des grandes villes, sans compter les autels devant chaque entrée de magasin ou les projections laser la nuit... Dès son accession au trône, Rāma X entend montrer son intention de se voir attribuer plus de prérogatives. Ayant suivi une formation militaire, le nouveau roi cultive son image de souverain « dans le coup ». Il passe son temps en Allemagne, pilote lui-même son propre Boeing... D'un autre côté, il insiste pour que soit amendé un article qui permet à la cour constitutionnelle d'arbitrer en cas de crise majeure et veut s'affranchir de toute signature entérinant ses propres décrets. En d'autres termes, il semble vouloir diriger la Thaïlande vers le type de monarchie qui existait déjà avant l'avènement du règne de son père. Une monarchie absolue ? En attendant le roi fait le ménage, a renvoyé l'un de ses proches, jugé pour « dommages à la famille royale », la junte le suit pour l'instant dans ses décisions. À vrai dire, ses ambitions restent encore teintées du plus grand mystère. En tout cas, il est, à l'évidence, bien différent de son père.

MÉDIAS

Les crises politiques à répétition ont eu un impact négatif sur la sécurité des journalistes, et principalement ceux défendant les « chemises rouges », frappés par la censure. Certaines télévisions ont ouvertement pris parti en faveur des « chemises rouges » ou des « chemises jaunes » qui dictent depuis la rue l'agenda politique du royaume. Pourtant, les médias ont défendu leur liberté de ton. La presse écrite, en thaï et en anglais, est assez indépendante.

Votre TV en français : TV5MONDE, la première chaîne culturelle francophone mondiale

Avec ses 11 chaînes et ses 14 langues de sous-titrage, TV5MONDE s'adresse à 320 millions de foyers dans plus de 198 pays du monde par câble, satellite et sur IPTV. Vous y retrouverez de l'information, du cinéma, du divertissement, du sport, des documentaires...
Grâce aux services pratiques de son site voyage • *voyage.tv5monde.com* •, vous pouvez préparer votre séjour et une fois sur place rester connecté avec les applications et le site • *tv5monde.com* • Demander à votre hôtel le canal de diffusion de TV5MONDE et contactez • *tv5monde.com/contact* • pour toutes remarques.

Radio

Le pays compte plus de 500 radios. La majorité d'entre elles sont locales et diffusent beaucoup de musique, mais relativement peu d'information. Trinity Radio (FM 97) diffuse les programmes d'information en thaï de la BBC, et Smile Radio (FM 107) reprend les nouvelles de CNN Asia. Les auditeurs raffolent des talk-shows. À vous d'apprendre le thaï...
L'armée thaïlandaise, qui contrôle plus de 120 radios et deux chaînes de télévision dans le pays, n'est pas prête à abandonner ce secteur stratégique même si, d'après la Constitution de 1997, l'audiovisuel devrait être entièrement libéralisé et les fréquences redistribuées.
Vous pouvez retrouver Radio France Internationale et la plupart des FM françaises sur • *rfi.fr* •

Télévision

Les six chaînes nationales de télévision sont des concessions de l'État. Mais c'est sans compter avec les nombreuses télévisions régionales, et surtout le câble et le satellite.
Les critiques contre les autorités sont rares sur les chaînes hertziennes, mais, sur le câble, certaines chaînes s'engagent clairement en faveur des « chemises jaunes » ou des « chemises rouges ». D'autres journalistes réussissent à maintenir une couverture plus indépendante.
L'accès aux grandes chaînes d'information, BBC ou CNN, est très facile grâce au câble. MCM ou la chaîne francophone TV5MONDE sont présentes dans certains bouquets de câble ou de satellite.

Journaux

La lecture des deux principaux quotidiens anglophones, *The Nation* et *Bangkok Post,* ne pourra que vous convaincre de la qualité des journalistes thaïs et de leur liberté de ton par rapport à ceux des pays voisins. Une bonne manière de savoir ce qui se passe dans le pays, la région et le monde. Certains titres de la presse en thaï sont également de bon niveau, notamment *Matichon, Khaosod Daily* et *Thai Rath.* C'est sans compter les nombreux tabloïds populaires qui misent sur le sensationnalisme.

Les grands titres de la presse étrangère sont facilement disponibles dans les kiosques des grandes villes. Pour la presse française, passez à l'Alliance française de Bangkok, sur Sathorn Road, qui dispose d'une médiathèque bien fournie. À l'aéroport et dans certains grands hôtels, on trouve également *Le Monde, Libération, Le Point* et... *Point de vue-Images du monde* !

Liberté de la presse

Depuis le coup d'état militaire de 2014, la répression à l'encontre des journalistes ne cesse de s'intensifier et la presse se trouve privée de toute liberté éditoriale. Au cours de l'année, deux reporters ont été suspendus de leurs fonctions après avoir publié des articles critiques sur la situation dans le pays, illustrant l'importante pression qui vise les médias. Plus généralement, toute contestation politique, même pacifique, fait l'objet de violentes représailles. La famille royale au pouvoir ne tolère aucune critique à son égard et a instauré l'une des plus sévères loi sur le crime de lèse-majesté au monde. La législation permet de contrôler toutes les informations qui circulent dans le royaume et qui concernent de près ou de loin le souverain et ses proches. Un étudiant a ainsi été arrêté en décembre 2016 et a été accusé de « diffamation royale » après avoir partagé sur internet un article de la BBC dépeignant le nouveau souverain d'une façon peu favorable. Les journalistes, blogueurs et net-citoyens optent régulièrement pour l'autocensure pour éviter d'avoir affaire à la « justice » de leur pays. Un récent amendement de la loi relative aux crimes informatiques (*Computer-related Crime Act,* CCA) est venu encore élargir les pouvoirs des autorités en matière de surveillance et de censure.
Ce texte a été réalisé en collaboration avec ***Reporters sans frontières.*** Pour plus d'informations sur les atteintes aux libertés de la presse, n'hésitez pas à contacter :

■ ***Reporters sans frontières :*** *CS 90247, 75083 Paris cedex 02.*
☎ *01-44-83-84-84.* ● *rsf.org* ●

PATRIMOINE CULTUREL

Les grandes écoles artistiques

La découverte de sites préhistoriques à Ban Chiang, au nord-est, laisse à penser que la Thaïlande fut le berceau d'une civilisation vieille de 5 000 ans. Le peuplement qui se fit par vagues successives – Môn, Khmers, Thaïs – apporta des influences religieuses et culturelles qui ont façonné son évolution.

– ***Période de Dvâravatî (VIe-XIe s) :*** les Môn, qui vivaient dans le sud-est de Myanmar, dans le centre et dans le nord-est de la Thaïlande, ont développé un État aux structures politiques mal connues, avec des cités construites suivant un plan ovale, ceinturées de douves. Les sculptures principalement bouddhiques, rarement hindouistes, ont subi trois sources d'influence : Ceylan (Ve-VIe s), art pala (Srîvijaya ; VIIIe-Xe s) et art khmer à la fin. Ces influences créèrent une image particulière du Bouddha, qui cessa d'être la copie d'un style indien pour devenir le premier style d'art bouddhique original.
Le Bouddha, en pierre ou en bronze, se tient le plus souvent debout, les deux mains faisant le geste d'argumentation, ou assis à l'européenne, les pieds posés sur un socle en forme de lotus. Son visage est large, ses arcades sourcilières jointives et galbées, son nez épaté et ses lèvres charnues.

– ***Période de Srîvijaya (VIIIe-XIIIe s) :*** l'histoire de cet empire reste encore très obscure. Il se développa entre le VIIIe et le XIIIe s dans la partie péninsulaire de la Thaïlande. Certaines des statues sont d'une grande perfection, comme celle du torse d'Avalokiteçvara, du Musée national de Bangkok. Les formes des statues sont épanouies et parées de bijoux.

– ***Khmers ou école de Lopburi (XIe-XIIIe s) :*** l'influence khmère fut très grande et, jusqu'à l'aube du XIXe s, les provinces du Nord-Est ont continué à jouer (davantage que le Cambodge) le rôle d'un véritable conservatoire des traditions artistiques et iconographiques angkoriennes. Les grands temples (Prasat Hin Phimai, Phanom Rung, Phanom Wan, Muang Tham) furent construits en fonction à la fois de croyances hindouistes et du bouddhisme Mahāyāna. Les temples khmers étaient bâtis selon les critères symboliques de la cosmologie hindouiste. Les douves et bassins représentaient l'océan, les enceintes des montagnes, et la tour sanctuaire *(prasat)* le mont Meru, axe du monde et séjour des dieux. Le *prasat* servait à abriter la divinité principale, dieu hindouiste, puis le Bouddha au XIIe s. De petits *prasat* ceinturaient la tour principale et servaient à abriter l'épouse et le véhicule du dieu. À côté s'ajoutaient des constructions secondaires destinées aux objets du culte. Une grande enceinte fermée par des portes ceinturait le tout. À l'intérieur, une seconde enceinte, construite en bois, contenait les habitations des prêtres, musiciens, danseuses... Le temple, construit au centre de la ville, devait se trouver près du palais du roi, mandataire des dieux sur terre. Quant aux statues, les caractéristiques des bouddhas (principalement en grès) sont un visage carré, des sourcils rectilignes, une bouche large, un bandeau qui démarque le front des cheveux et une protubérance au sommet du crâne, symbole de l'Illumination.

– ***Royaumes du Lan Na (XIe-XVIIe s) :*** principalement influencés par la Birmanie, les royaumes du Lan Na ont développé des styles artistiques propres : temples aux toits à étages, porches élaborés soutenus par des *nāga* (serpents), *chedî* octogonaux, statues délicates... On décompose cette période en deux : le style de Chiang Saen (XIe-XIIIe s), qui montre un bouddha au corps robuste et au visage rond, suivi par le style appelé Chiang Saen tardif ou Chiang Mai, qui révèle un bouddha plus élancé, avec un visage ovale. Les statues sont pour la plupart en pierre semi-précieuse, tel le bouddha d'Émeraude.

– ***École d'U-Thong (XIIe-XVe s) :*** ce petit royaume fut fortement influencé par les styles khmers, de Sukhothai et de Ceylan. Seule sa sculpture fut originale avec de fines lignes qui soulignent les lèvres et les yeux du Bouddha, ajoutant le tracé d'une fine moustache.

– ***Période de Sukhothai (XIIIe-XVe s) :*** c'est avec l'école de Sukhothai que débute l'art proprement thaïlandais. Il semblerait que ce soit le fait d'avoir adopté le bouddhisme Theravāda (à la fin de l'Empire khmer, qui pratiquait le bouddhisme Mahāyāna) qui engendra une forme d'art originale, dont le but était d'affirmer l'identité culturelle du nouveau royaume. Le bouddha de Sukhothai est l'une des images les plus caractéristiques de l'art thaïlandais (visage d'un ovale parfait, long nez aquilin, sourcils arqués, paupières lourdes, chevelure en bouclettes...). Il fit son apparition au XIIIe s. Les

POURQUOI LES YEUX BRIDÉS ?

La plupart des peuples asiatiques sont originaires de Sibérie ou de Mongolie. Là, les vents des steppes sont terriblement froids, et la réverbération de la lumière, sur la neige, intense. Les yeux bridés sont donc une adaptation génétique pour protéger les yeux. Il s'agit d'un léger bourrelet de graisse dans les paupières.

• *Époque de Dvâravatî (VIe-XIe siècle)*

Le Bouddha possède des traits accusés, un visage large et carré, un nez aplati et des lèvres épaisses. Ses yeux sont dirigés vers le bas, donnant un regard à la fois intérieur et bienveillant pour le fidèle qui prie à ses pieds. On le trouve au centre de la Thaïlande et dans le sud de la Birmanie. Représentation dans les musées de Nakhon Pathon, Ratchaburi, Khon Kaen et Lamphun.

• *École de Lopburi (XIe-XIIIe siècle)*

Il s'agit de l'image même du Bouddha khmer. Son visage est carré, ses sourcils rectilignes, sa bouche large. Un bandeau démarque le front des cheveux et une protubérance en coiffe le sommet, symbole de l'Illumination. On le retrouve dans tout le centre et le nord-est de la Thaïlande. Le Bouddha protégé par un capuchon à sept têtes est aussi l'une des innovations du culte khmer du roi-dieu (Devaraja).

• *Époque du royaume du Lan Na (XIe-XVIIe siècle)*

Région de Chiang Saen et Chiang Mai. Le Bouddha de cette époque est caractéristique. On le reconnaît aisément avec son corps opulent, son visage rond, ses petits yeux et sa petite bouche. Il porte de grandes boucles sur le sommet du crâne, couronnées d'un bouton de lotus. Les statues sont généralement en cristal ou en pierre semi-précieuse.

• *Période d'U-Thong (XIIe-XVe siècle)*

Au centre de la Thaïlande, l'influence khmère de cette époque est très forte. Les représentations du Bouddha se font sur le même modèle. La seule originalité se trouve dans le fin soulignement des yeux et de la bouche, qui peuvent faire penser à une fine moustache.

- ***Période de Sukhothai (XIIIe-XVe siècle)***

Époque où l'image de Bouddha est la plus caractéristique de l'art thaïlandais. Les statues deviennent plus élancées, l'ovale du visage parfait, le nez long et aquilin, les sourcils arqués, les paupières lourdes et la chevelure pleine de fines bouclettes. Le crâne est surmonté d'une longue flamme (ushnîsha), symbole de force spirituelle. L'autre innovation de cette période est celle du Bouddha marchant, première représentation du Bouddha en mouvement.

- ***Période d'Ayutthaya (1350-1767)***

Durant la période d'Ayutthaya, au centre de la Thaïlande, les statues du Bouddha reprennent les influences des diverses écoles. On retrouve les courbes de l'école de Sukhothai, les yeux de l'époque dvâravatî, les parures des dieux khmers avec la reprise du culte du roi-dieu. Les statues du Bouddha sont alors parées de bijoux et deviennent colossales.

- ***Bhumisparsa ou « Geste de la prise de la terre à témoin »***

Position assise, la main droite touche le sol, tandis que la gauche repose sur les jambes, paume tournée vers le ciel. Ce geste représente l'Éveil du Bouddha. Il tient une très grande place dans l'imagerie thaïlandaise, car il est le symbole de la victoire sur Mâra (la mort, le démon, le grand dieu des Désirs). Mâra tenta d'interrompre la méditation du Bouddha en lui présentant toutes les distractions possibles. Le Bouddha, en réponse, toucha la terre, faisant appel à la nature pour témoigner de sa résolution. Ce geste apparaît pour les Thaïlandais comme l'illustration du plus grand des miracles et représente le sommet de la vie du Bouddha.

- ***Dhyana ou « Attitude de méditation »***

Les deux mains reposent l'une sur l'autre, paumes vers le ciel, la main droite sur la main gauche. Les jambes sont pliées en tailleur, dans la position du lotus.

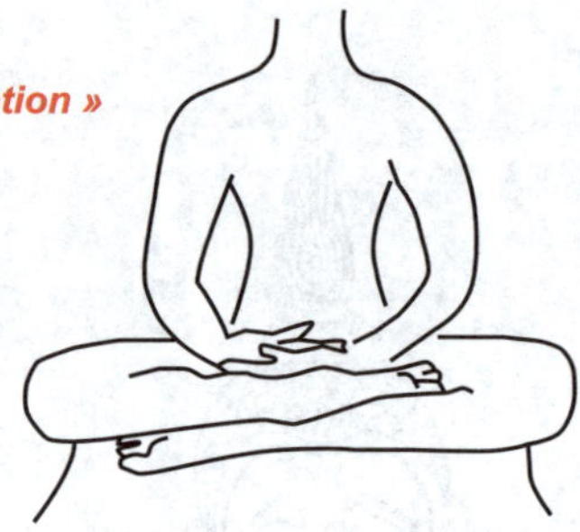

- ***Vitarka ou « Geste de l'argumentation »***

Position debout ou assise, le bras droit est levé, main à demi ouverte pour que le pouce et l'index se joignent et forment un cercle (la roue, symbole de l'enseignement). Peut être fait de la main droite ou gauche.

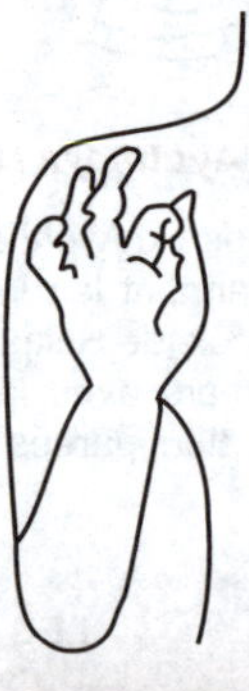

Dharmachakra

Les deux mains sont levées, paumes face à face, pouce et index se joignant pour former un cercle. Geste de tourner la roue de Dharma, qui rappelle le premier sermon de l'enseignement du Bouddha.

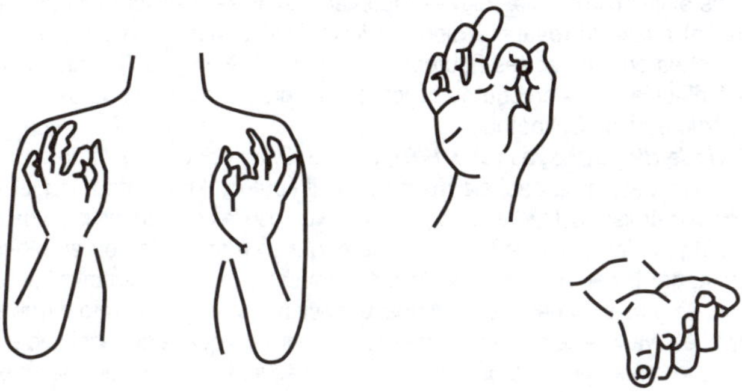

Varada ou « Geste du don »

Assis ou debout, main droite ouverte et offerte, bras allongés, ce geste est celui du don, de la charité, des faveurs répandues.

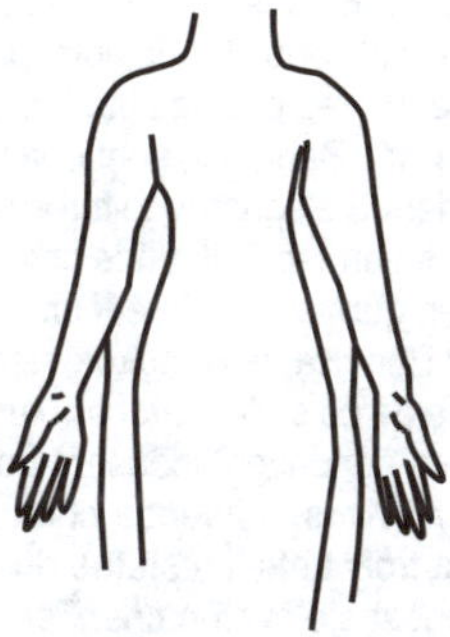

Abhaya ou « Apaisant les querelles »

Position debout ou en marche, une ou deux mains levées, paume en avant. C'est le geste de l'absence de crainte et de l'apaisement.

mains et toutes les proportions du corps deviennent plus stylisées, et le crâne est surmonté d'une longue flamme *(ushnîsha),* symbole de la force spirituelle. La seconde image typique est celle du Bouddha marchant, dont la grâce et la délicatesse rendent parfaitement la description du Bouddha des textes palis. Quant à l'architecture, elle juxtapose des formes diverses, tours-sanctuaires khmères, stupas effilés cinghalais, toitures incurvées chinoises, structures cubiques môn, retenant aussi du royaume disparu de Dvâravatî ses constructions en brique, ses niches en stuc et ses figures de terre cuite. Selon les Thaïlandais d'aujourd'hui, c'est la flèche en bouton de lotus qui représente l'apport le plus original des constructeurs de Sukhothai.

– ***Période d'Ayutthaya (1350-1767) :*** en 1350, un prince d'U-Thong fonde Ayutthaya, qui devient la capitale du royaume jusqu'en 1767 (date à laquelle les Birmans la détruisent). L'art à cette période juxtapose les influences les plus diverses. Mais la principale est l'influence khmère, qui prendra toute son ampleur avec la reprise, par les souverains, du *devaraja* (roi-dieu), le roi devenant objet de vénération. Le *prasat* khmer (tour-sanctuaire) devient le *prang* avec une forme en épi de maïs. Le royaume se porte bien et la splendeur ainsi que la dimension des temples sont le témoignage de la puissance royale. Les statues du Bouddha se parent de bijoux et deviennent colossales.

– ***D'Ayutthaya à Bangkok :*** en 1767, les Birmans détruisent Ayutthaya, et Rāma Ier fonde en 1782 une nouvelle capitale, Bangkok. Le style architectural de la nouvelle capitale est, pour la majeure partie, l'héritage de l'ancien royaume. Temples et palais entourés par des jardins d'influence chinoise (une grosse communauté de Chinois vit à Bangkok) sont construits avec des matériaux plus légers. Les temples possèdent d'élégantes toitures recourbées, juxtaposées en gradins et recouvertes de tuiles vernies (influence chinoise). Des peintures murales et des panneaux de laque en garnissent l'intérieur.

Le Wat Phra Kaeo (Bangkok), temple du bouddha en pierre précieuse, est l'exemple type de ce style d'architecture. Il est constitué par un sanctuaire rectangulaire. Ses toits concaves accusent une pente prononcée et sont couverts de tuiles de couleurs vives (influence chinoise). Le *bot* (salle de réunion) peut comprendre d'une à trois nefs. La statue du Bouddha se dresse sur le mur face à l'entrée. Au nord-ouest s'élève un *chedî* en forme de cloche, sur lequel se dresse une flèche formée d'anneaux concentriques et décroissants, dérivé du stupa cinghalais. Au nord se dresse un *mondop* de structure carrée, avec de hautes colonnes qui soutiennent de petits étages décroissants, le tout surmonté d'une flèche et d'une profusion de décorations multicolores. Au nord-est, enfin, a été érigé un temple où sont conservées les statues des rois ; c'est un *prasat* hérité des Khmers, surmonté de toits superposés et fermé d'un petit *prang.*

La sculpture en Thaïlande

Presque jusqu'à nos jours, l'inspiration de la sculpture en Thaïlande est demeurée, pour l'essentiel, religieuse. Qu'il s'agisse du Bouddha, principale source d'inspiration, d'animaux réels ou mythiques, de décors... tout a sa place et son rôle dans la cosmogonie.

– ***Les yaksha :*** des génies de la nature, mystérieux et parfois malfaisants, qui ont été « récupérés » par le bouddhisme. Ils sont devenus les protecteurs de la Loi bouddhique. On les retrouve sous leur aspect terrifiant dans les enceintes des temples, parés comme d'antiques guerriers, les vêtements incrustés d'or, d'émail et de verre coloré.

– ***Représentations du Bouddha :*** sous les différentes influences (môn, khmère, lanna...), un art local semble s'être forgé. En effet, dès le VIIe s, l'art dvâravatî présente la structure d'un art bouddhique. Les différents apports qui viendront s'y greffer par la suite n'étoufferont jamais cette originalité ni cette continuité, qui sont les traits essentiels de l'imagerie bouddhique thaïlandaise. Ces « innovations » doivent tout de même respecter une iconographie stricte, venant du sud de l'Inde. L'apparence du Bouddha est déterminée par les *lakshana* (marques et signes) qui définissent « l'Homme Éminent ». Il en existe 32 principales, complétées par 80 secondaires. Manifestées dès la naissance, les *lakshana* sont le résultat des différents mérites acquis au cours des existences antérieures. On ne trouve la totalité de ces « marques » que chez l'être appelé à devenir un souverain, maître de l'univers, ou, s'il renonce au monde, un bouddha.

Parmi les 32 marques principales, certaines ne concernent que des qualités psychiques intraduisibles (voix du lion, finesse du goût...). D'autres, au contraire, inspirées de préoccupations magico-religieuses, sont des signes qui dotent le Bouddha d'une apparence hors du commun (une tête à protubérance, la rotondité d'un banian...).

– ***Gestes et attitudes :*** le Bouddha peut être figuré dans quatre attitudes : assis, debout, marchant et couché (c'est dans ces positions qu'il est apparu à Srâvastî). Les statues en attitude de marche sont la grande innovation de l'école de Sukhothai (XIIIe-XVe s) et restent parmi les réalisations les plus originales de la sculpture thaïlandaise.

Les gestes n'ont pas en Thaïlande la même signification précise qu'en Inde, où la conception Mahāyāna (du Grand Véhicule) donne à chaque *mudrā* (geste des mains et des doigts auquel on attribue une signification magique et mystique) la marque d'un *jina* (vainqueur), moyen qui permet de différencier les bouddhas qui, par essence, sont tous semblables. Vous suivez toujours ?

Dans le bouddhisme Theravāda, et spécialement dans l'iconographie thaïlandaise, le terme de *mudrā* n'est pas employé. En effet, les *mudrā* ne suffisent pas à représenter l'ensemble des plus grands miracles du Bienheureux. Mais nous garderons cette appellation par souci de simplification.

– ***Les Jātaka :*** ce ne sont pas à proprement parler des sculptures. Il s'agit d'épisodes illustrés des nombreuses vies antérieures du Bouddha (on en compte 547). Ils peuvent être représentés sous forme de fresques, de panneaux sculptés... chaque image racontant un épisode. Ces *Jātaka* ornent de nombreux temples, formant alors comme des frises.

PERSONNAGES

– ***Le roi Bhumibol Adulyadej** (1927-2016)* **:** doté d'une aura quasi mystique, Rāma IX a régné 70 ans sur un pays pourtant en proie à de sérieuses crises politiques. Un exploit qui fait de lui le souverain contemporain au règne le plus long, tous pays confondus. Est-ce parce qu'il a hérité du trône par accident ? (Son frère promis au trône avait été retrouvé mort, une balle dans la tête.) Son hagiographie est éloquente : bon menuisier, bon père de famille, musicien, poète à ses heures, peintre et photographe, saxophoniste, agronome de génie et surtout... richissime ! En 2008, *Forbes* estimait sa fortune à plus de 30 milliards de dollars ! Sa compassion pour les petites gens n'avait pas de limite, pas plus que n'en avait son sens inné de la politique et de la diplomatie. Et quand bien même il contrôlait des pans entiers de l'industrie et possédait une copieuse partie de l'immobilier à Bangkok, le peuple retiendra de lui l'image d'un roi humble et généreux.

– ***Bundit Ungrangsee :*** né en 1970, un chef d'orchestre honoré par Lorin Maazel lui-même, qui fit ses classes au New York Philharmonic Orchestra, jonglant entre les musiques traditionnelles thaïes et les classiques occidentaux. Du grand art ! Pour plus d'infos : ● *bunditmusic.com* ●

– ***Saneh Sangsuk :*** né en 1957, cet écrivain publié au Seuil et au Points, en France, est considéré comme le « Joyce thaï »... rien que ça ! *Venin* ou *Une histoire vieille comme la pluie* vous feront découvrir une Thaïlande loin des clichés sur papier glacé du Sud thaïlandais.

– ***Attadech Lowapharp :*** né en 1971 à Bangkok, voici le jeune designer qui monte, qui monte. Il travaille la céramique et la porcelaine, mais est surtout reconnu pour ses vases-racines, longs, très longs.

– ***Bamrung Kayotha :*** j'ai une moustache bien fournie, je suis chef de file des paysans thaïs, je boycotte les champs d'OGM près de la frontière birmane ; qui suis-je ? Mais le José Bové thaïlandais, pardi !

– ***Tony Jaa :*** la star du *muay thai* (art martial) au cinéma, né à Surin en 1976, vu dans *Ong Bak I, II* et *III* et *L'Honneur du dragon.*

– ***Apichatpong Weerasethakul :*** cinéaste dit « expérimental », né en 1970 à Bangkok avant de passer son enfance dans le nord-ouest de la Thaïlande, à Khon Khaen. Il s'inspire des surréalistes et apprécie le travail de Marcel Duchamp. Auteur de longs-métrages d'un esthétisme et d'un mystère indéniables, parmi lesquels trois furent présentés à Cannes. Il obtient le prix « Un Certain Regard » en 2002 pour *Blisfully Yours,* l'histoire d'un amour intense et sensuel entre une jeune Thaïlandaise et un immigré birman, et le prix du jury en 2004 pour *Tropical Malady,* relatant l'histoire d'un couple homosexuel, un soldat et son amant, sur un ton à la fois réaliste et onirique. En 2008, il fait partie du collectif de réalisateurs chargés de livrer leur *État du monde.* En 2010, il obtient la Palme d'or à Cannes pour *Oncle Boonmee, celui qui se souvient de ses vies antérieures.*

– ***Chaleo Yoovidhya :*** ce milliardaire, disparu début 2012, fit fortune en créant la « recette » de la boisson énergisante *Red Bull.* Comme son nom le suggère, cette boisson contient de la taurine. En fait, elle fut élaborée à partir d'une boisson déjà existante dans le pays, le *Krating Daeng,* à base de taurine et de caféine, consommée depuis longtemps par de nombreux chauffeurs routiers pour rester éveillés... Interdite en France après des tests sur des rats montrant des signes de surexcitation allant jusqu'à l'automutilation, elle est finalement autorisée en 2008 moyennant une modification de la recette (moins de caféine et presque plus de taurine), plus la mention « déconseillé aux enfants et aux femmes enceintes » !

– ***Thaksin Shinawatra :*** né en 1949 à Chiang Mai, cet ancien officier de police crée à la fin des années 1980 la société *Shin Corp,* avec laquelle il fait fortune dans la téléphonie mobile et les télécommunications. Il se lance ensuite en politique et devient Premier ministre en 2001, bâtissant sa victoire, puis sa popularité, sur des programmes sociaux (salaire minimal, sécurité sociale...). Beaucoup moins apprécié des élites traditionnelles et de l'armée, il profite également du pouvoir pour accroître confortablement sa fortune personnelle. La valeur de son entreprise quadruple durant cette période, et *Shin Corp* ne paie jamais d'impôts... Il est finalement renversé par un coup d'État militaire en 2006. Depuis, Thaksin, qui a été condamné par contumace à 2 ans de prison pour conflit d'intérêts, vit en exil mais reste au centre de l'agenda politique thaïlandais, toujours empêtré dans la lutte des « rouges » (ses partisans) contre les « jaunes », ses opposants (lire plus haut la rubrique « Histoire »).

– ***Yingluck Shinawatra :*** née en 1967 dans une famille de politiciens, la sœur de l'ancien Premier ministre Thaksin a d'abord étudié les sciences politiques à Chiang Mai puis l'administration publique aux États-Unis. C'est pourtant sans expérience politique réelle que cette femme d'affaires est désignée comme candidate du parti d'opposition *Pheu Thai* (« Pour les Thaïs ») aux élections législatives pour le poste de Premier ministre, qu'elle remporte en août 2011. Elle doit sa notoriété fulgurante à son frère (lire plus haut), mais aussi à ses mesures et déclarations populistes : hausse du salaire minimal, promesse de prospérité économique pour tous, utilisation gratuite de tablettes électroniques dans les écoles... En 2014, elle est finalement destituée par l'armée. En janvier 2015, elle est interdite de vie politique pendant 5 ans par les nouvelles autorités du pays.
– ***Sukhumbhand Paribatra :*** ancien ministre des Affaires étrangères désormais gouverneur de Bangkok (depuis 2009). Cousin du roi, études à Oxford, membre du Parti démocrate d'opposition, un exemple parfait de l'élite de Bangkok. Il fait l'objet d'une plainte portée par 352 victimes des inondations de 2011, qui lui reprochent sa mauvaise gestion de la catastrophe.

PROSTITUTION

Commençons par mettre fin au fantasme. Si la sexualité est sans doute vécue différemment en Asie et en Occident, les racines de la prostitution en Thaïlande ne sont pas à rechercher dans une supposée culture orientale qui serait lascive par nature. La prostitution thaïe est une industrie, née de l'histoire récente. Il suffit de se pencher sur les chiffres. En 1957, on estimait que le pays comptait 20 000 prostituées. Dans les années 1960, ce nombre explosait, passant à 400 000. Que s'est-il passé entre-temps ? Le déclenchement de la guerre du Vietnam.

De la guerre du Vietnam au tourisme sexuel

Durant le conflit, pour envoyer ses hommes de troupes se détendre loin des horreurs de la guerre, l'armée américaine crée dans tout le Sud-Est asiatique, et en particulier en Thaïlande, les *Rest & Recreation sites,* qui font office d'immenses bordels. On y envoie les GI's une semaine en permission, le transport étant payé par l'armée. En Thaïlande, c'est une société locale financée par une banque américaine qui se charge d'organiser l'industrie du repos du guerrier. Les GI's sont pris en charge dès la descente de l'avion et emmenés dans des hôtels réquisitionnés pour leur usage exclusif. Dans le hall de ceux-ci patientent les femmes, affublées d'un numéro. Le soldat n'a qu'à choisir. Entre 1962 et 1976, 700 000 militaires américains passeront par ces bordels thaïs. Profitant de cette manne, les élites locales s'enrichissent, mais la guerre n'a qu'un temps. Les GI's partis, il faut se recycler. On passe alors du bordel militaire au tourisme sexuel.
Les capitaux en provenance d'Occident, les organisations criminelles et la corruption généralisée des autorités entraînent la création d'une véritable industrie du sexe prompte à satisfaire tous les types de clientèle, avec ses réseaux et ses zones de recrutement – l'arrière-pays et les campagnes –, ses supermarchés du sexe, ses agences de promotion... En Thaïlande, on dénombre dans les années 1970-1980 plus de 2 millions de femmes et 800 000 enfants se prostituant. « Se prostituant » est en fait inexact : si ce commerce est organisé comme n'importe quel business, l'esclavage au profit d'un proxénète ou d'une société commerciale est à cent lieues de la libre vente de sa force de travail. Certes, certaines filles, plutôt que de s'échiner à repiquer des plants dans les

rizières, choisissent, avec l'assentiment des parents, d'aller vivre de leurs charmes quelques années à Bangkok, afin de nourrir leur famille. Leur nom en thaï est *phouyng ha kin,* qui signifie littéralement « celles qui cherchent à manger ». Mais, bien souvent, elles sont tout simplement « vendues » pour devenir serveuses, et se retrouvent vite à faire des passes, contraintes et forcées.

Le phénomène de la prostitution est aussi révélateur de la façon discriminatoire dont les femmes sont traitées en Thaïlande. Sous-payée par rapport aux hommes, la main-d'œuvre bon marché est féminine – ce sont d'ailleurs souvent les femmes que l'on voit trimer sur les chantiers. L'accès à l'éducation est plus rare pour une fille que pour un garçon. La violence domestique constitue également un problème important pour ces femmes qui ne sont guère protégées par la loi. Un homme marié n'est pratiquement jamais poursuivi par la justice en cas de viol conjugal car, dans ce domaine, les lois font défaut, et le risque encouru par le violeur est minime.

Les années 1970 et 1980, caractérisées par le laisser-faire, constituent la période d'explosion de la prostitution, poussant à bout la logique du sordide. Le réveil, sous l'égide de nombreuses associations internationales, est long à venir, mais, finalement, même les autorités thaïlandaises commencent à se sentir concernées, moins pour des questions évidentes de morale et de dignité humaine qu'à cause de la dégradation de l'image du pays à l'étranger. Il s'agit dès lors d'un problème de santé publique et d'économie, car, sur le plan touristique, la Thaïlande est montrée du doigt et le pays boudé. Par ailleurs, le sida ayant fait des ravages, les rangs des prostituées s'éclaircissent vite. Aussi les choses changent-elles depuis quelques années, et le dernier pointage, réalisé par l'armée américaine, ne donnait plus que 100 000 prostituées. Même si ces chiffres manquent de précision, on a donc assisté ces dernières années à une baisse considérable de la prostitution, due d'abord au sida, catastrophique en Thaïlande (environ 1 million de séropositifs). Le ministère de la Santé thaïlandais a d'ailleurs lancé une campagne de distribution gratuite de préservatifs aux prostituées : chacune en recevra 16 par... an !

Le fléau de la pédophilie

Puis vint le scandale de la pédophilie. Un scandale énorme, international, et qui ternit considérablement l'image du pays. Car la prostitution, c'est une chose ; mais trouver dans n'importe quel bordel, ou presque, des gamin(e)s, de 10 ou 12 ans, vendu(e)s aux pédophiles venus du monde entier en quête d'objets sexuels « vierges », donc non contaminés, c'est une tout autre affaire. Disons tout de suite qu'en Thaïlande ce commerce ignoble a considérablement reculé depuis. Car, face au scandale et à la colère des Thaïlandais eux-mêmes, le gouvernement a pris des mesures énergiques : répression judiciaire, fermeture de bordels, contrôle des « employé(e)s » et vote par le Parlement du *Child Prostitution and Prevent Act.* Rappelons aussi, avec la *TAT (Tourism Authority of Thailand),* qui condamne l'exploitation sexuelle des enfants, que les « clients » sont passibles de 4 à 20 ans de prison si les prostitué(e)s ont entre 13 et 15 ans, et de prison à perpétuité si l'enfant a moins de 13 ans.

De son côté, l'Unicef entreprend de nombreuses actions de lutte contre la pédophilie, relayée par la justice française, qui travaille en étroite collaboration avec les juridictions d'autres pays. Depuis 1994, la France s'est dotée de lois permettant de condamner pour abus sexuel des personnes qui se croyaient dégagées de toute responsabilité puisqu'elles étaient sur un sol étranger. On a ainsi vu se tenir deux procès jugeant, en France, des actes innommables commis par des Français sur le sol thaïlandais. Une autre loi, adoptée en 1998 par le Congrès mondial sur l'exploitation sexuelle des enfants, est encore plus sévère. Désormais, tout abus sexuel exercé à l'étranger sur un mineur de moins de 15 ans est passible d'une peine de 10 ans de prison et d'une amende s'élevant à plusieurs centaines de milliers d'euros. Les associations peuvent aussi se porter partie civile. C'est dans ce cadre que l'Unicef a pu mener ses campagnes de lutte en aidant des victimes thaïlandaises à venir témoigner en France. C'est là une grande avancée juridique pour combattre les abus sexuels. Les amateurs de tourisme sexuel, n'ignorant pas la fin de leur impunité, regardent désormais à deux fois avec qui ils finissent la soirée.

Psychologie et ambiguïté du tourisme sexuel

Lorsqu'on parcourt les zones où la prostitution est très présente, on est frappé bien souvent par le spectacle de ces couples apparemment mal assortis de jeunes filles thaïes se promenant main dans la main avec leur « amoureux » du moment âgé de 30, 40 et même 50 ans de plus qu'elles. Il ne s'agit pas ici de donner des leçons de morale (tant qu'il n'y a là que rapports consentis entre individus majeurs) à certains de nos lecteurs qui ne voient dans cette prostitution (comme Michel Houellebecq dans *Plateforme*) qu'un « rapport Nord-Sud marchand idéal entre sexualité et pouvoir d'achat ». Cependant, la théorie sur le tourisme sexuel, qui considère que seules les femmes asiatiques savent donner du plaisir, voire de l'amour, car « ignorantes des tabous imposés par les religions monothéistes », n'est qu'un leurre, une imposture qu'on brandit pour justifier son passage au bordel. Européenne ou asiatique, une femme est une femme, et le sexe tarifé reste du sexe tarifé. Pourquoi s'autoriser alors à l'étranger ce que l'on s'interdit chez soi ?

RELIGIONS ET CROYANCES

• Pour les visages et les gestes de Bouddha, se reporter aux dessins de la rubrique « Patrimoine culturel », plus haut.

Environ 94 % de la population est bouddhiste, 5 % musulmane – surtout dans le sud du pays –, 1 % chrétienne et 0,5 % animiste.

La vie du Bouddha

Le prince Siddhārta Gautama (dit « le Sage », « l'Éveillé », « le Bouddha ») n'est ni un prophète ni un envoyé d'un quelconque Dieu. Il naquit au Népal au VIe s av. J.-C. Il mena une vie d'ascète et fut d'abord bodhisattva, c'est-à-dire futur bouddha. Il tint tête à Mâra, le démon, assis 4 jours sous un figuier, les jambes croisées dans la fameuse position que nous connaissons. Il atteignit ainsi l'Éveil et réussit à se libérer de toute souffrance. Dès lors, il

LOTUS ET BOUCHE COUSUE

Le lotus est emblématique du Bouddha, souvent représenté assis sur une fleur de lotus. C'est la seule plante aquatique dont la fleur, superbe, s'élève avec légèreté au-dessus de l'eau (contrairement au nénuphar par exemple) grâce à sa longue tige. Elle puise sa substance vitale dans la boue – qui représente les souffrances et la misère – pour ensuite s'épanouir au-dessus de l'eau, comme l'âme doit pouvoir se détacher des turpitudes quotidiennes.

parcourut le continent asiatique, proclamant la loi du Karma, loi universelle selon laquelle toute action, bonne ou mauvaise, est récompensée ou punie dans la réincarnation de l'âme.
Le bouddhisme s'inscrit dans un mouvement de réaction au brahmanisme. Il ne tient aucun compte du système des castes ni des rites et s'appuie sur une démarche strictement individuelle, une voie de libération.

La doctrine

La pensée du Bouddha vise à libérer de la douleur (voir son premier sermon à Bénarès, « À l'origine de la douleur universelle est la soif d'exister »).
Les quatre nobles vérités éclairent bien la « mécanique bouddhique » :
- l'attachement conduit à la souffrance ;
- l'origine de l'attachement est dans les passions ;
- pour se libérer de la souffrance, il faut maîtriser les passions ;
- pour maîtriser les passions, il faut suivre une discipline.

Pas facile tout ça, mais le Bouddha a été assez précis sur la façon d'accéder au nirvana : le bouddhiste doit parcourir successivement les huit nobles entraînements présentés dans l'Octuple Noble Sentier, seule façon d'éviter de se voir renaître en rat ou en grenouille.
Pour ceux qui voudraient essayer, nous vous donnons les clés du nirvana : la compréhension juste, la pensée, la parole, l'action, le moyen d'existence, l'effort, l'attention et la concentration.
Attention, le nirvana n'est pas notre paradis, mais plutôt le bonheur, le moment où l'esprit de l'homme se purifie des passions, et la fin du cycle des renaissances (Samsāra). En bref, le bouddhisme est une voie du bonheur spirituel, et ça se voit !

Les bouddhismes Theravāda et Mahāyāna

La doctrine du Bouddha n'existant pas sous forme écrite, les textes sacrés devaient être appris par cœur à la suite des récits faits par Ananda, le cousin du Bouddha, lors du premier concile bouddhique. Ces textes psalmodiés et chantés en commun ne furent codifiés que vers l'an 100 de notre ère par les moines de Ceylan. Ce canon bouddhique est la base du bouddhisme Theravāda.

Le bouddhisme Theravāda ou « Petit Véhicule » (du Sud)

Confiné d'abord dans l'île de Ceylan où il est né, il s'est ensuite répandu en Birmanie (en 1044), puis en Thaïlande et au Cambodge. C'est la doctrine la plus ancienne. Les adeptes utilisent le pali comme langue sacrée (on dit que c'était la langue de Gautama, le prince Siddhārta) et suivent un enseignement légèrement différent des paroles du Bouddha. Le Theravāda, omniprésent au Myanmar, ne reconnaît aucun dieu créateur. C'est une doctrine non théiste qui ne nécessite pas la présence d'intermédiaire entre l'homme et son salut ; donc point de prêtre ni de brahmane. L'homme peut parvenir seul à l'état de nirvana. Pour cela, il n'a pas à transformer son environnement. La libération du désir, cause de toutes ses souffrances, s'obtiendra par des actes individuels, la discipline (mais non l'ascétisme, jugé inutile et dangereux !) et la contemplation.
De plus, le fidèle ne pense pas que le bouddhisme Theravāda puisse expliquer tous les mystères de la nature. Ce genre de fatalisme (autre nom de la sagesse ?) profite bien aux militaires au pouvoir à Yangon qui usent et abusent de la crédulité du petit peuple.

Pour un adepte de cette voie Theravāda, le repli dans la contemplation et l'abstinence demeure la voie royale de la libération.

Le bouddhisme Mahāyāna ou « Grand Véhicule » (du Nord)

La deuxième branche du bouddhisme représente un courant de pensée qui s'est propagé en Chine, au Tibet, en Mongolie, en Corée et au Japon, sans oublier le Vietnam et l'Indonésie (le temple de Borobudur en est un bon exemple). Les pratiquants utilisent le sanscrit comme langue sacrée. Au contraire du Theravāda, le bouddhisme Mahāyāna cherche à transformer le monde non par l'abstention mais par l'action. Le détachement, le sourire ne sont plus de mise, l'action et la compassion priment. Pour les adeptes du Mahāyāna, il faut aider son prochain à parvenir à la délivrance afin de suivre les paroles du Bouddha : « Délivré, délivre. Arrivé sur l'autre rive, fais-y parvenir les autres. » C'est le bodhisattva, qui, parvenu aux dernières étapes de la sagesse, renonce à « s'éteindre » dans le nirvana pour aider les autres à parvenir à la délivrance. Cette vision du rôle du bodhisattva est absente dans le Theravāda.

Le bouddhisme thaïlandais

Proportionnellement, il doit y avoir plus de temples en Thaïlande que d'églises à Rome. C'est dire comme le bouddhisme est présent dans la vie quotidienne des Thaïlandais même si, depuis quelques années, on observe une désaffection pour la religion, due à la fois au développement de la société de consommation et aux dérives de certains membres du clergé (cas d'enrichissement personnel notamment), qui détournent des temples une partie de la population.

Les temples sont des lieux ouverts et conviviaux, où l'on vient pour tout un tas de raisons (mariages, funérailles, prières...). Les moines, surtout dans les villages, interviennent dans les affaires courantes et sont sollicités pour donner leur avis, un peu comme les curés en Occident, il n'y a pas si longtemps. Outre les images du Bouddha, très vénérées, les Thaïlandais ont aménagé leur bouddhisme en y incluant une foule de démons et d'esprits.

Pour un Occidental, le bouddhisme thaï apparaît comme une religion tolérante, plutôt cool et souriante, très imbriquée dans la vie des gens.

Les Thaïlandais, bouddhistes à 94 %, doivent mener, au moins une fois au cours de leur existence et pour une période variable, une vie de moine en revêtant la robe safran. Certains travaillent bénévolement à la construction ou à la réfection des temples. Tous apportent aux statues du Bouddha de nombreuses offrandes (fleurs, cierges...) et subviennent aux besoins quotidiens des moines.

Les nonnes

Le monastère des nonnes bouddhistes ressemble à celui des hommes, sauf que les bâtiments communautaires comme le *sala* et le *bot* y sont généralement plus petits. Le public n'y est pas admis.

En Thaïlande, les nonnes sont entièrement vêtues de blanc. Elles ne sont que des novices, des *mèchis,* le resteront toute leur vie et ne jouiront jamais du prestige des bonzes. La faute en revient au Bouddha, qui ne voulait pas fonder d'ordre féminin, malgré les demandes incessantes des femmes. Il finit tout de même par céder aux instances de sa tante, mais édicta huit règles très sévères et les plaça sous la dépendance totale des bonzes. Comme elles ne doivent pas sortir du monastère pour quêter, ce sont les bonzes qui partagent avec elles la nourriture qui leur a été donnée. C'est la raison pour laquelle les monastères des femmes sont toujours jumelés avec ceux des hommes. En somme, comme la plupart des religions, le bouddhisme est misogyne. Les femmes sont considérées comme impures et n'ont pas le droit de toucher un moine. Et pour « avancer » dans l'échelle des réincarnations, une femme devra d'abord se réincarner en homme...

MISOGYNES, LES BOUDDHISTES ?

Pour avancer dans l'échelle des réincarnations, une femme devra d'abord se réincarner en... homme ! Elles ne sont pas autorisées à toucher les bouddhas sacrés, notamment pour aller coller les petits carrés d'or. En général, les espaces interdits aux femmes sont indiqués par des rangées de pots de fleurs. Si vous transgressez, mesdames, un espace réservé, on vous le fera vite comprendre d'un regard réprobateur !

Le temple bouddhique

Le temple bouddhique thaïlandais, le *wat,* regroupe un ensemble de bâtiments religieux, souvent d'époques et/ou de styles variés. Centre de la vie socioculturelle, le *wat* remplit de nombreuses fonctions : lieu de culte, d'enseignement, de réunion, d'échanges...

Le bot

Sanctuaire principal du *wat,* le *bot,* ou *ubosot,* est une salle de plan rectangulaire à nef unique avec des bas-côtés. Consacrée à la psalmodie des textes sacrés et aux ordinations monastiques, elle est délimitée par huit bornes *(bais simâs),* plus ou moins hautes et ouvragées selon l'importance du *wat,* que personne ne doit dépasser lors d'une cérémonie. Considéré comme sacré, ce périmètre est soustrait à toute juridiction laïque.

Le vihara

Grande salle où moines et fidèles se rassemblent pour écouter les sermons. Elle renferme des représentations du Bouddha ainsi que les objets sacrés du temple. La salle est rectangulaire, avec des toits en pente sur plusieurs niveaux, aux extrémités décorées de *chofa* (« pointe du toit »).

Le sala

C'est l'un des premiers bâtiments que l'on rencontre en arrivant dans un monastère : sorte de grand hall dans lequel les bonzes se réunissent, matin et soir, pour la psalmodie des textes sacrés. Les fidèles y circulent pour leur propre méditation, pour assister aux offices, ou encore pour y écouter des sermons. Mais on peut aussi y prendre ses repas, parler et même dormir ! Au fond trône une grande statue du Bouddha, entourée par de plus petites qui sont des donations de fidèles. Aux extrémités, il y a parfois de drôles de « décorations », différentes selon les donateurs et le message que veut faire passer le supérieur du temple. C'est ainsi que l'on peut y trouver, dans des cages en verre, un authentique squelette humain ou un bocal avec un fœtus d'enfant mort-né. Assez macabres, les Thaïlandais aiment à rappeler que « tout est éphémère, tout est souffrance » !

Les autres bâtiments

Le *bot,* le *vihara* et le *sala* forment, avec le réfectoire des moines, les bâtiments communautaires principaux. Les bonzes vivent autour, dans de petites huttes appelées *kutis,* ou dans des bâtiments quand la place vient à manquer. C'est là qu'ils passent le plus clair de leur temps à méditer, recevoir des visiteurs, se reposer... Ils sont entièrement libres et personne ne contrôle ce qu'ils font.
D'autres bâtiments composent un temple, dont le *chedî,* une tour-reliquaire contenant des reliques du Bouddha, d'un saint homme ou d'un personnage royal. Le *chedî* est souvent à l'origine de la construction d'un *wat.* Sa forme de dôme, ou de cloche, est surmontée d'un empilement de parasols.
On peut aussi trouver un clocher qui sert à rythmer la journée des moines, des *ho trai* (ou bibliothèques) et un crématorium.

Petit glossaire pour circuler dans un temple

– *Wat :* nom du monastère bouddhique regroupant les divers édifices religieux.
– *Bot ou ubosot :* salle de réunion des moines dans le monastère (le *wat*), réservée aux seuls religieux et où se pratiquent les ordinations.
– *Vihara ou vihan :* de tradition indienne, cette salle abrite des images du Bouddha et sert de salle d'assemblée pour les fidèles.
– *Phra chedî ou chedî :* sorte de monument funéraire, désigne tous les édifices contenant des reliques. Définit plus spécialement le stupa.
– *Stupa :* dôme contenant des reliques bouddhiques ou servant d'objet de culte. Devenu très tôt le monument par excellence du bouddhisme, il est chargé d'un symbolisme très élaboré. Il s'agit soit d'un édifice contenant des reliques du Bouddha, soit d'un monument commémoratif. Il se compose d'un dôme surmonté d'un empilement de parasols.
– *Mondop :* prononciation thaïe du *mandala,* en sanskrit, qui est la salle de réunion des fidèles.
– *Prang :* terme utilisé pour désigner un sanctuaire carré, élevé avec de très hauts soubassements et une toiture importante. Le *prang* rappelle le *prasat* khmer (style d'Angkor Vat), mais en étant encore plus élevé. Il est caractéristique de l'architecture des périodes d'Ayutthaya et de Bangkok.
– *Prasat :* tour-sanctuaire.
– *Dvârapâla :* le gardien de la porte. Le gardien à droite de la porte a une expression bienveillante, tandis que celui de gauche a une expression terrible. À la fin de la période d'Ayutthaya, tous prennent l'apparence de *yaksha* au masque terrifiant.
– *Chofa :* ce sont les ornements qui sont au sommet des pignons sur les toitures à double pente. Ils représentent le plus souvent des serpents *nāga,* ou des oiseaux comme les *hamsa.*

Rites et superstitions

Les nāga

Les *nāga* (serpents) sont issus des anciennes croyances khmères. Ils servaient de décorations sur les ponts enjambant les douves. Le *nāga* permet de mettre en évidence le lien existant entre le monde des humains et celui des dieux, entre le ciel et la terre. Il est aussi, dans la tradition bouddhique, l'animal qui protégea le Bouddha des intempéries, durant sa première longue méditation transcendantale, en se dressant au-dessus de lui, par-derrière, sa large tête de cobra faisant office de pébroque (ce *nāga* bouddhique est alors souvent représenté à sept têtes, ça protège mieux). Le serpent relie donc le sacré à l'homme : le ciel à la terre, l'esprit au prophète.

Le culte du roi-dieu

Héritage khmer, le culte du roi-dieu *(deveraja)* est encore présent. Le *prasat,* la tour-sanctuaire, perçu comme le centre de l'univers, devait abriter les dieux. Les *prasat* servent maintenant à abriter les statues des rois, comme celui du Wat Phra Keo de Bangkok.

Libérer un oiseau

Dans le bouddhisme, une des vertus principales est le respect de la vie sous toutes ses formes. Ce qui peut conduire à des excès, voire des aberrations. Un des actes de piété est de rendre la liberté à des êtres captifs. Il faut donc capturer oiseaux ou poissons dans le seul but de les vendre à la sortie des temples et des monastères. N'encouragez pas ces conduites en achetant la liberté de ces animaux, nés le plus souvent en captivité et qui, s'ils ne retrouvent pas le chemin de leur prison, meurent. D'autant qu'en libérer un, c'est en emprisonner un autre (eh oui, pour le remplacer). Ne marchons pas dans cette combine !

Les porte-bonheur

Dans toutes les pagodes de ville, on assiste à une pratique divinatoire qui n'a pourtant rien de spécifiquement bouddhique. Qu'en penserait le Bouddha ? Il la rangerait sûrement au rang des superstitions, mais c'est sans doute la superstition la plus populaire de tout le bouddhisme. Après avoir prié devant le Bouddha, il est possible de connaître son avenir grâce à la méthode des « bâtonnets ». Une vingtaine de bâtonnets sont disposés dans une boîte ronde, ouverte. Il faut la prendre dans ses mains et la secouer jusqu'à ce que l'un des bâtonnets tombe. Ce bâtonnet porte des inscriptions sibyllines que le bonze interprète, contre une offrande bien sûr !

LADYBOY

En Thaïlande, les kathoey *sont plus facilement acceptés que dans les sociétés occidentales. Faut dire que chez les bouddhistes, les transsexuels ont la réputation de porter bonheur. Ils sont d'ailleurs plus nombreux en Thaïlande et on les rencontre surtout dans les métiers dits « féminins » : coiffure, restauration, cabaret...*

Donnez une petite pièce à une icône représentant un dieu, et vous serez aspergé d'eau bénite. Si l'on veut rester sec, il est possible d'acheter toutes sortes d'amulettes aux bonzes, touffes de fils jaunes et bleus portant bonheur, petits bracelets en bois, images du Bouddha... destinés à une population toujours fascinée par ce qui a trait à la magie.
Enfin, dans de nombreux temples, de beaux gongs peuvent être frappés, du poing s'il n'y a pas de frappe-gong à disposition, pour former un vœu. C'est joli et ça marche (si, si !).

Les compositions florales

Tout dans la vie des Thaïlandais est prétexte à une offrande (promenade en famille, accueil d'un visiteur...). L'offrande la plus prisée est la fleur, petite image terrestre du Bouddha. Les trois offrandes les plus courantes sont les suivantes.

– ***Les malai :*** ce sont les colliers de fleurs, confectionnés de boutons de jasmin, de roses, de pâquerettes africaines ou d'orchidées. Leur fonction est principalement religieuse ; ce sont les offrandes des temples et lieux de pèlerinage. Mais, suspendus au rétroviseur des voitures, *tuk-tuk,* « longue-queue » ou tout autre moyen de transport, ces grigris odorants et éphémères sont un gage de bonne route, de chance.
– ***Les bai-sri :*** compositions pyramidales, constituées principalement de feuilles de bananier très soigneusement pliées. C'est le gage que l'on offre aux nouveau-nés, aux jeunes mariés, pour l'obtention d'un premier poste... comme promesse de bonheur et de réussite. Si l'on ajoute du riz, un œuf dur et des fruits en son centre, on obtient un *bai-sri chan.*
– ***Les jad pan :*** ce sont de gros boutons de lotus, formés par des fleurs de couleur, offerts lors des mariages. La forme du bouton de lotus représente le signe de la pureté, de la beauté, mais aussi de leur caractère éphémère.

Les maisons aux esprits

À côté de la plupart des immeubles – anciens et nouveaux – se dresse une sorte de petite pagode colorée, posée sur un pilier. Cette demeure miniature abrite l'esprit de la maison, le *phra phum.* En effet, lorsque la construction d'un bâtiment quelconque est envisagée en Thaïlande, la première chose à faire est de trouver, dans le jardin, une place favorable à l'édification de la maisonnette où pourront se réfugier les esprits *(phi)* un moment délogés. La sélection de l'emplacement et l'aménagement de cette « maison d'esprits » sont du ressort exclusif d'une personne initiée : on ne place pas n'importe où une demeure réservée aux *phi* (surtout pas en un endroit qui risquerait de se trouver ombragé par l'immeuble), et un jour de bon augure doit être choisi pour la cérémonie d'installation des âmes dans leurs appartements.
On y dépose un bouquet de fleurs, quelques bâtonnets d'encens et plusieurs bougies. Lorsqu'un étranger est invité, il doit tout d'abord demander la permission d'entrer, faute de quoi il risquerait de très mal dormir. S'il ne respecte pas cette coutume, les esprits viendront au cours de la nuit s'installer sur sa poitrine, ce qui engendre toujours, c'est bien connu, d'horribles cauchemars. Et le matin, il convient de les saluer avant de nourrir l'espoir de passer une bonne journée, de leur présenter l'une ou l'autre offrande si l'on aspire à voir quelque souhait exaucé. Par ailleurs, le propriétaire qui s'enrichit et décide d'embellir et de moderniser son habitation sait que l'oubli de parer en conséquence la maison des esprits risque de lui jouer de très mauvais tours.

SAVOIR-VIVRE ET COUTUMES

Un certain savoir-vivre est utile. Concernant les coutumes, il y en a quelques-unes à respecter et qui ne sont vraiment pas contraignantes. Voici quelques principes.
– ***Retirer ses chaussures :*** chez la plupart des particuliers, dans certaines *guesthouses,* boutiques et certains lieux ouverts à la visite (en tout cas les temples et parfois les musées). Bref, le mieux est d'opter pour des tongs ou assimilés, si vous ne voulez pas passer votre temps à faire et défaire vos lacets.
– ***Interdiction de fumer*** dans les lieux publics (halls d'hôtels, restos, bars). Ces mêmes lieux ferment aussi désormais à 1h du matin (sauf autorisation spéciale), dernier carat et pas une minute de plus... On ne plaisante pas.

– ***Le roi et la famille royale :*** ils sont très respectés. Si l'hymne national retentit en pleine rue (c'est parfois le cas dans les villes à 8h et/ou à 18h), si le portrait royal apparaît au cinéma avant le film, il faut se lever. C'est simple, il suffit de faire comme tout le monde. Gardez-vous surtout de critiquer ouvertement la monarchie thaïe, car toute insulte publique à l'encontre du roi est passible de prison. On n'abordera même pas le sujet royal, c'est préférable, car on ne sait jamais où l'on met les pieds. Et, s'il vous plaît, pas de commentaire sur la vie dissolue de l'actuel monarque avant son accession au trône fin 2016... On évitera aussi (autant que faire se peut) de marcher sur une pièce de monnaie (ou un billet) portant le royal profil.

– ***Dans les temples bouddhiques :*** il faut enlever ses chaussures et, lorsqu'on s'assied, s'arranger pour ne pas mettre ses pieds face au Bouddha : c'est sacrilège. Le mieux est d'adopter la position des locaux, jambes repliées sous les fesses. Mais bon, quand on n'a pas l'habitude, c'est rapidement douloureux... Ensuite, il faut s'y présenter en tenue décente. En règle générale, si une femme veut offrir quelque chose à un moine, elle doit d'abord le donner à un homme qui le lui remettra. Toutes les images ou sculptures du Bouddha, petites ou grandes, même abîmées ou en ruine, sont des objets sacrés. On évite également de les pointer du doigt.

– ***Dans les bus :*** n'occupez pas les sièges à l'avant des bus. Ils sont généralement réservés aux moines, tenus d'éviter tout contact physique avec les femmes.

– ***Se saluer poliment :*** en général, les Thaïlandais ne se serrent pas la main. Le salut traditionnel est le *wai*, c'est-à-dire les deux mains jointes, avec une légère inclination du buste, comme pour prier... encore que son utilisation, soumise à des règles bien précises, soit hasardeuse. Très souvent, le *wai* traduit l'expression d'une inégalité. C'est toujours à l'inférieur (ou au plus jeune) que revient l'initiative du geste, et la réponse se limite souvent à un léger sourire. Pas d'impair, ne « waiez » jamais un enfant, ni même une femme de chambre, vous les verriez gênés. En somme, utilisez de préférence votre sourire, c'est facile et – les Thaïlandais en sont la preuve – ça rend beau. Attendez-vous à être appelé plutôt par votre prénom. C'est l'usage ici, généralement précédé de *khun* (M., Mme ou Mlle).

– ***Au restaurant :*** on ne partage pas l'addition. La règle est simple : celui qui invite paie pour toute la table. Si aucune invitation n'a été faite, c'est au supérieur de se dévouer (aucune exception cette fois, l'égalité n'existe pas en Thaïlande !). À table, on mange habituellement avec une cuillère, la fourchette servant seulement à pousser les aliments dans celle-ci. Il n'y a jamais de couteau, et les baguettes sont réservées aux restos chinois.

– ***Les gestes du corps :*** on ne doit jamais toucher la tête de quelqu'un (même d'un enfant), car c'est le siège de son âme, et ce geste peut être considéré comme du mépris envers cette personne. Le pied étant la partie la moins noble du corps, il faut éviter de montrer quelqu'un du pied, ou de l'enjamber s'il est au sol, c'est très irrespectueux.

– ***Les gestes impudiques :*** ceux et celles qui ont une libido exaltée remarqueront que le geste le plus licencieux des amoureux en Thaïlande est de se tenir par la main ! Même si les Thaïlandais occidentalisent leurs comportements à vue d'œil, le code pénal punit sévèrement tous les sacrilèges : la sanction 206, par exemple, prévoit un maximum de 3 mois de prison ou une amende pour tout geste ou attitude visant à insulter la religion... Comme dans le reste de l'Asie où la pudeur en public est plus forte qu'en Europe, il convient d'adopter une attitude réservée.

Il n'est pas facile de considérer qu'un geste « normal » chez nous puisse être source d'offense pour le pays hôte. Nul doute que la légère baisse de l'accueil des Thaïlandais envers les Occidentaux trouve son explication en partie dans ce manque de retenue des touristes. Il a beau faire chaud, on ne se balade pas plus torse nu ou en maillot de bain à Bangkok qu'à Paris. Il ne s'agit pas de pudibonderie, mais de simple respect.

– ***Dans les boutiques :*** on ne tient pas la porte quand on entre ou quand on sort. Donc, on ne vous tiendra pas la porte, et ce ne sera pas malpoli !

– ***Ne pas s'énerver et toujours sauver « la face » :*** montrer des signes d'énervement, de perte de sang-froid, hausser le ton sont des attitudes considérées comme déplacées, voire dégradantes pour celui qui les arbore. Elles indiquent un signe de faiblesse. Le Thaïlandais, face à ce type de comportement, peut perdre lui aussi son flegme, notamment si vous le mettez en cause. Dans une société où la dernière des hontes est de perdre la face en public, il se sentira menacé (surtout si des témoins assistent à la scène). Donc, si vous avez un problème avec un hôtelier ou autre, veillez à régler la situation discrètement, jamais devant témoins.

– ***Garder le sourire :*** le sourire légendaire des Thaïs est utilisé à toutes les sauces. À côté de la bienvenue ou de l'amusement (et Dieu sait si la vie est *sanouk* – rigolote – en Thaïlande), il fait aussi office d'excuse ou d'esquive ; ça évite ainsi dans de nombreuses situations d'avoir à s'expliquer et éventuellement d'en venir à des mots ou des gestes que l'on pourrait regretter plus tard.

– ***Respecter l'environnement :*** il vous faudra également être vigilant dans les rues, où le respect du cadre environnant est pris particulièrement au sérieux. Pour tout crachat ou papier négligemment abandonné par terre, vous pourrez vous voir infliger une amende de 100 €. Ainsi les fumeurs apprendront-ils à rouler leur mégot entre leurs doigts pour l'éteindre, et jeter ensuite le filtre dans une poubelle. Et ce, même dans les endroits que vous trouverez sales en arrivant. On n'est pas à une contradiction près.

Les massages : une vieille tradition

Venue d'Inde et de Chine, la tradition des massages a toujours été plus ou moins liée à la philosophie bouddhique qu'elle met en pratique à travers les quatre états de l'esprit divin enseignés par « l'Illuminé » (la bonté, la compassion, la joie de vivre et la sérénité). Cela explique pourquoi, dans le passé, une salle était réservée à cet effet dans chaque temple.

Mais au-delà de cet aspect spirituel, le massage est une pratique très répandue en Thaïlande : la mère apprend aux filles, qui massent le père, qui les masse à son tour, et l'on se masse entre soi le plus naturellement du monde. C'est un acte quotidien, familial, de réconfort et de convivialité. Et il y a bien sûr des écoles (notamment la fameuse école du *Wat Pho* – วัดโพธิ์ à Bangkok, par exemple), où sont enseignés les trois principaux types de massage : massage traditionnel complet (tout le corps travaillé pendant 2h), massage aux herbes et massage du pied. Ce dernier a d'ailleurs pris une ampleur incroyable. Tout le monde le propose. Certains ne sont que des peloteurs d'orteils améliorés, mais ça ne peut pas faire de mal.

Puis il y a les massages sexuels pratiqués dans des salons aux vitres fumées (souvent appelés *parlours*), où les masseuses sont effectivement expertes en sexe, bien plus qu'en massage. Mais le client y perd vite la tête et le porte-monnaie. Toutefois, il faut savoir que la limite n'est pas aussi nette : dans certains

salons traditionnels, des femmes peuvent parfois proposer des massages moins classiques, sans toutefois le faire systématiquement ni sur commande. Elles cherchent simplement à arrondir leurs fins de mois, même si la prostitution n'est pas leur métier.
Cela dit, la plupart des massages proposés dans certaines *guesthouses* (et habituellement pratiqués par de vieux Chinois) ou au bord des plages du Sud (uniquement par des femmes de tous âges) sont tout à fait sages et de qualité. Il s'agit souvent d'un sympathique massage relaxant, et ça fait du bien. N'hésitez pas à préciser « cool » ou « medium ». Il ne faut pas, en tout cas, quitter la Thaïlande sans avoir essayé le massage traditionnel complet, où pressions, tensions et torsions vous réveilleraient un mort – et c'est vrai, on revit !

SPORTS ET LOISIRS

La boxe thaïlandaise – *muay thai*

La violence, escamotée dans les rapports excessivement polis du quotidien, s'exprime à fond dans ce sport national. Le combat est impitoyable : on se sert non seulement des poings, mais aussi des genoux, des coudes et des pieds.
Le spectacle est également dans la salle. Si vous avez le temps et l'humeur adéquate, il faut assister à un match de boxe thaïe à Ratchadamnoen – ราชดำเนิน, sur Ratchadamnoen Nok – ราชดำเนินนอก. Expérience inoubliable ! Les Thaïlandais, le *mekong* ou la bière aidant, se laissent parfois aller à des attitudes rarement visibles dans la rue. L'atmosphère est survoltée, le public hurle, scande les coups. Ouvrez donc vos yeux d'ethnologue ! La boxe thaïe, c'est aussi un sport d'argent, de parieurs. De fortes sommes sont misées sur l'une des têtes présentes sur le ring, les biftons circulent de main en main selon un système obscur.
Avant le combat proprement dit, observez la curieuse gestuelle de chaque protagoniste, à cheval entre le yoga et l'expression corporelle. Ce rituel personnalisé constitue en fait une prière, une sorte d'incantation, exécutée sur des musiques traditionnelles interprétées par un petit orchestre qui rythmera ensuite les coups. La délicatesse de ces premiers gestes contraste d'autant avec la violence des coups que les adversaires échangent ensuite durant le combat.

TU POINTES OU TU TIRES ?

La petong, c'est la version thaïe de notre pétanque, peuchère ! On compte plus de 2 millions de joueurs à travers tout le royaume. C'est le deuxième sport pratiqué dans le pays, il est même enseigné dans les écoles ! C'est la reine mère qui, lors d'un voyage en Suisse (pas à Marseille) dans les années 1970, est tombée sous le charme du jeu. À son retour, elle a initié ses proches et le tour était joué. De quoi refiler les boules à plus d'un Marseillais !

La plongée sous-marine

La Thaïlande compte quelque 2 614 km de côtes bordées de plages, avec, au large, de petites îles paradisiaques clairsemées. L'appel y est irrésistible ! Le *golfe de Thaïlande* se prête particulièrement à l'exercice de la plongée sous-marine avec bouteille de juin à octobre. La visibilité sous-marine est variable et dépend de la température de l'eau (autour de 28 °C), mais aussi du plancton en suspension qui attire périodiquement raies mantas gracieuses et requins-baleines débonnaires. Respectez absolument cet environnement délicat. N'apportez pas de nourriture aux poissons, ne prélevez rien, et attention où vous mettez vos palmes !

Jetez-vous à l'eau !

Pourquoi ne pas profiter de votre escapade dans ces régions où la mer est souvent calme, chaude, accueillante, et les fonds riches et colorés, pour vous initier à la plongée sous-marine ? Quel bonheur de virevolter librement au-dessus d'un nid de poissons-clowns... Certes, un type de corail brûle, quelques rares poissons piquent, on parle (trop) des requins... Mais la crainte des non-plongeurs est disproportionnée par rapport aux dangers réels de ce milieu. Les plus peureux s'essaieront au ***snorkelling,*** une plongée avec masque, palmes et tuba, au bord de l'eau. Mais **attention aux coups de soleil dans le dos qui peuvent provoquer des insolations** : prévoyez votre crème waterproof, ou, mieux, un vieux T-shirt qui vous protégera !

Pour faire vos premières bulles, pas besoin d'être sportif ni bon nageur. Il suffit d'avoir au moins 8 ans et d'être en bonne santé. Sachez que l'usage de certains médicaments est incompatible avec la plongée. De même, nos routardes enceintes s'abstiendront formellement de toute incursion sous-marine. Sauf pour le baptême, un certificat médical vous est normalement demandé, et c'est dans votre intérêt. L'initiation des enfants requiert un encadrement qualifié dans un environnement adapté (petit fond, sans courant, matériel spécial).

Non, la plongée ne fait pas mal aux oreilles ; il suffit de souffler gentiment en se bouchant le nez. Il ne faut pas forcer dans cet étrange « détendeur » que l'on met dans la bouche, au contraire. Et le fait d'avoir une expiration active est décontractant puisque c'est la base de toute relaxation. Être dans l'eau modifie l'état de conscience et de perception, car les paramètres du temps et de l'espace sont changés : on se sent (à juste titre) ailleurs. En contrepartie de cet émerveillement, suivez impérativement les règles de sécurité, expliquées au fur et à mesure. En vacances, c'est le moment ou jamais de vous jeter à l'eau... Attention : pensez à respecter un intervalle de 12 à 24h avant de prendre l'avion, afin de ne pas modifier le déroulement de la désaturation.

C'est la première fois ?

Alors l'histoire commence par un baptême ; une petite demi-heure pendant laquelle le moniteur s'occupe de vous et vous tient la main. Laissez-vous aller au plaisir ! Vous ne devriez pas descendre au-delà de 5 m. Pour votre confort, sachez que la combinaison doit être le plus ajustée possible afin d'éviter les poches d'eau qui vous refroidissent. Puis l'aventure se poursuit par un apprentissage progressif...

Les centres de plongée

En Thaïlande, les clubs sont tous affiliés aux organismes internationaux mondialement reconnus : *PADI (Professional Association of Diving Instructors)* ou *CMAS (Confédération mondiale des activités subaquatiques).* L'encadrement est assuré par des instructeurs certifiés – véritables professionnels de la mer –, qui maîtrisent le cadre des plongées et connaissent tous les spots sur « le bout des palmes » (écoutez attentivement les briefings !).

Un bon centre de plongée est un centre qui respecte toutes les règles de sécurité, sans négliger le plaisir. Méfiez-vous d'un club qui vous embarque sans aucune question préalable sur votre niveau ; il n'est pas « sympa », il est dangereux. Regardez si le centre est bien entretenu (rouille, propreté...), si le matériel de sécurité obligatoire (oxygène, trousse de secours, radio...) est à bord, s'il n'y a pas trop de plongeurs par moniteur (six maximum), et si vous n'avez pas trop à porter l'équipement. Les diplômes des instructeurs doivent être affichés. N'hésitez pas à vous renseigner, car vous payez pour plonger. En échange, vous devez obtenir les meilleures prestations... Enfin, à vous de voir si vous préférez un club genre « usine bien huilée » ou une petite structure souple. Dans la mesure du possible, ce sont ceux que nous privilégions.

Les centres proposent généralement des prestations à la journée *(day trips)*, comprenant deux plongées et un casse-croûte selon l'endroit où vous passez vos vacances. Sachez que Ko Chang est une destination plongée assez chère.

Formation et brevets

Partout dans le monde, les centres de plongée délivrent des enseignements aux standards *PADI* ou *CMAS*, dont les degrés sont presque équivalents. Les routards plongeurs pourront suivre et enchaîner aisément, au gré de leurs pérégrinations. L'apprentissage débute ainsi par le brevet d'*Open Water Diver (PADI)* ou *1 étoile (CMAS)*, dont l'ambition est de rendre autonome – jusqu'à 20 m de fond – un plongeur au sein d'une palanquée ; compter de 10 000 à 12 000 Bts pour 4 jours de formation. Puis on enchaîne avec l'*Advanced Open Water Diver (PADI)* ou *2 étoiles (CMAS)*, de 7 000 à 11 000 Bts, en 2 jours, qui permet de pousser à 30 m de fond (40 m pour le *CMAS*) et d'être autonome, accompagné d'un binôme (le *buddy*) de même niveau. On passe ensuite le *Rescue Diver (PADI)* ou *3 étoiles (CMAS)*, de 10 000 à 12 000 Bts, sur 2 jours également. Enfin, le diplôme de *Divemaster (PADI)* ou *4 étoiles (CMAS)* prépare les futurs instructeurs à l'encadrement ; compter alors de 20 000 à 30 000 Bts pour les 3 semaines de formation. Attention, suite à l'augmentation du prix du carburant et des affiliations *PADI*, une augmentation de 10 % minimum est envisagée.

Chaque brevet apporte une autonomie supplémentaire. Certains clubs font ainsi entrer des sous dans la caisse en autorisant des passages de degrés en enfilade ! On conseille d'étaler le passage de brevet dans le temps. Tous les centres délivrent un carnet de plongée, ou *log-book*, qui retracera votre expérience et réveillera vos bons souvenirs une fois les vacances terminées. Gardez-le soigneusement et pensez toujours à emporter ce précieux « passeport » en voyage.

Reconnaissance internationale

Les centres *PADI* étant de loin les plus répandus en Thaïlande, nos routards plongeurs déjà brevetés tâcheront d'obtenir une équivalence internationale de leurs brevets auprès des organismes *CMAS, NAUI* ou *SSI*.

Dans tous les cas, sachez que si vous êtes déjà plongeur, pour votre première plongée en Thaïlande, le chef de palanquée vous demandera peut-être quelques petits exercices du style vidage de masque, interprétation de signes, récupération de détendeur... histoire de se remettre dans le bain.

Tour-opérateurs spécialisés dans la plongée

■ ***Ultramarina :*** *2 ter, rue des Olivettes, CS 33221, 44032 Nantes Cedex 1. À Paris : 29, rue de Clichy, 75009. ☎ 0825-029-802 (0,15 €/mn). • ultramarina.com •* Organise les voyages individuels.

■ ***Aeromarine :*** *22, rue Royer-Collard, 75005 Paris. ☎ 01-43-29-30-22. • aeromarine.fr • RER B : Luxembourg.*

Le golf

C'est la nouvelle mode en Thaïlande. On compte de plus en plus d'aficionados au royaume de Siam. Les greens poussent comme des champignons, notamment dans les environs de Bangkok. Site à consulter : *• golfasian.com •*

les ROUTARDS sur l'ÉTRANGER 2018-2019

(dates de parution sur • **routard.com** •)

Découpage de l'ESPAGNE par le ROUTARD

Découpage de l'ITALIE par le ROUTARD

Autres pays européens

- Allemagne
- Angleterre, Pays de Galles
- Autriche
- Belgique
- Crète
- Croatie
- Danemark, Suède
- Écosse
- Finlande
- Grèce continentale
- Hongrie
- Îles grecques et Athènes
- Irlande
- Islande
- Madère
- Malte
- Norvège
- Pays baltes : Tallinn, Riga, Vilnius
- Pologne
- Portugal
- République tchèque, Slovaquie
- Roumanie, Bulgarie
- Suisse

Villes européennes

- Amsterdam et ses environs
- Berlin
- Bruxelles
- Budapest (mars 2018)
- Copenhague
- Dublin
- Lisbonne
- Londres
- Moscou
- Naples (décembre 2017)
- Porto (janvier 2018)
- Prague
- Saint-Pétersbourg
- Stockholm
- Vienne

les ROUTARDS sur l'ÉTRANGER 2018-2019

(dates de parution sur • *routard.com* •)

Découpage des ÉTATS-UNIS par le ROUTARD

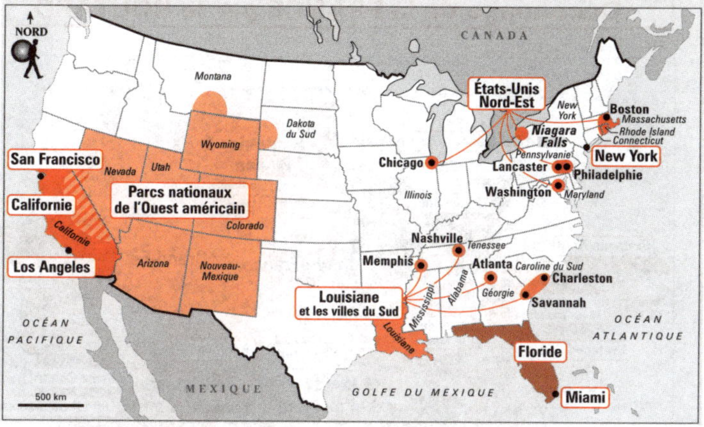

Autres pays d'Amérique

- Argentine
- Brésil
- Canada Ouest
- Chili et île de Pâques
- Colombie (avril 2018)
- Costa Rica
- Équateur et les îles Galápagos
- Guatemala, Yucatán et Chiapas
- Mexique
- Montréal
- Pérou, Bolivie
- Québec, Ontario et Provinces maritimes

Asie et Océanie

- Australie côte est + Red Centre
- Bali, Lombok
- Bangkok
- Birmanie (Myanmar)
- Cambodge, Laos
- Chine
- Hong-Kong, Macao, Canton
- Inde du Nord
- Inde du Sud
- Israël et Palestine
- Istanbul
- Jordanie
- Malaisie, Singapour
- Népal
- Shanghai
- Sri Lanka (Ceylan)
- Thaïlande
- Tokyo, Kyoto et environs
- Turquie
- Vietnam

Afrique

- Afrique du Sud
- Égypte
- Kenya, Tanzanie et Zanzibar
- Maroc
- Marrakech
- Sénégal
- Tunisie

Îles Caraïbes et océan Indien

- Cuba
- Guadeloupe, Saint-Martin, Saint-Barth
- Île Maurice, Rodrigues
- Madagascar
- Martinique
- République dominicaine (Saint-Domingue)
- Réunion

Guides de conversation

- Allemand
- Anglais
- Arabe du Maghreb
- Arabe du Proche-Orient
- Chinois
- Croate
- Espagnol
- Grec
- Italien
- Japonais
- Portugais
- Russe
- G'palémo (conversation par l'image)

Livres-photos Livres-cadeaux

- Voyages (octobre 2017)
- Nos 120 coins secrets en Europe (octobre 2017)
- Les 50 voyages à faire dans sa vie
- 1200 coups de cœur dans le monde
- 1200 coups de cœur en France
- Nos 52 week-ends dans les plus belles villes d'Europe

les ROUTARDS sur la FRANCE 2018-2019

(dates de parution sur • *routard.com* •)

Découpage de la FRANCE par le ROUTARD

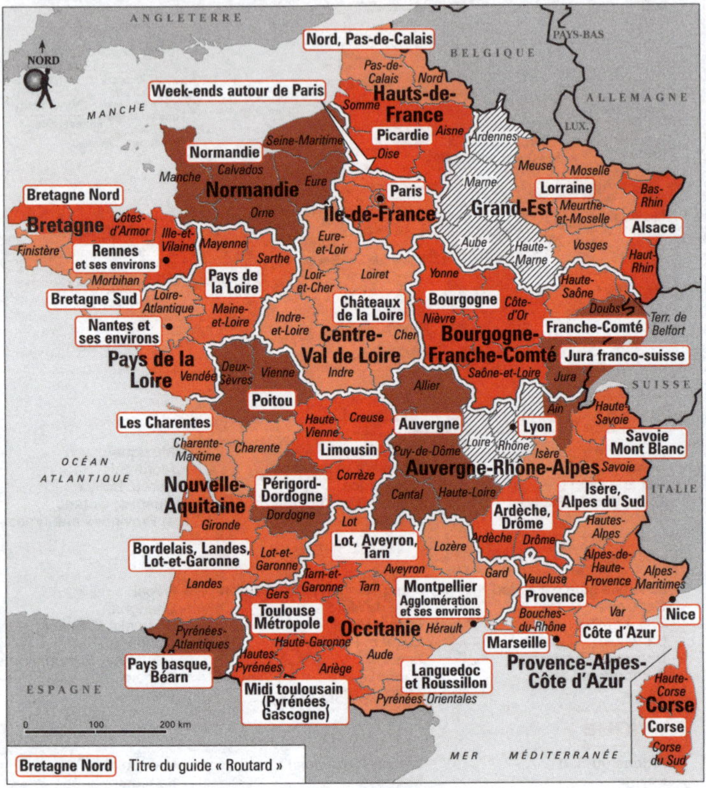

Autres guides sur la France

- Hébergements insolites en France
- Canal des deux mers à vélo (mars 2018)
- La Loire à Vélo
- Paris – Île-de-France à vélo (juin 2018)
- La Vélodyssée (Roscoff-Hendaye)
- Nos meilleurs campings en France
- Nos meilleures chambres d'hôtes en France
- Nos meilleurs restos en France
- Les visites d'entreprises en France

Autres guides sur Paris

- Paris
- Paris balades
- Paris exotique (octobre 2017)
- Restos et bistrots de Paris
- Le Routard des amoureux à Paris
- Week-ends autour de Paris

Nous tenons à remercier tout particulièrement Loup-Maëlle Besançon, Thierry Bessou, Gérard Bouchu, François Chauvin, Grégory Dalex, Fabrice Doumergue, Cédric Fischer, Carole Fouque, Michelle Georget, David Giason, Claude Hervé-Bazin, Emmanuel Juste, Dimitri Lefèvre, Fabrice de Lestang, Romain Meynier, Éric Milet, Pierre Mitrano, Jean-Sébastien Petitdemange et Thomas Rivallain pour leur collaboration régulière.

Emmanuelle Bauquis
Jean-Jacques Bordier-Chêne
Michèle Boucher
Diane Capron
Laura Charlier
Agnès Debiage
Jérôme Denoix
Tovi et Ahmet Diler
Marjorie Dubois
Clélie Dudon
Sophie Duval
Jeanne Favas
Alain Fisch
Alexandra Fouchard
Guillaume Garnier
Nicolas George
Bérénice Glanger
Adrien et Clément Gloaguen
Léa Guinolas
Manon Guyot
Bernard Hilaire
Sébastien Jauffret
Céline Kamand
Jacques Lemoine
Aurore de Lombarès
Caroline Ollion
Martine Partrat
Odile Paugam et Didier Jehanno
Prakit Saiporn
Jean Tiffon
Jean-Luc et Antigone Schilling
Caroline Vallano

Direction : Nathalie Bloch-Pujo
Contrôle de gestion : Jérôme Boulingre et Adeline Cazabat Barrere
Secrétariat : Catherine Maîtrepierre
Direction éditoriale : Hélène Firquet
Édition : Matthieu Devaux, Olga Krokhina, Gia-Quy Tran, Julie Dupré, Emmanuelle Michon, Alba Bastida Díaz, Amélie Gattepaille, Ludmilla Guillet, Pauline Janssens, Margaux Lefebvre, Amélie Ramond, Flora Sallot, Elvire Tandjaoui et Clémence Toublanc
Préparation-lecture : Élisabeth Bernard
Cartographie : Frédéric Clémençon, Aurélie Huot et Thomas Dequeker
Fabrication : Nathalie Lautout et Audrey Detournay
Relations presse France : COM'PROD, Fred Papet. ☎ 01-70-69-04-69.
• *info@comprod.fr* •
Direction marketing : Adrien de Bizemont, Clémence de Boisfleury et Charlotte Brou
Contacts partenariats : André Magniez (EMD). • *andremagniez@gmail.com* •
Édition des partenariats : Élise Ernest
Informatique éditoriale : Lionel Barth
Couverture : Clément Gloaguen et Seenk
Maquette intérieure : le-bureau-des-affaires-graphiques.com, Thibault Reumaux et npeg.fr
Relations presse : Martine Levens (Belgique) et Maureen Browne (Suisse)
Régie publicitaire : Florence Brunel-Jars

INDEX GÉNÉRAL

LISTE DES CARTES ET PLANS

Remarque importante aux hôteliers et restaurateurs

Les enquêteurs du *Routard* travaillent dans le plus strict anonymat. Aucune réduction, aucun avantage quelconque, aucune rétribution n'est jamais demandé en contrepartie. Face aux aigrefins, la loi autorise les hôteliers et restaurateurs à porter plainte.

Avis aux lecteurs

Le Routard, ce n'est pas comme le bon vin, il vieillit mal. On ne veut pas pousser à la consommation, mais évitez de partir avec une édition ancienne. Les modifications sont souvent importantes.

Les réductions accordées à nos lecteurs ne sont jamais demandées par nos rédacteurs afin de préserver leur indépendance. Les hôteliers et restaurateurs sont sollicités par une société de mailing, totalement indépendante de la rédaction, qui reste donc libre de ses choix. De même pour les autocollants et plaques émaillées.

Avec routard.com, choisissez, organisez, réservez et partagez vos voyages !

✓ Rejoignez la plus grande communauté francophone de voyageurs : de **2,2 à 2,6 millions de visiteurs uniques (par mois!).**

✓ Échangez avec les routarnautes : forums, photos, avis d'hôtels.

✓ Retrouvez aussi toutes les informations actualisées pour choisir et préparer vos voyages : plus de 200 fiches pays, une centaine de dossiers pratiques et un magazine en ligne pour découvrir tous les secrets de votre destination.

✓ Enfin, comparez les offres pour organiser et réserver votre voyage au meilleur prix.

Les **Routards** *parlent aux* **Routards**

Faites-nous part de vos expériences, de vos découvertes, de vos tuyaux et de vos coups de cœur. Aidez-nous à remettre l'ouvrage à jour. Indiquez-nous les renseignements périmés. Faites profiter les autres de vos adresses nouvelles, combines géniales... On adresse un exemplaire gratuit de la prochaine édition à ceux qui nous envoient les meilleurs courriers, pour la qualité et la pertinence des informations.

Quelques conseils cependant :

– Envoyez-nous votre courrier le plus tôt possible afin que l'on puisse insérer vos tuyaux sur la prochaine édition.

– N'oubliez pas de préciser l'ouvrage que vous désirez recevoir, ainsi que votre adresse postale.

– Vérifiez que vos remarques concernent l'édition en cours et notez les pages du guide concernées par vos observations.

– Quand vous indiquez des hôtels ou des restaurants, pensez à signaler leur adresse précise et, pour les grandes villes, les moyens de transport pour y aller. Si vous le pouvez, joignez la carte de visite de l'hôtel ou du resto décrit.

En tout état de cause, merci pour vos nombreux mails.

122, rue du Moulin-des-Prés, 75013 Paris

• *guide@routard.com* • *routard.com* •

Édité par Hachette Livre (58, rue Jean-Bleuzen, CS 70007, 92178 Vanves Cedex, France)
Photocomposé par Jouve (rue de Monbary, 45140 Ormes, France)
Imprimé par Jouve 2 (Quai n° 2, 733, rue Saint-Léonard, BP 3, 53101 Mayenne Cedex, France)
Achevé d'imprimer le 22 septembre 2017
Collection n° 13 - Édition n° 01
61/9977/3
I.S.B.N. 978-2-01-280030-4
Dépôt légal : septembre 2017

PAPIER À BASE DE FIBRES CERTIFIÉES